幸福需要博弈

幸福背后的经济学思维

苗健 著

云南出版集团
YNK 云南科技出版社
·昆明·

图书在版编目（C I P）数据

幸福需要博弈 / 苗健著 . -- 昆明 : 云南科技出版社 , 2023.8
ISBN 978-7-5587-5115-8

Ⅰ . ①幸… Ⅱ . ①苗… Ⅲ . ①幸福－研究 Ⅳ . ① B82

中国国家版本馆 CIP 数据核字 (2023) 第 140717 号

幸福需要博弈
XINGFU XUYAO BOYI
苗　健　著

出 版 人：温　翔
责任编辑：王　韬
整体设计：赵诗慧
责任校对：秦永红
责任印制：蒋丽芬

书　　号：ISBN 978-7-5587-5115-8
印　　刷：昆明亮彩印务有限公司
开　　本：889mm × 1194mm　1/32
印　　张：13.75
字　　数：300 千字
版　　次：2023 年 8 月第 1 版
印　　次：2023 年 8 月第 1 次印刷
定　　价：68.00 元
出版发行：云南出版集团　云南科技出版社
地　　址：昆明市环城西路 609 号
电　　话：0871-64192372

推荐

姜照柏 鹏欣集团董事局主席

幸福，这是一个宽泛且复杂的主题。因为影响幸福的因素包罗万象：财富、身体、人际关系、事业等等。说其复杂，是因为每个人都有自己的幸福观，没有大一统的标准校验。而本书能从博弈论的视角出发，将这些个性化的问题模型化，用不同的视角方式探究。总之幸福需要自我的感悟认知人生。

朱世会 广东先导稀材股份有限公司董事长

幸福不仅需要感性的情绪，更需要理性的思考。这本书将博弈论与影响幸福的几个主题联系起来，观点新颖，内容翔实。书中不仅有“囚徒困境”“委托-代理”等经济学模型，还有一些心理学、佛学的相关知识。不仅有数据，还有一个个鲜活的案例和问题。十分具有可读性。

徐恪 清华大学计算机科学与技术系教授、博士生导师

2020年，一场突如其来的新冠疫情把我们所有人都卷入其中，很多时候，我们需要静下来和病毒作斗争。身体安静下来的同时，也让我们有时间仔细思考幸福来自哪里？其实很简单，幸福就来自我们日常生活中的爱情、婚姻、父母关系和友谊。如何能处理好这些关系，从而达到幸福的状态呢？作者从网络科学和

博弈论出发，结合自己在工作生活中的独立思考，在这本书中给出了独特而又有趣味的答案。

郭雷　上海昇和资本创始合伙人

几千年来，关于幸福的思考一直是思想家、哲学家和神学家们的功课，近些年来，经济学家、科学家也开始投身于此。例如，诺贝尔经济学奖获得者保罗·萨缪尔森提出幸福＝效用/欲望，脑科学家们则认为多巴胺、肾上腺素、血清素、内啡肽等脑内物质才是决定幸福的真正因子。时至今日，人类基因组序列已经被完整破译，AI算法引导着人类日常的购物、娱乐、交友甚至婚姻，更有人提出整个宇宙都是上帝用计算机编程出来的“西部世界”。究竟幸福是物质的、思想的、还是算法的。笔者作为一个勤思不辍的“海龟清华男”，结合自身观察和实践，用“90后”独有的视角和语言，引领读者在庞杂的现代生活与传统伦理中用经济学思维重新解构婚姻、父母、友谊以及幸福。比如，笔者用“贝叶斯概率”来科学择偶，用“帕累托最优法”来经营婚姻，用“演化博弈论”来理解父母与子女的关系。书中更不乏名人趣事、野史奇说，既展示了科学推导的严谨，又散发着天马行空的浪漫，引人入胜，值得一读。

沈信　佩特来电器集团全球CEO

看完这本书，另外苗健的公众号“云品滇合”的每一期读书笔记我也基本都会看，感觉苗健看的书不仅多，而且范围广，更重要的是还很善于思考。《幸福需要博弈》应该是苗健长期看书和思考的集大成者，把一个很感性的话题“幸福”和逻辑性很强的博弈论以及经济学方法结合起来，是个很独特的视角。全书从人生的几个主要问题铺开，事例和理论相结合，可读性强，也引发了我不少思考，后生可畏啊。不知道是不是我对他很熟悉的原因，读书时能感觉到还不够老辣和深沉，但这正是他，有相当的经历又富有朝气，希望以后还能看到他更多的作品。

范现军　吉利商用车集团CEO

由于工作原因，出差是常态。时间在外居多，自然陪家人的时间就少了。尤其是对于子女来说，常常会忽略他们的成长状态和心理诉求。这本书中的父母关系一章，用演化博弈、鹰鸽博弈和讨价还价模型来分析父母和子女的关系，给了我许多启发。我见证了苗健的成长，从一个青涩的学生到一个逐渐成熟的投资人。我也把他的这本书推荐给大家阅读。

张旭豪 “饿了么”创始人、“Playgolf”创始人

每一代人都有自己的幸福，但是每一代人的幸福点又有所不同。作为“80后”“90后”，我们生活在物质财富相对充裕的年代，但是却很少思考“到底什么是幸福”这一问题。只有对这一问题有着深刻的思考，才能让我们在如今这个信息爆炸的“快时代”找到内心的方寸之地。这本书诙谐幽默的笔法，也许能够给年轻人一些这方面的思考。

王朝阳 上海凤凰自行车有限公司总裁

幸福是一个宏大的话题。即使对于任何人生阅历丰富的人来说，也很难言参透了幸福的真谛。这本书从大处着眼，从小处着手，把幸福分解成爱情、婚姻、友谊、父母等我们日常生活中经常碰到的小问题，再用经济学和博弈论的理性思维进行分析，着实能够给读者一些不错的启发。

陈屹 环球律所上海办公室合伙人

身为律师，总是用理性、秩序的眼光去审视周边的人或事。但是并非所有问题都可以用理性的方式导出解决方案。如果面对诸如：如何谈恋爱？如何维系婚姻？如何处理和父母、朋友的关

系这一类问题时，法律的理性和秩序显得过于刚硬而失去了可行性。这本书运用经济学中的博弈论原理，在理性的基础上加上了一些“人情味”的内容，别有一番味道。

母其弥雅　中国“瑜伽教母”、平面模特、演员

在文艺界或者娱乐圈，轰轰烈烈的爱情有很多，而从一而终的婚姻却少之又少。我们在处理日常生活中的爱情、婚姻的问题时总是夹杂了太多的主观情绪，而少了些许客观理性。文科生需要理科生的思维，才能生活得更加安稳，而理科生也需要文科生的情怀，才能生活得更加惬意。这本书是感性与理性、主观与客观、文科与理科的结合，值得大家在闲暇时细细品读。

孙耀威　中国香港演员、主持人、歌手

人生如戏，戏如人生。不管是娱乐圈，还是日常的生活当中，都是一个由人构成的“大江湖”。江湖自然就有江湖规矩。这本书将网络科学中的一些理论运用到江湖规矩的关系中：六度分割告诉我们身处的世界是一个“小世界”，贝肯数告诉我们要学会结交大人物身边的“小人物”。怎么喝酒，怎么喝茶，这些日常生活中我们习以为常的细节里却蕴含了许多科学的大道理。

方振强 香港汇泉国际有限公司董事长

每个人对幸福的定义都不同，如果你也想了解其中的奥妙，此书通过独特的视角去阐述了可能我们一生会遇到的情感，是一本值得一读的好书。

陈志辉 银行证券广东分公司总经理

金融从业者在投资一家公司之前，都会对宏观经济、行业背景、公司情况进行尽职调查，尽职调查也有自己完善的流程和体系。此书将这套金融投资的逻辑类比到婚姻和爱情中去，思路清奇有创意。尽职调查最重要的目的就是防范风险，或者说让风险提前暴露。在爱情婚姻中，如果能让“风险”提前暴露，也能防止许多不必要的损失。

唐欣 凯鹏华盈（KPCB）创业投资基金董事

用博弈学的方法诠释社会学的问题，许多经典理论用最Cool的方式呈现出来，另辟蹊径，学以致用。不过，我想人与人的关系不可能用任何一种理论可以完美注解，也没有所谓绝对“正确”的相互关系。作者正是帮助大家开拓了思路，能够通过阅读此书建立自己的思维框架，其善大焉。

尚文彦 民生证券副总裁

金融是一个相对理性、客观的学科门类，而金融业又是一个极其复杂的系统。而家庭是一个相对感性、主观的话题。能把亲戚间互相借钱，父母给孩子买车、买房等再平常不过的日常事例，通过金融融资的视角去观察，确实很有创意，也能给人以很多思考。

原遵华 PWC中国区合伙人

作为“四大会计师事务所”的合作人，尽职调查和经济分析是我们的日常工作。没想到这些职业技能还可以运用到情感处理和婚姻管理中。所有的感情生活和二人世界都是需要智慧的管理和经营的。这本书对于希望认真经营自己情感世界的朋友是本很好的读物，读完之后，对于经济学理论也会有更不同的认知。

杨智华 乐迪环球集团有限公司董事长

烟、酒、茶是我们生活中，也是我的工作中经常接触到的消费品。虽然经常接触，但是我们却习以为常，没有过更深的思考。这本书用博弈论中“信号传递”模型来分析烟、酒、茶，确实是另辟蹊径。跟什么人喝什么酒，怎么给朋友递烟，又怎么把茶喝出高级感，相信读完此书后，你会有一些新的见解。

王旭龙琦 杭州利珀有限公司董事长

作为一名创业公司的领头人，忙碌的工作让我很少去思考生活；作为一名理工科博士，强调逻辑性思维的我很少从感性的角度去思考幸福。这本书很好地结合了理性与感性、文科与理科，让幸福变得温暖而又具有实操性。

季云天 天铭资本合伙人

作为一名投资人，主要精力都花在了“募、投、管、退”，为投资人创造价值上。很少去思考父母、爱人、友谊这一类感性的话题。尤其是家庭，没想到金融的融资功能还可以和中国的传统孝道联系起来，并深深地影响了原来的“大宗族”模式。结合其他章节的内容，看来金融真的是无处不在、无处不有。

张超曾 深圳辰峰资本创始合伙人

中国的社会往往都会“谈性色变”。即使对于现代的年轻人来说，性往往也是一个相对禁忌的话题。但是此书将性看作经济学中的一项资源要素来进行分析，社会发展的过程，也是性从暴力、权力进行获取而发展到自由配置的一个过程。这既体现了社会的进步，更是人类文明的进步。此外，此书还加入了许多“使用说明书”，比如如何在互联网时代玩转社交软件，又增添了许多的趣味性。

朱习羽 Regal London，Ltd中国区总经理

爱情是每个少男少女都憧憬的浪漫主题。分析爱情的书不少，教人如何恋爱的书更是比比皆是。但是很少有一本书能从理性、客观的视角来分析爱情这一相对主观的话题。书中列举的一些实际问题，如爱情是能力问题还是对象问题？到底要谈几次恋爱才能找到心仪对象？书中都用相对应的经济学模型进行分析。不仅笔触轻松，实践性也很强。值得阅读。

序 | Preface

幸福是感性的，更是理性的

幸福是什么？哲学家罗素曾说过：“须知参差多态，乃是幸福的本源。”幸福是人类对其一定人生阶段快乐水平、发展水平的总体评价。经济学家亚当·斯密在《道德情操论》中提出适当的情感产生美德，美德使人们得到幸福的结论。和这些伟大的学者相比，本书作者提出了一个更接地气的观点：幸福需要博弈。

本书的作者苗健是我在清华指导的硕士生。他比较喜欢独立思考，会尝试把所学的理论和对生活的观察等结合起来。在这本书中，他试图运用一些等经济学相关理论去理解人们如何从爱情、亲情、友情中追寻幸福。众所周知，经济学是一门非常强调理性的学科，而爱情、亲情和友情等都是非常感性的事物，那理性可以理解感性吗？

苗健在借鉴相关学者研究的基础上，对这个似乎矛盾的问题作了尝试性的解答。比如，在讨论爱情问题时，如何寻找自己的另一半，并相伴一生？书中把这一问题拆解为两个小问题：一是如何有效寻觅，二是如何稳定匹配。寻觅的问题关键在克服信息不对称所产生的逆向选择，避免“鲜花插在牛粪上”和“好汉无好妻”的无奈；匹配问题的关键则不是一般意义上的门当户对和郎才女貌，而在于动态过程中的稳定。“第一印象”固然重要，但更应该在日常相处中，由点点滴滴的生活琐事来不断修正判断，提高理性认知，以此把短暂的感性喜悦转换为长久的理性幸福。

在讨论亲情时，他提到“子女与父母的关系可能是世界上所有关系中最难处理的关系之一”。如何才能很好地应对这一关系呢？作者尝试使用演化博弈和讨价还价模型去解释在人生的不同阶段父母与子女应该如何相处。特别是需要考虑社会、经济等进步和发展对待亲情关系的冲击和塑造。

整本书中，作者主要是运用经济学理性思想对日常生活中遇到的人和事进行探索性思考，提出的许多观点都颇有新意，富有启发。当然，有些观点也有待商榷。比如，作者提出用经济学中的委托—代理模型来理解婆媳关系就显得有些牵强，毕竟亲情关系和经济关系的区别还是比较大的。

实际上，如何把理论的简单线性逻辑与现实问题非线性的复杂性进行巧妙地关联，促进人们对现实问题的理解，是比较困难的事情。这首先需要拥有多学科的理论知识，除了经济学之外，还需要懂得社会学、伦理学、心理学以及网络科学等，并能清晰把握知识适用范围和相互结合点；其次还需要对现实问题有着深入的观察和理解，不仅有自身阅历丰富，还需要有文学家般的同理心，可以感受人间百态和悲欢离合。最后一点，也是最重要的，要有经得起历史考验的价值观念，即价值理性。经济学是一门理性学科，主要强调是工具理性，但现实生活中，更重要的是目标本身是否合理，这一点往往是价值观所决定的，即价值理性。经济学的这些工具理性知识往往需要恰当的价值理性进行引导，否则就会容易成为理性的傻子。

本书的写作正如简·奥斯汀在小说《理智与情感》所体现，运用理智驾驭情感虽然总能带来幸福的结尾，但其过程往往千折百回。因此，或许本书存在这样或那样的不足，但希望能够唤起更多读者头脑中的理智，学会运用理智驾驭情感，以博得人生幸福。

王勇

2022年8月

清华园明斋

自序 | Preface

周国平先生说过："把幸福作为研究课题是一件冒险的事。"之所以冒险，是因为幸福的内涵太过于模糊。对于"什么是幸福"这一问题，恐怕很难有一个标准而统一的答案。富有未必就是幸福，富豪患抑郁症或者锒铛入狱的新闻屡见不鲜。贫困未必就不幸福。古有陶渊明"不为五斗米而折腰"，而去过"悠然见南山"的简朴生活。今有诗词大师叶嘉莹先生，"我这一生几经苦难，幸好还有诗词相伴"。幸福，是全人类共同的追求目标。在英文中，幸福往往被翻译成"Wellbeing"，"being"表示现在、存在的意思，而"Well"是好的、满意的意思。所以从这个层面理解，幸福就是对当下满意的一种精神状态。

幸福，在不同的时代也有着不同的内涵。当今中国，已走过上下五千年的历史历程。在1840年鸦片战争以前，中国人过着自给自足的生活，吃饱穿暖就是一种幸福。鸦片战争到1949年新中国成立，中国人民忍受了长达百年之久的战乱，实现民族独立、国家富强，这是每一个中国人对幸福的向往。改革开放后，市场经济开放取代了封闭。追求自我价值的实现，追求自我个性的表达，追求美好生活，成为年轻一代对幸福的定义。

在市场经济的大背景下，很多人将幸福与物质财富画上了等号。钱越多，越幸福，没有钱就不幸福，这种幸福观甚嚣尘上。加拿大教授马克·安尼尔斯基教授指出："财富不再只是狭隘地被定义为物质财产的货币价值，而且必须包括许多常常是无形的东西。它们影响着我们的生活质量，其中包括我们精神中的康乐、希望、幸福、游玩的乐趣以及人际关系的密切程度。"每个人都有爱与被爱的需求，而幸福往往就在这爱与被爱的过程中产生。我们的恋人、爱人、父母、朋友都是我们给予爱与被爱的对象。

虽然没有了包办婚姻和"不准离婚"的道德压力，我们却要面临更变幻莫测的两性关系。所以我们会发现"百年修得同船渡，千年修得共枕眠"的现象少了，但是"剩男、剩女、剩斗士"的现象却多了。虽然"不孝有三，无后为大"的社会准则有所松弛，无子、少子的现象增多，但是我们要面临与父母的"催生催育"。虽然没有了七大姑八大姨的家庭琐事，但是我们却要处理更复杂的朋友、同事关系。"上阵父子兵，打铁亲兄弟"的现象少了，但是"中国合伙人"的现象多了。网上有人戏说："人生就像刷牙，悲喜交加，因为一手拿着杯具，一手拿着洗具。”幸福就是在这“一杯一洗”中获得的，也是从生活、工作中与不同的人相处之中的点点滴滴中获得的。卡尔·马克思就说过：“人的本质是一切社会关系的总和。”

人的社会关系正是体现在不同的场景下扮演不同的角色。比如，一个好儿子，一个负责任的丈夫，或者一个义气的兄弟。人都有多面性，在父母、妻子、朋友、同事面前可能会表现出完全不同的人格特征。所以这就像一个真实的角色扮演游戏，玩得好可以持续通关，玩得不好就Game Over。如何深刻地理解这些人际关系的内涵并且用科学理性的办法去处理这些关系，对于获得幸福来说至关重要。

卢梭在《社会契约论》开篇中说：“人生而自由，却又无往而不在枷锁之中。”自由是感性，枷锁就是理性。我们只有在理性的基础上学会掌控自己的人生，才能获得幸福。作家托尔斯泰在《安娜卡·列尼娜》中就曾说：“幸福的人都是相似的，不幸的人各有各的不幸。”如果从这个角度来理解，那么幸福的人对影响幸福的几个关键问题都处理得较为妥当，所以大家都很相似。而不幸的人也许是对某一问题或某几个问题处理欠妥，所以造成了各种不幸。为了让影响幸福的几个关键问题处理得更为妥当，本书立足于生活，强调理性、客观性和科学性，以经济学、博弈论的模型为基础，从爱情、性、婚姻、父母、友谊五个角度逐一分析，让读者能够获得实操性更强的建议和观点，从而获取幸福。博弈论是一门研究互动决策的学科。简单来说，它涉及三个部分：第一，局中人；第二，决策策略；第三，报酬（也称之为支付矩阵）。也就是说，首先你要搞清楚和你互动所涉及的主体有哪些。其次搞清楚他们会采取哪些行动。最后，大家各自采取这些行动后会带来什么结果。

博弈论是一种洞察事物的方法论，在我们认清局中人、策略和报酬后，可以帮助我们更好地决策，从而达到对个体或者对集体最优的结果。博弈论中的一个重要概念是“均衡”（Equilibrium）。电影《美丽心灵》中就讲述了博弈论的重要奠基人——纳什的故事，“纳什均衡”也是我们经常听到的一个概念。所谓均衡，是一种局中人彼此能够接受的最佳状态。人与人之间的关系也是如此，无论父母、爱人还是朋友，都是在偏离均衡点和达到均衡点之间不断波动摇摆。任何关系都很难一拍即合，需要在生活中不断对自己的策略进行更正，逐渐找到均衡状态。这也是我们处理这些人际关系中的一个重要指导原则：关系没有好坏，只有均衡。

书中每一个章节都会从具体的例子入手，提出例子中所蕴含的问题，再找出经济学、博弈论中所对应的模型加以分析，最后得出可以让我们参考的具体行动建议。比如谈恋爱应该谈多少次才能找到心目中的白马王子或梦中女神？我们可以运用“最优停止理论”来进行分析；夫妻之间吵架了怎么处理？我们可以运用博弈论中的经典模型——囚徒困境来进行分析。又比如，为什么生活中会出现“好汉无好妻，赖汉娶娇妻”，或者“一朵鲜花插在了牛粪上”的现象呢？为什么生育率会和贫富程度挂钩呢？父母怎么跟自己的孩子打交道？为什么在商务应酬中一定要抽烟、喝酒、饮茶呢？什么是人脉？怎么去选择适合自己的一条幸福人生路呢？……这些在我们日常生活中所面对的具体问题，相信本书能够给你一些不错的启发。最后，我要感谢我的清华导师王勇老师。在清华求学过程中，王老师的治学授课及方法论，给予了我很多的收获与思考。让我在观察不同的人、不同的事时更能入木三分、直击本质。也让我在毕业后的生活工作中受益匪浅。通过运用这些在课堂中学到的理论，不仅仅让我在金融投资的本职工作中取得了不错的成绩，也让我在个人成长中成为一个善于思考、善于总结的有趣之人。我也要感谢我的父母，是他们的支持、鼓励、教育和关爱，才让我成为一个能够享受生活，感知幸福的人。

苗健

2022年5月20日

目 录 Contents

第3章 婚姻

第4章 父母

5

第5章　友谊

第1章 CHAPTER

爱　情

可怕的是，既不能和女人一起过生活，也不能过没有女人的生活。

——拜伦

幸福的爱情究竟可能吗？我知道有一种真实，它能不断地激起幻想，有一种幻想，它能不断地化为真实。我相信幸福的爱情是一种能不断地激起幻想、又不断地被自身所激起的幻想改造的真实。

——周国平

“两情若是久长时，又岂在朝朝暮暮”“执手相看泪眼，竟无语凝噎”“衣带渐宽终不悔，为伊消得人憔悴”……无论是王公贵族，唐玄宗与杨贵妃的爱恨缠绵；还是文人骚客，苏轼怀念亡妻的“十年生死两茫茫，不思量，自难忘”；还是平民百姓所向往的神话故事，梁祝化蝶、牛郎织女，等等。自古以来，爱情便是人类讴歌、赞颂的对象。可以说，这个世界上最让人难以自拔的，除了牙齿，就是爱情。爱情，往往也是少男少女所憧憬的、所羡慕的、所渴望的。很多人认为，爱情应该是每个人穷其一生都应该追求的。《泰坦尼克号》《诺丁山》等爱情电影影响了一代又一代人的爱情观。杰克和罗斯在船头相拥的经典镜头更是让少男少女们热泪盈眶。

周国平曾经说过：“孤独是人的宿命，爱和友谊不能将它根除，但是可以把它抚慰。”孤独会产生人最可怕的一种情绪——恐惧。

这种恐惧你无法描述、无法追踪，就像一团巨大的乌云瞬间笼罩在你的心头。尤其是在清晨或是黄昏醒来之时，仿佛世界就仅剩你一个人，这种孤独所产生的恐惧，让你无能为力却又束手无策。著名心理学家弗洛姆说，摆脱这种孤独感有四种方法：父母的庇佑、工作和休闲娱乐的循环交替、精神世界的创造性工作和男女之爱。父母终有一天会老去，工作会有疲乏困顿的时候，休闲娱乐会有满足后的空虚无聊，创造性工作也会有才思枯竭的时候，只有男女之爱才能从根本上解决人的孤独感。无论父母是否离去，无论工作休闲是否厌倦，无论才思是否枯竭，爱会永远在我们身边陪伴终身。在这种孤独和恐惧中，能有个人“求抱抱”，这才是爱的终极意义。

但是爱情是伴随着人类发展一直存在的吗？是一种本能吗？很可惜，答案是否定的。回顾爱情的历史，我们发现爱情这一概念从出现至今仅只有200年的历史，是一种时代发展的产物，在不同时代背景下有着不同的意义和解读。爱情的产生可能不如我们想象中的那么浪漫。在西方，从某种意义上来说，爱情起源于贵族阶级男女之间的一种调情游戏，后来又成为新兴资产阶级对抗旧社会秩序、旧贵族理念的一种思想工具。而在中国，爱情的概念大致经历了四个阶段。第一阶段为古代时期，这个时候多为包办婚姻，两个人的结合也大概率是为了传宗接代。爱情便成为广大民众挣脱社会枷锁、追求自由的一种精神寄托。如梁山伯与祝英台，许仙与白娘子。第二阶段为近代时期，爱情这一主题，成为新派知识分子阶层学习西方思想和打破封建旧思想的有力武器。如民国时期的林徽因与梁思成，徐志摩与陆小曼。第三阶段为中华人民共和国刚建立的时期，一切思想都要服从于国家建设与发展。所谓爱情，是“资产阶级”的产物。著名歌曲《花儿为什么这样红》，歌词叙述的是戍边战士的情怀，却被指责为：“宣扬资产阶级的人生观和爱情至上的恋爱观，充满了灰色不健康的资产阶级感情”。第四阶段为社会主义市场经济时期，是西方的爱情概念与中国传统文化的结合期。这一时期的爱情掺杂了市场经济下的物质条件。看脸、看车、看房成为了爱情的附加值。

我们首先来看看西方的爱情观。在天主教一夫一妻制的规定下，为了满足贵族无处宣泄的荷尔蒙，通奸这种现象十分普遍。通奸典型组织代表——“换妻俱乐部”由此而来。这种模式简单直接，为了增加趣味性，在12世纪法国南部的普罗旺斯宫廷诞生了一种美其名曰“骑士之爱”的新型两性关系。贵妇为争夺自己的骑士设置各项有难度的任务挑战，比如欧洲比较流行的决斗就源于此。赢者可以抱得美人归与其发生性关系，而性关系的开始意味着此段游戏的结束，下一场游戏的开始。后来这种游戏风行欧洲，人们将关注点从性本身而转移到性之前的争斗、调情、暧昧的过程，将此过程称之为爱情。其实，这一游戏一直延续至今，只不过游戏规则变成了约会、吃饭、看电影等活动。这个过程也是二人不断示爱、调情、与情敌争斗的过程。

随着资产阶级的兴起，为了冲破贵族阶层的垄断，他们打起了“自由、平等、民主、博爱”的招牌。自由包括了人身自由、婚姻自由等，而平等则是人人平等、男女平等。此外，资产阶级更加注重对人性的解放，重视勇气、勤奋、创意、决心等品质，最典型的代表即是“美国梦”。这些都为现代版“爱情”的产生培育好了富饶的土壤。无论是童话故事、小说、电影，其主线几乎都是男主人公或女主人公克服艰难险阻而和对方开心幸福地生活在了一起，比如说《灰姑娘》《美女与野兽》《泰坦尼克号》等，这正和“美国梦”的概念不谋而合。所以，此时的爱情成为了新兴资产阶级打破旧传统、旧思想的有力武器。这种影响一直延续至今。当时的文人墨客就曾谱写了许多爱情的篇章。浪漫派诗人雪莱就曾写道：“吻是灵魂与灵魂相遇在爱人的嘴唇上。嘴唇是一对爱人两个灵魂交会的地方”。拜伦也写过，“If I should see you，after long year. How should I greet, with tears, with silence（假若他日相逢，我将何以见你？以沉默，以眼泪）。”在19世纪西方全球化殖民时期，西方也将这种思想传向全世界。与西方不同，传统中国是一个等级分明的社会，所谓“君君臣臣，父父子子”。爱情、婚姻也讲究门当户对，两个人的结合不单单是两个人的事，更是两个家族的事。婚姻的基础是政治因素或者利益因素。可以说，婚姻是服务集团、家族利益的一种工具。比如历史上西汉时期为了满足国家利益而媾和匈奴的昭君出塞；三国时期为了挑拨董卓与吕布的关系，司徒王允利用貂蝉所施的反间计；又比如为了讨回荆州，吴国将孙权之妹嫁于刘备。

在这样的文化背景下，中国产生了一种挣脱社会道德约束，希望和自己心仪对象在一起的“自由精神”的爱情观。无论是《孔雀东南飞》中的刘兰芝与焦仲卿、《警世通言》中的杜十娘，白娘子许仙、梁山伯与祝英台，无一表达的不是一种对自由的向往精神。直到近代清王朝的覆灭，新文化运动（反传统、反孔教、反文言）的兴起，西方爱情的思想开始逐渐传入中国，并与中国的传统文化融合。产生了才子佳人的美传——林徽因与梁思成；师生恋的典型代表——沈从文与张兆和、鲁迅与许广平；最凄美的爱情故事——林淑华的《生死恋》；最长久的爱情——钱钟书与杨绛，等等。

时间发展到近代，正如资产阶层推翻封建阶层一样。十月革命一声枪响，社会主义登上了历史的舞台并站在了资本主义的对立面。爱情又成为了社会主义抨击资本主义的一种工具。在这样的时代背景下，必须舍弃小我，成就大我。爱情也就无足轻重了。就像小说《钢铁是怎样炼成的》一书中，保尔·柯察金对冬妮娅一见钟情，但是在随后的发展中却发现她是一个“散发着资产阶级臭味”的令人作呕的姑娘，两人便因此分手。同样，刚成立的中华人民共和国也是“红色”的主旋律。“恋爱”“爱情”“男女关系”都是十分敏感的话题，动辄就会上升到“作风问题”的高度，甚至会因此搞得身败名裂。家庭成分、阶级属性成为二人结合的重要因素。

随着苏联的解体、东欧剧变以及中国的改革开放，商品经济所演化出的西方文化价值观逐渐参与到了人们的日常生活中，爱情在这样的思想影响下也不例外。二人的感情基础从你情我愿转变为灵魂三问——“有房，有车，有户口吗”，男方对女方的感情有多深等价于男方愿意为女方花多少钱，聘礼重不重。尤其在北上广深这样的大城市，房、车、户口成为了能否上爱情这张牌桌的重要筹码。

反观一些发达社会，房、车这样的物质条件在爱情中就显得没有那么重要，归其本质还是因为健全的社会福利基础及较高的收入水平，使得基本的物质条件对于一般家庭都不是太大的问题。二人的结合又重新回到精神层次的匹配。当下中国也开始慢慢出现这样的趋势。所以，不断回归到“以人为中心”会是爱情未来的发展方向。这种爱情无关意识形态、无关基本的经济基础，仅仅与人相关。

回顾爱情的历史，我们发现爱情无法摆脱时代的束缚，无法摆脱家庭的束缚，也无法摆脱自己主观意识的束缚。首先，在不同的时代背景下会有着截然不同的爱情观，这是大势所趋，任何人都无法逃脱其影响，它不以个人的主观意志而转移。这是时代性。其次，每个个体的爱情观念又深受父母、家庭的影响，这是继承性。最后，根据不同的时代背景、父母的影响，再加上自身成长环境、教育环境、自我认知等因素影响，造就了爱情的主观性。只有认清了时代性、继承性和主观性这三个特点，才能从客观的角度来看待爱情，而不被其冲昏头脑。

（一）时代性

有一则刻画不同时代、不同背景的人群的爱情观的故事非常有趣。一位人类学家在亚马孙流域的一个与世隔绝的村落讲述爱情的故事：一位英俊潇洒的少年与一位少女相爱了，但是少女的父母不同意，并准备将女儿送往一个遥远的国家做皇后。在这样的情况下，少年毅然决然地踏上了寻找自己真爱的旅途。在克服了各种艰难险阻之后，终于在异国他乡找到了自己心爱的少女，并与之私奔，从此过上了幸福的生活。听完这个故事后，村落里的人面面相觑，并问了人类学家一个问题：“他为什么不重新再找一个？”

（二）继承性

爱情从根本上说是一种对他人爱的能力，而我们的父母是我们学会如何去爱的第一任老师。著名心理学家弗洛姆在《爱的艺术》中曾说，母亲的爱是一种无条件的爱，这种爱给予的是一种确定感，如安全感、自信和热爱生活；父亲的爱是一种有条件的爱，是一种不确定感，所以这种爱给予我们独立、勇气等性格品质，并让我们学会秩序、宽容等意义。人的成长过程是先从与母亲的紧密关系而过渡到与父亲的紧密关系，最终达到综合，这也是人的灵魂健康和成熟的标志。爱的继承性就体现在彼此继承自己父母的爱从而对对方产生的一种映射关系。我们在现实生活中会发现这样一种规律，如果男孩找女孩，女孩总会和男孩母亲要么极为相似，要么就是极不相似。女孩也是如此，这正是继承性的一种表现。

（三）主观性

我们平时所说的“萝卜白菜，各有所爱”就是对主观性的一种表达。同一个人，有人觉得美若天仙，有人觉得相貌平平。“情人眼里出西施”说的也是这个道理。不仅仅在外表，性格方面也是如此。同样的行为，有的人觉得充满勇气，有的人却觉得有勇无谋。“千人千面”的特征在主观性中体现得淋漓尽致。无论是外表还是性格，其实凸显的是每个人根据自己的教育背景、成长环境等而对对方产生的一种个性化的需求。但是我们往往把这种需求和爱混为一谈。爱情的特点正如弗洛姆所说：“我需要你，因为我爱你，而不是我爱你，所以我需要你。”

随着医学的快速发展，医学中对于人体内各种激素的研究也让我们揭开了爱情的神秘面纱。美国耶鲁大学社会心理学家罗伯特·斯坦伯格（Robert J. Sternberg）提出的爱情三角理论（Triangular Theory of Love）认为爱情由三个基本成分组成：激情、亲密和承诺。激情是性欲，亲密是期望和对方在一起的一种依赖感，承诺是对未来的一种担保。由这三个基本元素构成了七种爱情。第一种：亲密=喜欢式爱情，如友谊。第二种：激情=迷恋式爱情，如初恋、性伴侣。第三种：承诺=空洞式爱情，如包办婚姻。第四种：亲密+激情=浪漫式婚姻，如浪漫派诗人拜伦、雪莱。第五种：亲密+承诺=伴侣式爱情，如婚后多年的夫妻。第六种：激情+承诺=愚蠢式爱情，如激情过后男方为了应付对方而说的“海誓山盟”。第七种：亲密+激情+承诺=完美式爱情。

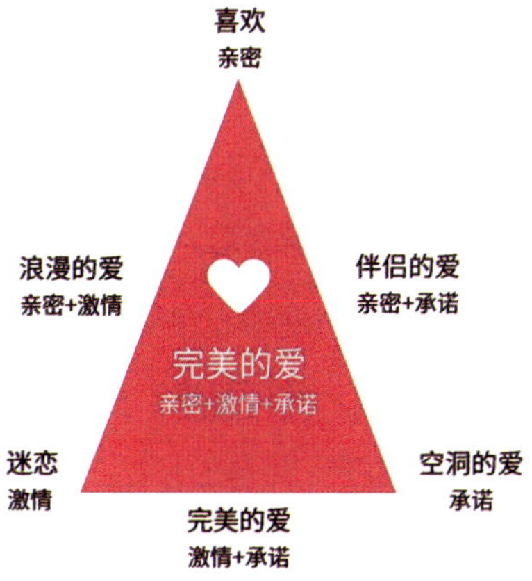

图1-1　爱情的三角理论

亲密、激情和承诺这些情绪都会受到体内激素水平的影响。亲密和激情受激素的控制，而承诺则受心理的控制。不同的激素造成不同的心理体验，激素的应用顺序为PEA→去甲肾上腺素→多巴胺→内啡肽→脑下垂体后叶荷尔蒙，与之对应的在心理上会产生心跳感、满足感、安全感和平静感。每个人由于个体的差异，所产生的激素水平不一致，从而也造成了对爱情的差异化感受。

PEA是一种神经兴奋剂，它能让人生产一种极度兴奋的感觉，使人觉得更加有精力、信心和勇气。由于PEA的作用，人的呼吸和心跳都会加速，这就是我们常说的“来电”的感觉。PEA会使自信心空前膨胀并且让人产生偏见和偏执。所以在恋爱中的人都容易海誓山盟，愿为爱人“上九天揽月，下五洋捉鳖”，而偏见和偏执又让人丧失了客观分析的思维能力，导致“变傻”。所以我们常常说，“男人的嘴，骗人的鬼”，或者“女人恋爱就变傻”。

去甲肾上腺素的作用更为短暂，它有强大的血管收缩作用和神经传导作用，会引起血压、心率和血糖含量的增高，“怦然心动”就是这种感觉。在激情过后，多巴胺可增加心肌收缩力，增加排血量，有消除紧张和抑郁的作用，给人一种安全感和满足感。内啡肽类似吗啡，是一种镇静剂，可以降低焦虑感，让人体会到一种安逸、温暖、亲密、平静的感觉。

最后不得不说脑下垂体后叶荷尔蒙。美国几位专家就曾尝试拿“伴侣关系”特别稳定的土拨鼠与最不稳定的山鼠作比较，发现土拨鼠对脑下垂体后叶荷尔蒙（Vasopressin）的感应力特强，而山鼠则相反；同时，一旦土拨鼠交配时的荷尔蒙受干扰，交配后便不宜结合为伴侣，而一旦把该种荷尔蒙感应基因移植在山鼠身上，山鼠便比较愿意担负起配偶责任。这些实验说明，脑下垂体后叶荷尔蒙可以增强人们的贞操、忠诚、责任心。

所以，从激素的角度来说，无论男女都喜欢追求PEA和去甲肾上腺素所带来的快感，因为这很上瘾。尤其对于那些极其吸引自己的异性来说，因为他们会带来一种强烈的新鲜感和刺激感，瞳孔放大、手心冒汗、心跳加速、欲罢不能。一般来说，PEA的浓度高峰可以持续6个月到4年左右的时间，平均不到30个月（2.5年）。一旦PEA消退完毕，双方就会丧失新鲜感、激情感。如果此时没有内啡肽来“接班”，二人的关系就岌岌可危了。

内啡肽所带来的感觉和PEA之类的物质完全不同，后者更多的是让我们有参与感、融入感，而前者让我们有演化感，有自己在改变的感觉，所谓“夫妻相”就是这样。虽然它并不能让人激动和兴奋，但是一种温馨、安定的感觉同样会让人们上瘾。一般来说，当一个婚姻存在的时间越长久，这种状态也就会越牢固。这里面很大一个原因就在于夫妻双方已经习惯了内啡肽所带来的宁静。所以说，PEA是短暂，内啡肽是长久；PEA是激情，内啡肽是安宁；PEA是爱情，内啡肽是婚姻。

图1-2　爱情与婚姻的激素

简要回顾爱情的历史，并解释了爱情背后激素的运作机制后，言归正传，我们尝试从经济学、博弈论的角度来分析爱情中的一些具体问题。这一章中，我们首先请出美国奥斯卡影帝——莱昂纳多·迪卡普里奥（江湖人称小李子）。小李子纵横好莱坞多年，给影迷留下了许多经典的银幕形象，可谓演技出众。而在爱情方面，小李子也是十分“出众”，可以说是这一辈子都在谈恋爱。那么对于我们普通人来说，“谈恋爱到底要谈多少次才够呢？”对于这个问题，我们尝试用博弈论中的“最优停止理论”去进行分析。

在琼瑶的经典言情小说《情深深雨蒙蒙》中，何书桓、依萍和如萍之间的“三角恋”故事众人皆知。这段“虐人”的故事，最终以书桓和依萍在火车站团聚，如萍也和杜飞修成正果而圆满收场。“关关雎鸠，在河之洲。窈窕淑女，君子好逑。”书桓在如萍和依萍之间左右摇摆，杜飞又对如萍一往情深……男女之间如何选择彼此并达到一种相对稳定的状态，是自古以来爱情主题的核心。我们尝试用经济学中的“逆向选择模型”“稳定匹配理论”和概率论中的“贝叶斯概率”模型来解释如何找到那个对的人。最后，我们发现在不同时期，名人们的婚姻组合也十分耐人寻味。有时候明星与豪门大佬儿结婚的现象较多，而有时候明星与明星结婚的例子又明显增多，而那些嫁入豪门的名人们也并非一帆风顺，也是起起伏伏，诸多坎坷。这背后又和“经济周期理论”不谋而合。如何看清经济周期，并在经济周期的基础上科学择偶，也是爱情这门课程中的“必修课”。

第一节　爱情，何时是个头？

一、举个例子：“超模收割机”的奥斯卡影帝

美国著名影星“小李子”凭借《泰坦尼克号》《华尔街之狼》《猫鼠游戏》等多部家喻户晓的电影为全世界的观众所熟知。帅气的外形，精湛的演技，俘获了诸多少女的芳心。据说在某次电影试镜时，整栋楼的老阿姨、小姐姐全员出动，就为一睹其俊容。他除了精湛的演技之外，丰富的感情生活更为人们所津津乐道。

从出道之日起，二十多年里他已经收割了57任前女友，且个个貌若天仙、身材出众，被人民群众亲切地称为“超模收割机”。更有网友在其44岁时绘制了历任女友柱状图，发现各任女友的年龄都是25岁以下，这就是著名的“小李子25岁定理”。同时，他也十分热衷于公益事业与环保事业，经常带着女友出门踩单车，也有网友戏称，“流水的女友，铁打的自行车”。

二、提个问题：何时是个头？

那么，问题来了。尽管“超模收割机”小李子过上了神仙般的皇帝日子。但是对于作为普通人的我们来说，没有那么多的精力（主要是两个字：没钱，一个字：穷）去折腾，那么我们该如何挑选自己的恋爱对象呢？到底谈恋爱应该谈多少个，才能找到心目中的那个Ta呢？

三、模型：最优停止理论（Optimal Stopping Theory）

人生之中，无时无刻不在面对选择。我们在做选择时，通常有两种方法：第一种是不管三七二十一，跟着感觉走。也就是通常所说的第六感。第二种是频繁地做出选择，直到选到自己想要的。这两种选择方法会出现在生活中的方方面面，找工作、买房子、找对象，等等。对于找对象，第一种方法是，这人就是我的真爱了，是他，是他，就是他；第二种方法是，一直在更换男友或女友，就像小李子，却始终没有办法选定一个人。第一种方法由于决定太过仓促和感性，日后的生活往往会因为问题没有提前暴露而产生很多矛盾；第二种方法往往会让我们陷入“下一个会更好”的选择焦虑之中，这也是导致“剩女”“剩男”现象的根本原因。而且在选择过程当中，会耗费我们很多的精力、物力。心力交瘁之后也就“累觉不爱”了。就像《大话西游》中的经典台词：曾经有一份真挚的爱情摆在我面前，我没有珍惜，等到失去的时候才后悔莫及，尘世间最痛苦的事莫过于此。

那么我们究竟该如何选择呢？面对潜在的俊男靓女，应该在什么时候果断出手呢？又应该在什么时候停止呢？最优停止理论给了我们一个思考问题的方法。最优停止理论最早起源于“秘书问题”。情境是这样的：公司在面试秘书的时候，必须当场告知面试者录用或者拒绝。如果选择得过早或者过晚，都会导致不太理想的结果。选择得过早，最佳的候选人可能还没有面试到。选择得过晚，又可能错过了最佳的候选人，或者在为一个根本不存在的最佳候选人保留这份职位。所以，我们做选择时，一定要找到一个最佳的平衡点，既能让我们摆脱犹豫不决，又能让我们避免草草收场。

最优停止理论推导思路：

我们对“秘书问题”展开讨论。假如现在有4个候选人可供选择，分别是甲、乙、丙、丁。我们假设4个人的能力大小排序为丁＞丙＞乙＞甲，我们面试是随机的，事先也不知道丁是最棒的，如果我们面试完这4个人，共有24种可能性（4×3×2×1=24）。那么我们一共有三种策略可供选择：

第一种策略：面试完第一人就决定录用，能录用到丁的概率是25%。

第二种策略：面试完最后一人就决定录用（前三人不要），能录用到丁的概率是25%。

第三种策略：面试完第一人不做决定，作为判定标准，一旦出现比他高的人就录用，能录用到丁的概率是46%。具体推导过程如下：假如第一个人就是丁，后面面试的能力都比他弱，面试终止，选中丁的概率是0；假如第一个人是甲，第二个人能力都比甲好，但是录取到丁的概率是2/24；假如第一个人是乙，第二个人是甲的话，肯定不用，第二个人是乙、丙、丁就会录用，但是能录用到丁的概率就是3/24；假如第一个人是丙，只有丁比他强，因此只要丁一出现就会被录取，有6/24的可能性，以上概率加到一起就是11/24=46%。我们发现第三种策略能选到最优人员的概率最大。

> 以上是N=4的情况。当N无限大，我们作为标准的策略就是N/e（e是自然常数），概率就是1/e，而1/e=36.8%≈37%。

这个结论告诉我们：在面试完前37%的候选人时，在后面一旦出现明显比前37%优秀的候选人时，就要“该出手时就出手”。这种方法称为“摸清楚，再行动”准则（Look-then-Leap Rule）。前面这段时期我们称为“观察期”，主要工作是考察目标、收集数据。后面这段时期称为“行动期”。

我们在选择对象的时候也面临着这样的问题。选择得过早，“白马王子”还没出现，就把自己交代出去了；选择得过晚，挑花了眼，成了大龄剩男、剩女。最后只能自我妥协，找个差不多的人“了此一生”。《孙子兵法》中曾说“致人而不致于人”，我们永远都要把主动权掌握在自己的手上。根据最优停止理论，具体行动指南如下：

第一步：这一辈子要谈恋爱的数量，用N表示，如N=10。

第二步：运用最优停止理论，N乘以37%，如10×37%=3.7。

第三步：先找3个人谈恋爱。

第四步：在第3个人之后，若出现明显优于前3个人的对象，果断求婚或者接受求婚。“弱水三千，只取一瓢饮。”最优停止理论的结论告诉我们该选哪个瓢，该往哪里取水。著名天体物理学家开普勒在原配离世后，开始了“寻找二春”之旅。他前前后后一共交往了11任女友，虽然和我们例子中的“超模收割机”无法相提并论，但是考虑到16世纪没有各种通信聊天的APP，这一战果也相当显著了。在前4名女友中，开普勒最喜欢第4个（身材好，白），但是他并没有就此打住，回忆说：“如果不是爱情和理智把第5名女性强推给我，我应该已经安定下来了。但是，这名女性对我的爱，她的谦恭忠诚、勤俭持家以及她对继子继女的爱，一下子征服了我。”

尽管如此，但是他并没有停下“寻找二春”的脚步。在“面试”了11位女友后，他的心仍然被第5名女友占据着。他回忆说：“就在我准备前往雷根斯堡的时候，我回过头来去找第5名交往对象并向她求婚，结果她同意了。”开普勒之后的生活十分幸福，妻子又为他生了6个孩子，过上了童话般的生活。

我们运用最优停止理论，发现开普勒的经历完美地诠释了这一理论。

第一步：一共找到了11任女友，N=11。

第二步：运用最优停止理论，N乘37%，11×37%=4.07。第三步：先找4个人谈恋爱。

第四步：在第4个人之后，若后面出现优于前四任的女友，果断求婚。

科学家就是科学家，最优停止理论运用得炉火纯青。而另外一名数学“大神”，卡内基–梅隆大学的运筹学教授迈克尔·特里克却没有那么幸运了。他认为，37%法则不仅仅可以运用在数量上，也可以运用在时间上。他假设自己从18岁开始找女友，到40岁结束（在国外，没有妈妈们的催婚，40岁还可以接受），那么根据37%法则，他应该在26.1岁就结束观察期，随时出手。正好在这个年龄时，他碰到了一位女神，并且秉承着理工直男的气质，意气风发地说："我不知道她会不会是完美的妻子(模型的各种假设都无法帮助我作出这个判断)，但是毫无疑问，她符合算法为这个步骤开出的所有条件。于是，我向她求婚了。"结果，他被拒绝了。

从这个例子中我们可以看出。爱情问题与秘书问题的不同之处在于前者是双向性选择的，而后者是单向性选择的。秘书问题只有公司选择秘书的权利，而秘书并没有拒绝的权利。但是在爱情问题上，一厢情愿只能换来无可奈何。并且在当今社会，尊重女性的意愿和选择成为大势所趋，这样的大男子主义、钢铁直男的做法还是慎用。

此外，还有一个问题值得我们注意。在秘书问题中，我们的假设是无法给候选人量化地打绝对分值，如这个人是80分，另一个人是90分。因为如果可以打绝对分值，我们就从所有候选人当中选分值最高的候选人就行。在这个理论中，我们只能知道谁比谁好，谁比谁更适合。这也符合我们在挑选对象的过程中，没有办法说这个男友是80分，那个女友是90分。所以，"排序"问题就变得很重要。

我们在现实生活中经常问的问题是“你喜欢什么样的呀”“你想找什么样的呀”，往往得到的回答是“我也不知道”，或者“我要高富帅”“我要白富美”。这种不够具体的需求是无法让自己排序的。如果想要排序，首先要搞清楚自己到底要什么，什么对自己是最重要的，这个过程就需要自己在观察期反复考量。如开普勒在第4名和第5名中有过犹豫，第4名貌美肤白，第5名勤俭持家，再三考虑之后选择了第5名。所以，只有想清楚之后才能果断出手。如果没想明白，就算“真命天子”出现了，也只能白白错过。

这里想多花一些篇幅介绍“想明白”这个过程。“想明白”的第一点：只有先自爱，搞清楚自己是个什么东西，才能更好地选择另一半。很多人说独生子女一代是自私的一代，但是我们首先要明确三个概念：自私、自知与自爱。自私是在不顾及别人利益的前提下而选择的利己行为。这是将自己的快乐建立在别人的痛苦之上。而自知是能够分辨出我和他之间的边界点，哪些是对自己有利或有害，哪些是对别人有利或有害。自爱是在自知的基础上而采取的一种不损害他人利益而利己的行为，这是一种“独乐乐不如众乐乐”的价值观。“想明白”的第二点：了解对方的诉求。两个人在一起是给对方创造价值，而不是给自己创造价值。但是只要给对方创造了价值，也能更好地给自己创造价值。经济学之父亚当·斯密所著两本书《国富论》和《道德情操论》，前者教会了我们利己，而后者教会了我们利他。而只有学会了利他，才能更好地利己。所以，要在了解自己的基础上，了解对方，了解之后再去无条件地爱Ta。有人说，爱不是爱优点，而是爱对方的缺点。所以，一段完整的流程图应该是：自私→自知→自爱→知Ta→爱Ta。

互联网知名产品经理梁宁在“得到”上开了一门产品思维的课。她将人分为五个层次，这里我想借用此理论来帮助我们更好地了解自己与ta。

图1-3　人的五个层次

第一层是感知层。通俗来说，就是这个人长什么样、说什么话，是眉清目秀还是长相平平，是貌比潘安还是沉鱼落雁。我们可以从感知层大概知道和对方的感觉，适合做朋友还是恋人。第二层是角色层。这是在社会生活中所赋予Ta的身份角色，是局长、厅长，还是警察、医生或者教授。第三层是能力层。一个人的能力水平如何。第四层是资源层。一个人能拥有并调动多少社会资源。第五层是存在层。这是一个人活着的终极意义。这是区分人与动物的一个重要标志。动物只有意识，但是没有自我意识。自我意识是能够意识到自己存在的能力。如果人失去了存在感，无异于行尸走肉，这一点我们在“幸福”一章中会详细说明。

我们在寻找爱情的时候往往会因为对方的前四层而在一起。比如，对方是“高富帅”“白富美”；比如，对方是富二代、官二代；比如，对方神通广大，能力强；比如，对方资源丰富，将来可能对自己有所帮助。但是外表会随着时间而消逝，角色会因为环境的改变而褪去，能力有上限，资源也有枯竭的那一天，真正定义两个人能够长久在一起的是认识并认可彼此的存在。所以我们很有必要认清男女双方各自的存在感是什么。哲学家海德格尔在《存在与时间》中有过这样一段论述，“存在是存在者的存在，存在者存在是该存在者能够对其他存在者实施影响或相互影响的本源，也是能够被其他有意识潜质存在者感知认识决定利用的本源”。

这听起来有点像绕口令，简单来说，就是你存在的意义就是能够对他人产生影响并被影响。因此，真正的爱是从生命的本质出发去爱对方，并且去体验对方存在的本质，将自己交与对方。

这样的爱才可能超越一切客观环境、世俗条件而存在。

这种存在感因人而异，因性别而异。一般来说，男人的存在感是“强”，是一种“一言不合就盘他”的精神，要征服世界，要有一番事业，所以征服男人的方式是认可他的优点。女人的存在感是“弱”，渴望归宿，渴望守护，所以征服女人的方式是看透她的弱点。有心理学家将女性分为三类，沉静型、幻想型和强者型。沉静型的女人，江湖人称“小萝莉”。她们接受了太多的社会道德标准和规则，她们往往是按照别人既定的方式活着，而非自己的本意。有时候想反抗却又没有足够的勇气，最终只能接受社会给自己贤妻良母的定位。这样存在感的女人她所欣赏的往往不是风流倜傥的才子，而是诚实稳健的绅士。比如《延禧攻略》中的富察容音皇后，在痛失爱子七阿哥之后，她对皇上进行了一番哭诉：“我是谁，皇上你说我是谁？从册封皇后开始，我伺候太后、善待妃嫔、处事谨慎；我贤良淑德，怕被皇上厌弃；我不怨不妒不恨，甚至护好妃嫔们的孩子；可是我得到什么？”当时皇上的回复是：“容音，你是朕的皇后，你没有放肆任性的权利，你一定要牢记你肩上的责任。”

幻想型的女人，江湖人称“傻白甜”。她们充满了想象力，常常有白马王子和白雪公主的美梦，但是现实生活中由于预期太高，要么对条件不如自己的男性失望而另寻新欢，要么就是被条件比自己好的男性所欺骗。如果不能理性地认知自己，并认知自己的另一半，这类女孩将很难找到合适的对象。强者型的女人，江湖人称“御姐”。她们都会有较重的男性气质，比如骄傲、豪爽、讲义气、干练，并喜欢与男性在一起。她们的外表也很有特点，既不是太漂亮，也不会特别丑。因为太漂亮会不屑于男性为伍，而用美貌去征服他们，太丑又没有自信与男性在一起。弗洛伊德曾说，自傲是内心的一种防护剂，是自卑的一种转换形式。所以强者型的女性的自卑与孤独感往往尤其深重。她们不需要比她强的男性，而需要一位脱去她的层层伪装，去真正地爱护她的男性。比如《欢乐颂》中的安迪，纽约归国金领，投资公司高管，标准女强人。但是高傲的外表下却有一颗自卑而脆弱的心。小包总用他积极阳光的心态一直鼓励着安迪，每当安迪表现出一点自我怀疑，小包总就一直进行“毫无人性”的鼓励和表扬。

“想明白”的第三点：有时候爱不是对象问题，而是一个能力问题。“超模收割机”的57任女友，具体的分手原因我们不得而知，但是我们可以推理出两位在面对情侣之间的问题的应对方案是“换”，而不是“解决”。我们在现实生活中经常听到女孩说，“我一直在等我的白马王子”，而男孩说，“我一直等那个对的女孩”。等着等着，就把花儿都等谢了。无可否认，对象很重要，毕竟大家都在寻找能够陪伴自己一辈子的人。但是我们在过分关注对象的同时，是不是该扪心自问，自己有没有爱的能力。我们总是强调找到“正确”的人，却忽略了如何去爱一个人。如果我们真的碰到了那个对的人，有没有能力去爱对方，这是一个更为重要的问题。其实，对象是个面对不确定性的概率问题，我们无法掌控，而能力却可以去学习。我们经常会听到这样的感慨：茫茫人海中与你相遇，是多么的幸运啊。但是换个角度来说，世界有80亿人口，能碰到彼此的概率是80亿分之一，无论我们选择谁概率都是80亿分之一。从事后的角度来看，选择谁都可以说我们是多么幸运。而能力是一种系统性的方法论，它可以保证当我们碰到那个"Ta"时，可以更加愉悦地享受爱，享受彼此相伴的过程。诗人雪莱曾说："爱情真正的元素只是自由。它与服从、嫉妒、恐惧，都是不两立的。它是最精纯的、最完满的。沉浸在爱情中的人，是在相互信赖而且毫无保留的平等中生活着的"。雪莱混乱的爱情生活与我们的"超模收割机"十分相像，只依靠感性去追求爱情，而不自我反省自身的能力问题，其结果就会形成兴奋→失落→空虚→兴奋的恶性循环。

最优停止理论并不能确保我们一定会找到那个"真命天子"。但是"两害相权取其轻"，如果我们采用随机选择的方式，则选中"真命天子"的概率为$1/N$。N代表选择的样本数量，考虑到最差的情况，世界上一共有80亿人，按照男女比例1：1的假设，那么选中另一半的概率为40亿分之一，可以说是非常渺茫了。

但是如果采用最优停止理论，无论样本的数量是多少，成功的概率都会是37%。而且人数越多，该理论就越有价值。但是我们也要注意“恋爱成本”，明星们作为名人，不菲的收入，可以支撑他们“任性”，但是“囊中羞涩”的我们在选择的过程中就要考虑选择成本和机会成本了。

第二节　你找对人了吗?

一、举个例子：何书桓、依萍与如萍的“三角恋”

琼瑶小说《情深深雨蒙蒙》是继《还珠格格》之后又一红遍大江南北的言情剧。剧中主角何书桓、如萍和依萍在民国那个兵荒马乱的年代上演了一出又一出虐心的“三角恋”。何书桓本与大家闺秀如萍门当户对，你侬我侬。谁曾想，半路杀出个陆依萍。论出身，依萍也是陆家大小姐；论才华，唱歌跳舞样样精通；论情商，能在陆振华这个大家和自己母亲这个小家之间左右逢源，足见其察言观色的能力非比寻常。何书桓在这样的奇女子的攻势下顿时败下阵来，甘愿当起了“护花使者”。可是当他发现自己只不过是依萍报复陆家的工具时，自尊心受挫，马上回到了如萍的怀抱。就这样何书桓左右徘徊，再三摇摆。如萍、依萍，傻傻分不清楚。依萍为了证明自己对书桓的深情爱意，纵身一跃，从苏州桥上完成了难度系数极高的跳跃。这一跳，也挽回了她心爱的书桓，而在如萍身边也有一直守护着她的“终极备胎”——杜飞。无论心中知晓如萍是多么爱书桓而不爱自己，杜飞还是默默地守护着自己的女神。皇天不负有心人，杜飞也最终如愿以偿，抱得美人归。

不仅在影视剧中，在神话故事中也有一些可歌可泣的爱情故事。牛郎织女每年才能相会一次，梁山伯与祝英台化成蝴蝶也要在一起，孟姜女把长城哭倒，许仙苦等白娘子……在武侠故事中，《神雕侠侣》中的杨过苦等小龙女16年，《天龙八部》中的丐帮帮主乔峰失去阿朱后孤身一人，行走天下，矢志不渝。

二、提个问题：找对人了吗？

那么，问题来了。执着的爱情故事往往被世人所传颂。但是故事中相爱的人好像总有各种各样的理由不能在一起。除去距离远，变身了（变成蝴蝶，变成蛇）这些客观因素，还有心仪的人另有爱人等主观因素。那么，执着于“某个人”的爱是最优的策略吗？“天涯何处无芳草，何必单恋一枝花”是最优的选择吗？

他们找对人了吗?

三、模型1：逆向选择（Adverse Selection）

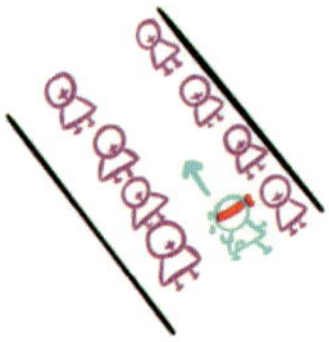

一个人与另一个人合不合适，一个人该不该坚持死守着一个人，这在经济学中是一个匹配问题。所谓匹配，从科学角度来说，就是通过合理地挑选对象从而实现资源的效用最大化。通俗地讲，就是“王八看绿豆——对眼了”。在爱情中，也是如此，如果我们总是把关注点聚焦在“谁爱谁不爱，谁不爱谁爱”这种主观情绪里，那最后只能“爱谁谁”了。谈恋爱的过程就是一个不断匹配的过程。如何让王八看到绿豆，又如何让绿豆对眼王八，这就是个问题。否则，不是白菜被猪给拱了，很有可能是猪被白菜拱了。在日常生活中，我们也经常会听到“一朵鲜花插在了牛粪上”或者“好汉无好妻，赖汉娶娇妻”的说法，这说明男女在匹配上出现了问题。

为了更好地构建模型，我们不妨做个假设：根据优秀程度，把男性分成高等级男A、中等级男B和低等级男C。同样地，女性分成高等级A、中等级女B和低等级女C三类（这里的分类只是为了说明问题而做的模型假设，并没有任何偏见的意思），那么最优效果应该是A配A，B配B，C配C，门当户对，皆大欢喜。

图1-4　平等的男女匹配组合

但是，“一朵鲜花插在了牛粪上”所描述实际的情况常常是：

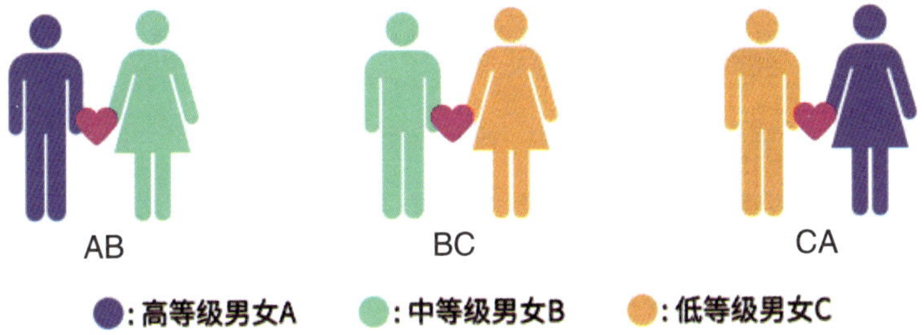

图1-5　不平等的男女匹配组合

那么为什么会有这样的现象呢？在经济学中有一种现象叫作“劣币驱逐良币”，即当市场中有成色不足和成色足的两种货币流通时，成色不足的一种货币会将成色足的另一种货币挤出市场（因为聪明人都把成色足的货币收藏起来，而用成色不足的货币），这就造成了“劣币驱逐良币”。造成“劣币驱逐良币”

和“男女错配”问题的根本原因在于信息不对称。通俗来说，信息不对称的意思就是我知道你不知道的，或者你知道我不知道的。在经济学中，信息不对称的概念来源于经济学家阿克洛夫在1970年发表的文献《柠檬市场：质量的不确定性和市场机制》。在美国俚语中，“柠檬”是“次品”的代名词。在文献中，阿克洛夫描绘了在二手车市场所存在的信息不对称现象。卖车的人更了解车况信息，而买车的人却不知道。所以卖车的人倾向于以次充好，赚取更多的利润。但是买车的人也不傻，知道二手车可能有问题，所以只愿意出一个市场的平均价格去购买汽车，这样高于平均价格的质量好的二手车就卖不出去，退出了市场。这种现象就叫作逆向选择。同样地，在“劣币驱逐良币”中，由于买家知道自己所拥有的是“劣币”，而卖家不知道，导致劣币流通于市场，反而良币被储存了起来。逆向选择和道德风险都是经济学中经常出现的概念。这两个概念都与信息不对称相关。逆向选择源于事前的（exante）信息不对称，而道德风险源于事后的（expost）信息不对称。“事前”或者“事后”的“事”，则是指合同的缔结。比如，二手车的买卖双方事前就知道了车的质量如何，所以会导致逆向选择。道德风险我们将在“委托代理模型”中详细解释。

在男女匹配市场中，利用信息不对称扰乱婚恋市场的始作俑者，就不得不提我们日常生活中经常说的“渣男”和“渣女”。

Ta们作为市场中的“劣币”或者“柠檬”，就在不断地搅乱市场。首先，我们需要给“渣男”“渣女”下个定义：不夹杂感情，以欺瞒为手段，以获取利益为目的，以交易思维思考两性问题的，就是“渣男”和“渣女”。具体表现为：“渣男”为色，“渣女”为财。当然，有时候也会出现“渣男”为财、“渣女”为色的情况。这里判断“渣男”和“渣女”的关键指标就是交易和欺瞒。交易就是不以感情为目的，而是以获取利益为目的而和对方交往，一旦获取利益后就转身离开。比如“渣男”穿起裤子就跑，“渣男”变跑男；“渣女”莫名其妙地玩消失，拿“包”就走。而欺瞒就更为过分，“渣男”和“渣女”利用对方的关心则乱、动心则抖、用心则轴、失心则变舔狗的心理，玩弄对方于股掌。所以按照这个定义来说，为什么没有人说小李子是“渣男”，因为他“明目张胆”地换女友，并没有偷偷摸摸，更没有欺骗或者从女性身上获取利益（如果要说获取利益，美国的女性都以能和他谈恋爱为荣，真说不清楚是谁获得了利益）。

那么，“渣男”和“渣女”是怎么扰乱市场的呢？通常“渣男”是降维打击，而“渣女”是升维打击。“渣男”会选择比自己条件差的对象下手，比如上文所说的匹配关系：A→B，或者B→C，因为条件好的女性毕竟见过大世面，对这些蝇营狗苟的伎俩一眼就能看穿。而条件相对差一些的女性突然受到了“霸道总裁高富帅”的关怀，仿佛生活中出现了照亮生命的一束光，自然受宠若惊，进而束手就擒。优秀男性通常自尊心、优越感比较强，事业有成，所以一般来说都没有过多的闲暇时间花在女孩身上。“渣男”就利用这样的信息不对称，对女孩嘘寒问暖。女孩毕竟是感性的，是用耳朵谈恋爱的，自然无法抵挡住其攻势。这里需要补充的是，“渣男”是以欺骗为目的的，两情相悦、各取所需、心照不宣这样的情况，就不能算作“渣男”了。与“渣男”不同，“渣女”往往会选择比自己条件好的对象下手，比如B→A，或者C→B，因为对方比自己好，才能有所“图谋”。通常“渣女”都会撩起男性的深藏在心灵角落的秘密，比如油腻大爷的少女情节，霸道总裁的征服欲，成熟稳重大叔的保护欲。一旦击中命门，就可以予取予求了。最终导致的结果就是，想好好谈谈感情的男男女女这样的“良币”被排除在外，做了“备胎”，而市场上充满了“渣男”和“渣女”这样的“劣币”。

要解决“渣男”和“渣女”的问题，就要先解决“劣币驱逐良币”的问题，要解决“劣币驱逐良币”的问题，就要先解决信息不对称。解决信息不对称的一个重要途径就是高成本的信号传递。在人才市场，雇佣方不知道面试方的能力如何，于是学历成为了一种“信号”，名牌院校的文凭比一般学校的文凭值钱，因为获取它的成本更高；在数码产品市场，买方不知道卖方的产品质量如何，于是质保书成为了一种“信号”。而在男女双方的市场上，也需要彼此传递高成本的信号来消除信息不对称。比如历史故事中，周幽王不惜“烽火戏诸侯”来博取褒姒一笑，吕布直接杀了自己的义父董卓，这都是一种消除信息不对称，表达爱的强烈信号。国家都可以不要，诸侯都可以戏耍，干爹都可以杀，这还不能证明我爱你吗？而在现代社会，高成本信号传递的关键就在于时间。在目前快节奏的社会里，细水长流总比轰轰烈烈更靠谱。对于“渣男”和“渣女”来说，没有什么是比时间更为宝贵的了，因为他们的最优策略是“不行就换”。辨别“渣男”和“渣女”的方法也很简单，就是他们会在短时间内表达出自己的诉求，比如提出借钱、求帮助等。通常具体的操作方法是先疯狂地信息、电话来嘘寒问暖，然后进行大胆试探，最终采取行动。但是请发注意，打信息、电话的嘘寒问暖是成本极低的，“早上好”“多喝水”谁都会发，谁都能发，所以不能作为判断的标准和依据。而高成本则体现为对你的人生、事业等重大问题提出的建设性意见和帮助，这才是需要划重点的地方。

四、模型2：稳定匹配（Stable Matching）

破除了逆向选择的困境，果断选择之后，我们就会面对如何维持一段稳定的关系这一问题。在车水马龙的快时代，找对象不是问题，能够长久持续地经营下去才

是问题。因此，稳定性是关键。1962年，美国数学家David Gale和Lloyd Shapley在算法上，发明了一种寻找稳定匹配的策略。所谓稳定，指的是不存在这样两个市场主体，他们都更中意于彼此，胜过他们当前的另一半（与婚姻一章中要提及的帕累托最优相似）。该理论运用在爱情上，即不管男女各有多少人，不管他们各自的偏好如何，应用这种策略后总能得到一个稳定的搭配。也就是说，他们在数学层面上证明了男女的搭配是可以实现稳定的。该算法中采用了男生主动追求女生的形式。具体操作如下：

第一轮：每个男士按照自己对女士的喜好列一个清单，并且都选择自己名单上排在首位的女士，向她表白。这种时候会出现两种情况：①该女士还没有被男生追求过，则该女士接受该男生的请求。②若该女士已经接受过其他男士的追求，那么该女士会将该男士与她的现任男友进行比较，若更喜欢她的男友，那么拒绝这个人的追求，否则，抛弃其现任男友。第一轮结束后，有些男人已经“喜提”女朋友了，有些男人仍然是单身狗。

第二轮：每个单身男都从所有还没拒绝过他的女士中选出自己最中意的那一个，并向她表白，不管她现在是否是单身。这种时候还是会遇到上面所说的两种情况：①该女士还没有被男士追求过，则该女士接受该男士的请求。②若该女士已经接受过其他男士的追求，那么该女士会将该男士与她的现任男友进行比较，若更喜欢她的男友，那么拒绝这个人的追求；否则，抛弃其现任男友。还是同样的解决方案。以此类推，直到所有人都不再是单身。运用这样的方法进行一轮一轮地匹配和挑选，最终会实现稳定状态。男人“喜提”自己中意的女朋友，女人喜提自己心仪的男朋友。具体的数学推理过程如下：

稳定匹配推导思路（反证法）：

假设条件：有一位没有配上对。证明过程：这个人必定已经向所有的女士进行过表白了。根据我们的游戏规则，只要女士被表白过一次，她就不可能是单身了。换句话说，此时，所有的女士都已经不是单身了。而又由于男士和女士的数量相等，这与有一位没有配上对是相悖的。所以假设不成立。因此，稳定匹配一定会让所有人都配对成功，又称之为完美匹配。

从整个匹配的过程来看，这是一个从不稳定的状态慢慢过渡到稳定状态的过程。这也是一个男士不断被“甩”，女士不断在“选”的一个过程。从男性的角度来看，虽然面临着一次次被无情伤害，被“甩”的可能，但是最后他会挑选到一个愿意和他共度一生的女士，因为更好的女士已经跟别人跑了，更差的女士他也没有机会碰到了。同样地，对于女士来说，不断选择、不断抛弃的过程会让男朋友的质量一点点变好，最终留下的也是愿意和她相守一生的男士，因为更好的男士可能还没轮到她，就和更喜欢的女士在一起了。这对于每个人来说都是皆大欢喜。

这个结论给了我们一个重要启示：对于男士来说，要敢于追求自己心仪的女士，如果只是一厢情愿就不必勉强，尽快转变追求的对象就可以。对于女士来说，如果不合适、不喜欢就尽快提出来，也没必要委屈自己。从这个角度来说，杜飞、杨过、乔峰、牛郎都把宝押在了一个人的身上，单恋了一枝花，实在是很不理性。反观如萍倒是很聪明，在被何书桓抛弃之后，果断选择了杜飞。此外，男士和女士一定不要被面子、自尊、虚荣蒙蔽了双眼，看准求偶对象后一定要“快、准、狠”。切忌扭扭捏捏，顾前顾后。果断出击的效果往往比守株待兔的结果要好。为了证明这一点，我们构建如下博弈模型：

假设男方和女方都有主动和被动两个行动策略，如果男方、女方都主动，一拍即合，双方的收益为（5,5）；如果男方主动，女方被动，则男方“穷追猛打”的策略会给自己带来更多的收益，而女方可能因为被动因此未全面了解男方而在未来遭受损失，双方的收益为（7,3）；女方主动与男方被动的结果一致，也为（3,7）；如果双方都选择被动，两败俱伤，则收益为0。构建的支付矩阵如下：

表1-1　男女主动行动的博弈

	女方主动	女方被动
男方主动	5,5	7,3
男方被动	3,7	0,0

根据支付矩阵的收益，如果男方选择主动，则女方选择主动，因为5＞3；如果男方选择被动，则女方选择主动，因为7＞0；如果女方选择主动，则男方选择主动，因为5＞3；如果女方选择被动，则男方选择主动，因为3＞0。因此，纳什均衡为（男方主动，女方主动）。所谓的纳什均衡是指：在一个博弈过程中，无论对方的策略选择如何，当事人一方都会选择某个确定的策略，则该策略被称作支配性策略。如果任意一位参与者在其他所有参与者的策略确定的情况下，其选择的策略是最优的，那么这个组合就被定义为纳什均衡。通俗来说，就是无论对方怎么选择，我这么选都是最好的。如果双方都存在这样的状态，这就是一种纳什均衡。纳什均衡的经典案例“囚徒困境”，我们会在“婚姻”一节中详细介绍（感兴趣的朋友可以观看电影《美丽心灵》，这部电影就是讲述纳什的故事）。

这个模型告诉我们，与传统概念中男孩主动、女方矜持的观点相悖，如果女孩碰到了自己的中意人，也应该大胆出击，做个“女汉子”。当然，这也是建立在对方也主动的基础上，如果只是一厢情愿，那也只能作罢。

纳什均衡的寻找方法——划线法：

我们在本书中会引用或者构建多个博弈模型，下面介绍如何找到纳什均衡的方法。在博弈中我们寻找纳什均衡，先假设一方选择一个策略，另一方根据对手的策略选择一个对自己报酬最高的策略，在收益下面画一条线，以此类推。当在一个支付矩阵中若每一个方格中都有下划线，则此策略为纳什均衡。如上例，若男方选择主动，女方选择主动，因为5＞3，则在5下面画一条线；若男方选择被动，则女方选择主动，因为7＞0，则在7下面画一条线，以此类推。

五、模型3：贝叶斯概率（Bayesian Probability）

无论是逆向选择模型，还是稳定匹配模型，都蕴含了一个重要的知识点：识人。只有能够识别出对方是个怎么样的人，我们才能更好地作出选择和匹配。如何发现和判断一个人的优点和缺点，对方是个“青铜”还是“王者”，对方是否关心自己，是否值得托付终身，这是贝叶斯概率模型需要回答的问题。

我们在日常生活中，对另一方总会有“先入为主”的判断标准。比如，碰到做金融的，就会觉得他们是多金的“渣男”“渣女”；碰到做IT的码农，就会觉得他们是不会关心人的理工直男等。

这样的想法其实是不准确的，每个圈子有其固有的特点，但是也不能以偏概全。用这样武断的判断方法，会让我们错过很多优秀的对象。那么我们应该怎么去作判断呢？英国数学家贝叶斯发现了一个概率公式——贝叶斯概率。数学公式如下，具体的推导过程我们在这里不加赘述。简言之，就是我们对某件事情发生的概率判断（即后验概率，后验概率是信息接收方在接收到某个信息后，该信息发送的概率），应该是先基于一个先验概率（先验概率是指根据以往经验和分析得到的概率），再乘以一个调整因子而得到。

$$P(A|B) = \frac{P(A)P(B|A)}{P(B)}$$

$P(A\backslash B)$：似然概率　A：先验概率　$P(B\backslash A)$：后验概率　$P(B)$：全概率

图1-6　贝叶斯概率

我们用IT理工直男举个例子来解释贝叶斯概率。小红相亲碰到了IT理工直男小明，在接触过程中，小明逻辑清楚，思路清晰。小红身体不舒服的时候，小明回复“多喝热水”，小红来大姨妈的时候，小明回复“多喝热水”，小红工作不顺时，小明回复“多喝热水”。在小红忍无可忍之时，突然，小明在小红生日之际，送了她全套TOM FORD的口红。这时，小红该如何是好呢？分还是不分，这是一个问题。我们用A代表小明是理工直男这一事件，用B代表小明送全套TOM FORD口红这一事件，分析如下：

A：小明是理工直男。B：小明送全套TOM FORD口红。$A|B$：小明是送全套TOM FORD口红的理工直男。

$B|A$:理工直男送全套TOM FORD口红。

P（$A|B$）：送了全套TOM FORD口红之后，小明还是理工直男的概率。

P（A）：小明是理工直男的概率。

P（B）：一般男士送全套TOM FORD口红的概率。

P（$B|A$）：理工直男会送全套TOM FORD口红的概率。

（P（$A|B$）在概率论中称为条件概率，即在给定B条件的基础上，发生A的概率）

我们假设小红基于小明一直让其喝热水，估算出小明是理工直男是大概率事件，即P（A）=80%。再假设：一般男士会送全套TOM FORD口红的概率P（B）=50%。而理工直男会送全套TOM FORD口红的概率较小，即P（$B|A$）=10%，那么根据公式可得：

P（$A|B$）=80%×（10%÷50%）=16%。

我们发现，小明是理工直男的概率从80%降到了16%，大大地帮助了小红作出更为明智的判断。在小红警告小明再让她喝热水就用开水烫死他之后，小明和小红过上了幸福的生活。

贝叶斯概率告诉我们，“第一印象”固然重要，但是我们应该学会在日后的相处之中，根据点点滴滴的相处和细节来不断修正自己的判断。不管他是金融男还是码农，是娱乐圈的明星还是艺术家，是不是在乎自己这才是要关注的重点。当然，先验概率是我们的一种本能，心理学有一个概念是沉锚效应（Anchoring Effect），是指当人们需要对某个事件作定量估测时，会将某些特定数值作为起始值，起始值就像锚一样制约着估测值。我们在作决策的时候，会不自觉地给予最初获得的信息过多的重视。所以我们需要降低初始值的大小，而在之后的相处中不断调整，作出最优的判断。

第三节 真豪门还是假豪门?

一、举个例子：豪门深似海，入门需谨慎

由民国时期著名小说家张恨水先生的著作同名改编的电视剧

《金粉世家》，2003年一经上映就风靡全国。“当花瓣离开花朵，暗香，残留……”沙宝亮一曲主题曲《暗香》唱尽了豪门恩怨、悲欢离合。风流倜傥的金家七爷金燕西自幼集万千宠爱于一身，倚仗着总理父亲的权势，整日游手好闲，招猫逗狗，四处留情。在去西山郊游的途中与女学生冷清秋邂逅，从此一见钟情，欲罢不能。为了能够得到冷清秋的关注，金燕西用尽了各种套路：放学等你回家，雇人帮他写诗，与她舅舅里应外合……这一套“组合拳”下来，冷清秋也终究失去了理智，不顾悬殊的家庭背景而嫁入金家。

正所谓“得不到的在骚动，被偏爱的有恃无恐”。金公馆内，各家心怀鬼胎。整个家族除了不做正事，什么都做。总理爸爸面对内忧外患的压力，一命呜呼。从此金家家道衰落。雪崩时，没有一片雪花是无辜的。但是雪崩之前的第一片雪花却是无辜的。冷清秋无权无势，不幸成为这第一片雪花。她成为金家的众矢之的，吞下了一件一件的委屈事。然而就在这种时刻，金燕西却成天与白家太小姐白秀珠厮混在一起，夜不归宿。再一次大吵之后，金燕西扬长而去。没过多久，一场大火吞噬了金家大院。整个家族也四分五裂。冷清秋带着刚出生的儿子去了南方开始了新生活，而金燕西心灰意懒，远渡重洋，永远地告别了这块伤心的土地。

二、提个问题：豪门是否真豪？

那么，问题来了。不仅仅是名门望族，现代社会中平凡家庭嫁入富贵人家也十分常见。有的荣华富贵，幸福一生；而有的起起伏伏，分分合合。人品、性格这些因素固然重要，但是政治、经济因素绝对是能够影响两人能否长期在一起的重要因素。如果金爸爸没有失势，没有一命呜呼，金家依旧财富雄厚，相信金燕西和冷清秋也不会在短短的一年内出现如此大的变故。再浪漫的爱情也无法抵御现实的冲击。金燕西和冷清秋的命运和金家绑在一起，金家的命运与金爸爸绑定在一起，而金爸爸的命运又与民国政府绑定在一起。我们知道，就算金爸爸不出意外，国民政府的倒台迟早也会让金家遭受致命一击。不仅是在政治领域，经济领域也是如此。富豪们的爱情生活也往往与经济周期或者行业周期相挂钩。有的受金融危机的影响，有的受行业周期的影响。豪门到底是不是真的豪？这个问题不搞清楚，“豪”只能变“嚎”，进而变成“壕”，最后成为“坑”。我们又该用什么样的方法去调查研究呢？

三、模型：经济周期理论（Business Cycle）

在金融中，当一家机构发生收购、兼并或者投资另外一家

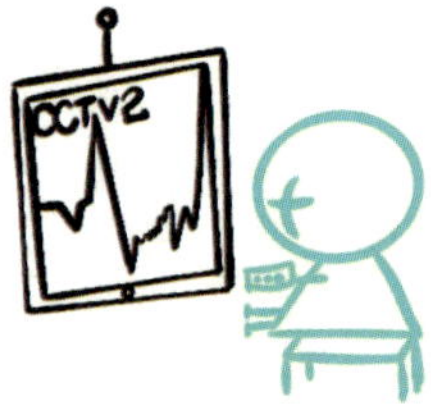

机构时，往往会涉及尽职调查（Due Dilligence）这一流程。所谓尽职调查，就是要对公司从行业、财务、法律、税务等全方位进行调查分析，找出风险点。

谈恋爱的过程，从某种角度来说，也是在婚姻前为对方做一场尽职调查的过程。恋爱中做尽职调查是一件很困难的事情，因为我们这时候往往被情绪所控制，很难审慎而客观地找到风险点。但是这又是不得不做的一项“排雷”工作。做得好，提前爆雷，幸免于难。做得不好，爆雷了，只能被炸得体无完肤。上海阿姨在这方面的工作可谓是全国遥遥领先。全国知名的人民公园相亲角经常问的三个问题便是，“侬有车子伐”“侬有房子伐”“侬有上海户口伐”，这直击灵魂的三连问，就是一种最简单而真实的尽职调查。“三无”人员很难进入上海阿姨的白名单。而在尽职调查中，还有一个问题不能忽视，那便是经济周期。知名企业家雷军就曾说，“风来了，猪都能飞”。巴菲特也说，“当潮水退去的时候，才知道谁在裸泳”。这个“风”和“潮水”就是经济周期。中信建投首席经济学家周金涛曾在《涛动周期论》中介绍过实体经济周期与虚拟经济周期的关系（虚拟经济可以理解为金融市场）。实体经济周期总是先于虚拟经济周期繁荣，也先于虚拟经济周期衰落。这是因为需求总是先于供给。比如吃饭，只有先存在“饿”这个需求，才会催生出厨师这个职业、才会催生出餐饮这种业态。当实体经济发展到一定阶段后，需求进一步被激发，因此企业主会寻求借贷等杠杆的方式扩大规模，继而引起虚拟经济周期的开始。当需求回落后，金融市场开始出现违约等现象，造成流动性吃紧，进而影响实体经济。这种循环周而复始，循环往复。这种虚拟经济周期滞后于实体经济周期的特性，将会影响到每一位金融大鳄或者实体大佬，进而影响到他们的感情状态。

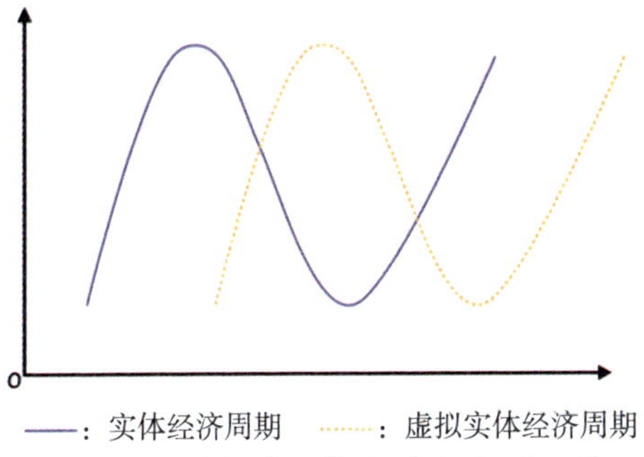

图1-7　实体经济周期与虚拟经济周期

从经济周期的角度出发，我们就会发现很多富豪的婚姻状态与中国经济的景气程度紧密相连。下图为中国1999—2019年GDP增速的趋势图。从1999年开始中国GDP开始腾飞，到2008年达到顶峰，这一年也是中国GDP增速最快的一年，达到了14.2%。如果我们去搜寻富豪们感情生活的资料，就不难发现1999年-2008年这一段时期，是“富豪+明星”组合的黄金时期。

而自从2014年之后中国经济增速开始放缓，常年维持在10%以下。随后2018年，央行、银保监会、证监会、外汇局联合发布《关于规范金融机构资产管理业务的指导意见》，市场简称“资管新规”。资本市场流动性吃紧，众多富豪因为债务问题而陷入泥沼，分手、离婚的新闻也层出不穷。

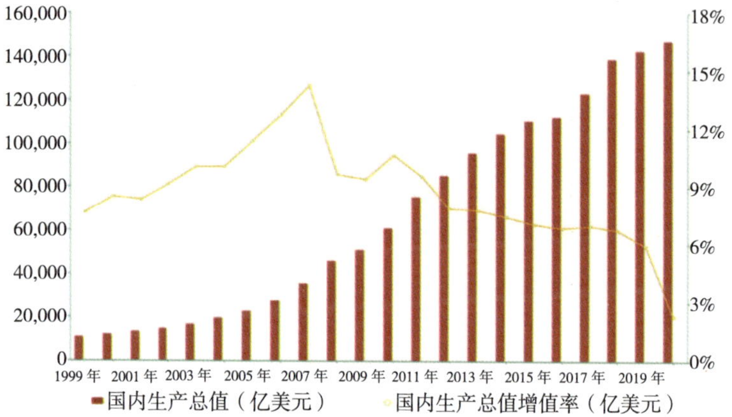

图1-8　实体经济周期与虚拟经济周期

除了宏观的经济周期，每个细分行业的行业周期也是一只“无形的手”，在冥冥之中影响着富豪的婚姻生活。下图为1999—2014年普钢平均价格指数的图，我们发现2009年开始普钢平均价格开始连续上涨24个月，也正是在这个时候，众多钢铁、煤矿的富豪开始与女明星结婚，而在2012年开始持续15个月下跌之后，离婚的新闻又跃然纸上。

图1-9　1999—2014年普钢平均价格指数图

同样的规律不仅仅在钢铁、煤炭，几乎每个行业都会受到行业周期的影响。某女星在2013年嫁给了新加坡某海运商业集团主席，但是结婚不到3年，丈夫公司就欠债12亿，濒临破产保护。她也不得不在生完小孩后，复工赚钱。同样的方法，我们找到波罗的海干散货指数（简称BDI），其是反映海运行业景气程度的权威指数。从中，我们可以看出，恋爱时间点、破产时间点与BDI指数高度吻合。

图1-10　波罗的海干散货指数

此外，我们注意到一个有趣的现象。在2010年之前，是一种“明星+企业家”的组合模式。而在2010年之后明星与富豪结婚的比例明显下降，而娱乐圈内人士结婚的比例显著提高，变成了一种“明星+明星”的组合模式。我们发现这种现象也与影视行业的兴衰有着一定的关系。我们暂且用影视票房收入作为指标来衡量，如下图，我们发现2010年票房收入的增速达到了巅峰的61%，而票房收入的绝对值也是在2010年之后开始迅速“抬头”，并进入爆发式增长阶段。如此一来，明星的身价自然水涨船高。求人不如求己，与其嫁入豪门“忍气吞声”，还不如找一个圈内人士一起享受人生。

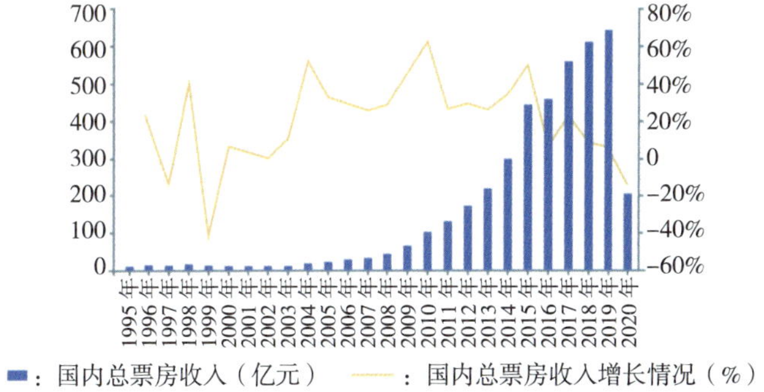

图1-11　1995—2000年国内票房收入和增速情况

《涛动周期论》中有一句名言："人生发财靠康波。""康波"是指俄罗斯经济学家尼古拉·康德拉季耶夫发现的60年左右的经济周期规律。我们也不得不说"人生婚姻靠周期"。作为普通人来说，我们的收入基本就是靠工资，宏观的经济周期实质上对我们影响并不大。但是婚姻是一个长期的过程，很多人都说要找一个"潜力股"。所谓潜力，就是对未来行业周期的判断。等到行业风口来的时候，作为一个行业从业者来说，身价、工资、股权自然水涨船高。比如在20世纪90年代找一个地产从业者，2000年代找一个PC端的IT男，2005年前后找一个金融人士，2010年找一个移动互联网码农，2015年找个芯片工程师，自然能够享受之后所带来的地产红利、互联网红利、金融红利和国产替代化红利。但是需要注意的是，一定要提前布局，在行业未爆发之前"买定离手"，否则只能做一个"接盘侠"。

第四节　使用说明书

一、技术曲线——约会说明书

约会是恋爱中至关重要的一个环节。好的约会体验会加速双方的好感和信任感，反之将造成误会与错判。我们可以参照技术曲线图来帮助我们进行更好的约会。2018年，知名市场研究公司Gartner发布了的最新的《新兴技术成熟度曲线图》。如同经济周期一样，任何事物的发展都会经历上升、繁荣、衰退和萧条四个阶段。技术成熟度也会经历萌芽期、过热期、破灭期、复苏期和成熟期。

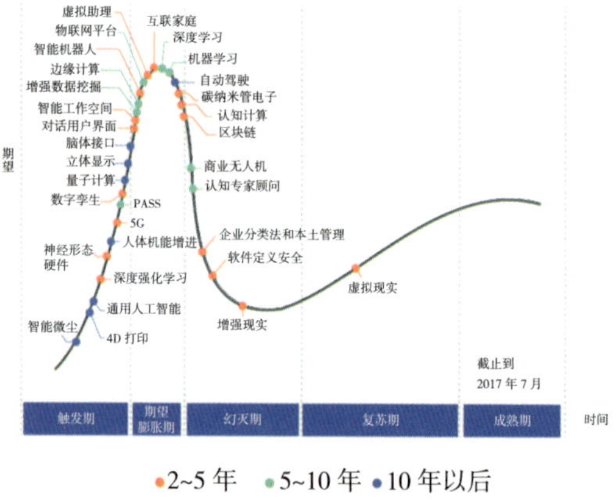

图1-12　新兴技术成熟度曲线图

与技术曲线类似，一段感情同样也会经历刚开始的怦然心动（萌芽期），然后激情燃烧（过热期），要么破灭（破灭期），要么继续发展，之后又会经历破镜重圆（复苏期），最终达到成熟（成熟期）。著名心理学家弗洛姆曾经说过：“爱情是一种判断、一项决定、一个诺言。”既然是判断、决定，这就需要我们在各个阶段有明确的策略与之应对。

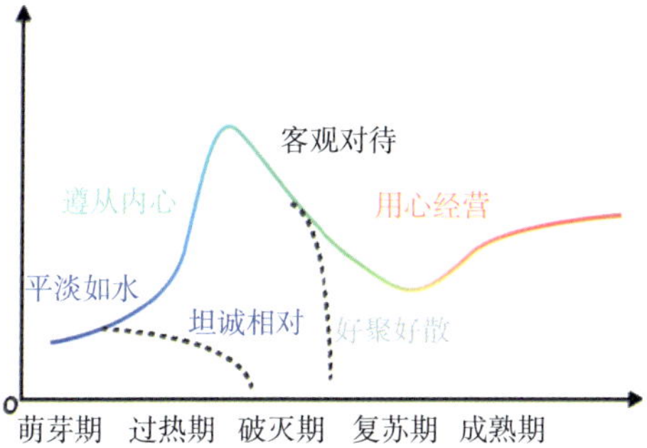

图1-13　约会技术曲线图

在萌芽期时我们应该尽量做到平淡如水，从容自然，该怎么样就怎么样。原因很简单：人与人的初次见面很具有主观色彩，喜欢就是喜欢，不喜欢就是不喜欢。过犹不及都无法让对方喜欢上自己。就算我们过度“伪装”让对方喜欢上了自己，但从长期来看，纸是包不住火的，你的真实面目仍然会曝光在对方面前。这样不仅自己累，还浪费彼此的时间。俗话说，从一个人的脸上可以看出Ta走过的路、读过的书、爱过的人。所以，平淡如水是一种最佳选择。是什么样就什么样，“高攀低配”的事尽量不要去参与。如果彼此无感，那么我们坦诚相对，不拖沓，不耽误，好走不送。当然，初次见面时基本的穿着得体、礼仪周到还是需要的。有些男孩出门头也不洗，顶个“鸟窝”（邋遢大王就是他，真呀么真邋遢），却要求女方是个白富美。而有些女孩长相一般、工作一般、家庭一般，却幻想着找个高富帅。这些迷之自信的男孩和女孩应该摸着良心问问自己，问问配钥匙的师傅，自己配不配。只有客观地认识自己，才能做到更好的匹配。当我们从萌芽期进入过热期后，我们就应该遵从自己的内心，和对方一起去感知这个世界，感知开心快乐、难过痛苦。和对方相处得是否舒适，是一条重要的检验标准。舒适就是不伪装，从身体到精神的愉悦。过热期过后，双方的缺点逐渐暴露，一个个血淋淋的真实且现实的对象开始逐渐显现，从而进入幻想的“破灭期”，此时，我们就需要认真地评估彼此是否是和自己相处一生的人。如果跨过去，大家就用心经营这段来之不易的爱情，并走向婚姻，如果跨不过去，大家好聚好散，彼此祝福。

这里总结一个在相处过程中的“对象考察实操路径图”：

图1-14　考察实操路径图

外貌条件是敲门砖，毕竟我们处在颜值经济，没有美丽的外表，可能很少有人在意你美好的内心。当然，这个美丽不一定是沉鱼落雁，闭月羞花，应该是穿着适合，打扮得体。在外貌过关后，我们就需要考察人品。这里判断人品的一个重要指标是：对方一定要有利他主义精神。两个人相处是为了你对我好，我对你好，从而达到生理和心理上的双重满足。如果对方是一个“我的是我的，你的还是我的”的人，或者“我不要你觉得，我要我觉得”的利己主义者，劝你还是和马斯克联系一下，要么坐特斯拉跑，要么坐火箭跑。因为利己主义者不把你榨得干干净净是不会罢休的。在通过人品这关后，就要考察对方的社交人品，防止“人前是人，背后是鬼”的现象发生。物以类聚，人以群分，一个人的朋友是什么样的人品，大概率就决定了他是什么样的人品。男人是要面子的，单独相处时会“装”，但是在朋友面前却很难“装”。毕竟现在的社会，演员太多，奉劝大家都简单点。对于女孩来说也是如此。另外，看看对方对待服务员和父母的态度，一个是关系最远的人，一个是关系最近的人。如果他对待两者都是和颜悦色，说明他是个有“大爱”的人，反之如果对待服务员颐指气使，大呼小叫，说明他是个“势利眼”或者表里不一的人。如果他对待父母都很恶劣，那你还指望他对你好吗？

如果对方的“狐朋狗友”或者“闺蜜团”过关，那么就可以尝试同居。同居就是某种意义上的试婚。在正式的婚姻之前先来个模拟实验。很多人觉得试婚可能有违道德，但是衣服可以试穿，食物可以试吃，而对于结婚这件关乎人生的大事还是有必要提前试一试的。对方抠不抠脚、打不打呼等个人习惯能不能忍，只有同居能够试出来。如果条件允许，可以尝试一下旅游（毕竟搬家还是很麻烦的）。旅游的时候是面对旅途上的各种未知，看双方如何去处理解决。婚姻也是这样，两口子一起去面对未来人生的各种未知。日语里有个词叫“成田分手”（成田是日本的一个机场），说的就是这个道理。最后，当前面都通关后，就可以考察家庭了。当然，这一点也可以前置。毕竟恋爱是两个人的事，而婚姻是两个家庭的事。门当户对并不是绝对的，考察家庭应该是看双方父母对待子女的态度。父母首先应该考虑的是两个人的开心幸福，而不是房或者车。如果碰到把婚姻当“鲤鱼跳龙门”三观不正的家庭，还是应该提前做好风险防控，否则最后很有可能竹篮打水一场空。

二、最优停止理论——一切都是最好的安排

在恋爱中，男女双方经常会问对方的一个问题是，“你怎么知道我是你认定的那个人？”或者“你怎么知道我是最好的呢？”而通常的回答是“因为你是我心中最美的”或者“因为你是最适合我的”等等。这样的问题和答案，往往都是“水中看

月，雾里看花”，站不住脚。最优停止理论的一个重要前提是排序的相对性，而不是绝对性。所以，从实际情况来说就要泼一盆冷水了，在这个世界上没有“最好的”，只有现阶段相对“较好的”。最优停止理论的重点在于“停止”，而不在于“最优”。在37%之后，如果确定了一个最佳的对象，那我们要做的就是停止去寻找新的对象，告诉自己“一切都是最好的安排”，然后好好地经营这一段感情。否则，在现实世界中，总会有更好的存在，到最后很可能是丢了西瓜，捡了芝麻。

三、逆向选择——敢于发送信号

在逆向选择模型中，我们介绍了“一朵鲜花插在了牛粪上”和“好男无好妻，懒汉娶娇妻”现象背后的原因，也介绍了“渣男”“渣女”是如何扰乱市场的。从男性角度来说，要想避免发生“好男无好妻，懒汉娶娇妻”的情况，就要敢于向优质女性发送高成本、可置信的信号。俗话说，一个男人的发展，三十岁之前看父母，三十岁之后看老婆。一个贤惠、大方、识大体的老婆，无论是对家庭生活还是事业都会有事半功倍的效果，值得优秀的男人们去花时间去“下重注”。无论是在娱乐圈，还是商界，一段稳定的两性关系总是会滋养双方，对于男人的事业来说，也会越来越顺。而一段鸡飞狗跳的关系不仅伤害彼此，还会给公司、社会带来很多的负面影响。这样的例子比比皆是。因此，男人在看准优质的女性时，应该主动放下自己的架子、面子，花时间去追女孩，让“渣男”没有市场，从而打破“劣币驱逐良币”的困境。

而从女性角度来说，要避免“一朵鲜花插在了牛粪上”情况发生，就要提高自己接收信号的阈值。选男人太快毕竟不是一件好事，还是要“让子弹多飞一会”。一些低成本、不可置信的信号可以直接过滤。比如，“多喝热水”“早安、晚安”。这些动动手指就能发送的信号，不接收也罢。女性都是感性动物，但是不能因为一时的小感动就托付出自己一生的时光。“渣男”口中一直说要守护自己，是真守护还是假守护，是真命天子守护神还是小区门口的保安大叔，就需要女孩们的火眼金睛了。所以说，“女孩要富养”的道理就在于让女儿从小多见世面，多长见识，以后不至于为了一个包就“出卖”了自己。

最后，“师夷长技以制夷”，我们也需要从“渣男”和“渣女”身上学习他们的可取之处。我们发现，通常“渣男”和“渣女”们都是光鲜亮丽、穿搭得体、言谈优雅的一群人。毕竟他们也需要通过这种方式来向对方传递“我是优质的”信号。这个社会是现实的，爱美之心人皆有之。颜值是门槛，只有给予别人良好的第一印象及信号，才能为之后的深入了解打下基础。

四、稳定匹配——果断决策，买定离手

我们在稳定匹配的模型中说明了，只要采取科学合理的方法，每个人都能找到自己心仪的对象，都能心理暗喜并默念：是他，是他，就是他。对于男性来说，“天涯何处无芳草，何必单恋一枝花”，碰到自己喜欢的女孩，就大胆去追求，没有必要扭扭捏捏。大大方方地展示自己自信、真诚的一面。如果女孩确实对自己没有好感，也没有必要死缠烂打、纠缠不清。此时应该总结失败经验，快速地投入下一个匹配的对象。而对于女性来说，多去选择并不是脚踏两只船，而是在恋爱过程当中，多比较，多给自己一种可能性。如果有更合适自己的对象，也要趁早跟现任对象说清楚。“挑三拣四”应该是在互相了解和互相挑选的时候所抱有的心态，“嫁鸡随鸡，嫁狗随狗”则是在匹配成功后抱有的心态。当然，无论是男性还是女性，一旦确立了对象，并且给予了对方承诺，就应该停止“换”和“绿”的行动。买定离手，上了“贼”船，就跟“贼”走。

此外，稳定匹配模型还告诉我们，对方不喜欢自己，也许不是自己的问题。没有人能够做到让每个异性都喜欢自己，关键是让合适的人喜欢自己。情歌王子张信哲有一句歌词：“难道我就这样过我的一生，我的吻注定吻不到最爱的人。”但我们不需要这样自怨自艾，我们的吻也不是随便给的，要怪只能怪我注定要

吻的那个人还没出现。

五、贝叶斯概率——你以为你以为的就是你以为的吗？

“先入为主”是人类大脑评判体系的一大特征。大脑为了在纷杂的信息当中快速找到有效信息，只有依赖原先已有的模型，用已知的事物与之类比，才能更好、更快地理解一个新的事物。我们对人的判断也是如此。面对一个完全陌生的人时，我们会用一些其他已知的特征或常识来帮助自己快速了解对方。比如地域，北方人比南方人性格更为豪爽，东北人比较幽默，江浙地区的人比较精明，云南人比较憨厚淳朴等；如职业，理工男比较直男，娱乐圈的人比较时尚，金融圈的人比较多金等。

我们在相亲的过程中，经常会听到诸如“我不喜欢金融男，因为金融男都是渣男”“我不喜欢娱乐圈的，因为娱乐圈太乱了”“我不要找上海男生，因为太居家了”；“我觉得理工男挺好的，专一不多情”等言论。其实，这些都是有待商榷的想法。这些地域、职业等特征都只是背景资料，是一个先验概率，是我们作为初步判断的基础，千万不要以为“你以为你以为的就是你以为的”。在与对方相处的过程当中，还是要一事一议，一人一议，不断在相处过程中去修正自己的可能性函数，调整调整因子，提高找到另一半的概率。

六、经济周期理论——用发展的眼光看问题

“男怕入错行，女怕嫁错郎。”如果再加上经济周期的观点来看，就是“女怕嫁错入错行的郎”。由此可见，行业周期对一个家庭的重要性。女性挑选老公的时候，一定要像一个精明的风险资本投资人一样，洞察行业周期，用发展的眼光看问题。如果追求稳定，那就买入“蓝筹股”[①]，如果追求长期增长潜力，就买入“成长股”[②]。但是要注意的是，“蓝筹股”并不是百分之百的牢靠。原来工人阶级、国企、政府公务员是最铁的“铁饭碗”，改革开放之后却不再那么炙手可热；原来房地产行业如火如荼，现在也是几家欢喜几家愁。而之前在各大运营商夹缝中生存的互联网公司，却在近十多年内“呼风唤雨”（这两年也开始有了“凉凉”的趋势）；不值钱的码农，也成为的优质结婚对象。“成长股”的选择也有门道，早两步是先烈，早一步才是先驱。目前在中美贸易战的大背景下，国家大力提倡国产替代化和供应链安全，这又让制造业重新焕发生机，尤其是高端制造行业。高科技、新能源的企业不断登陆科创板，开创了一个又一个的造富神话。所以，挑选另一半就要看准经济周期，选准行业周期，选择合适的时机入场，长期持有，否则只能被深度“套牢”。

① 蓝筹股是指长期稳定增长的、大型的传统工业股及金融股。

② 成长股是指处于飞速发展阶段的公司所发行的股票。成长性股票不具有特定的内容，是人们对于某些公司发行的股票的一种主观评价。

第2章 CHAPTER

性

所有动物的一切活动，都受性欲的支配。

——弗洛伊德

从采集时代到农业时代，从农业时代到工业时代，再到现在的信息时代，无论时代如何变迁，人性一直未曾改变。两性之间的性问题也是人类无法摆脱的主题，毕竟“食色性也”。但是在不同时代，性被赋予了不同的意义和功能。在采集时代，性的本质在于生育，这是人类最本能的一种生理反应，目的是拥有更多的后代。在农业时代，性与劳动力、与土地相挂钩，子女一方面可以干活，另一方面也可以“防老”。而进入工业时代和信息时代之后，避孕措施的出现，使性的生育功能被淡化，娱乐功能被大大强化，少男少女们乐此不疲地享受着性、消费着性。从某种意义上说，人类之所以能够建立如此复杂且文明的社会，也与“性”息息相关。弗洛伊德说：“人类的文明史，就是一部欲望被压抑的历史。”简单来说，就是当你不能“饱暖思淫欲”后，你就会将多余的力比多释放到工作事业的发展中去。按照弗洛伊德的说法，性被抑制后会得到升华，主要表现在两个方面：一方面是对事物本质的好奇和研究以及对物质财富的追求；另一方面是对绘画、雕塑、音乐、文学等的创作。正因为我们压制住了那颗躁动的心，我们才有了伟大的艺术建筑，卢浮宫、故宫、长城，蒙娜丽莎的微笑，也有了现代化科学的产物，摩天大厦、飞机与汽车。

性也是婚姻、爱情中不可不谈的一个部分。性不仅承载了生育的功能，还增进了双方的感情，增加了生活的情趣。**有研究表明：一段和谐的性关系可能只占幸福婚姻生活的20%，但是一段不和谐的性关系却能影响婚姻生活的80%。**这揭示了性在婚姻、爱情中的重要程度，但是“成也萧何，败也萧何”。在日常生活中，出轨、招嫖从而导致婚姻破裂的新闻屡见不鲜。无论是名流，还是普通人，似乎都难逃性的“魔咒”。这一“魔咒”就是人们常说的“七年之痒”。“七年之痒”是一个普遍公认的困局，双方无论是在身体上还是心理上，都会有一种腻烦的情绪，这种情绪很难被打破，我们在这一节的例子中就尝试用经济学中的“边际效用递减”来解释性这一问题。随着时代社会的进步，从两性关系的角度来说，我们先后经历了母系时代（和谁发生性关系，女的说了算）、父权时代（和谁发生性关系，男的说了算）、女权兴起时代（和谁发生性关系，男的要征求女的同意）和科学认知时代（避孕工具的发明，放飞自我的性关系）。在这个过程中，性的意义和内涵也在不断地发生变化。经济学的一项基本假设便是资源是稀缺的。正是因为资源是稀缺的，所以我们才需要运用各种可行的方法和模型将有限的资源最大化利用并且找到供需双方的均衡点。如果将性也看作一项稀缺资源，那么在不同时代这项资源背后的供需双方也不断发生变化。我们也会从经济学角度来分析，在不同时代性的背后，供给和需求角色是否会发生变化？性的供需平衡均衡点又是什么呢？

第一节　是否存在“性的供需平衡”？

一、举个例子：“性地位”的变迁史

（一）母系时代

在云南丽江的泸沽湖畔，还存在在《西游记》中所描述的“女儿国”。他们就是摩梭人。摩梭人是纳西族的一个分支，也是中国最后的母系社会。所谓母系社会，就是孩子跟母亲姓，只有母系成员是亲人，如母亲、女儿、舅舅等。在摩梭人的群体中，男不婚女不嫁，男女终生生活在自己的母系家庭里，男方通

过“走婚”这一形式来实现种族的延续。在白天，男女双方很少单独相处，都是在聚会上以唱歌、跳舞的形式表达爱意。

男方若是心仪女方，需要征得女方的同意后，晚上到女方的闺房之中“甜蜜”一番，然后在次日早晨回到自己家中。双方生下的子女归母亲家养育，生父会在孩子满月时公开举办宴席，承认彼此的血缘关系。

（二）父权时代

唐代诗人白居易在《长恨歌》中描写杨贵妃：“天生丽质难自弃，一朝选在君王侧。回眸一笑百媚生，六宫粉黛无颜色。”又写道：“承欢侍宴无闲暇，春从春游夜专夜。后宫佳丽三千人，三千宠爱在一身。”可见，唐玄宗李隆基纵使已有佳丽三千，还是无法满足他对美色的喜好。同样地，太平天国的首领洪秀全在南京定都后，就开始在自己统治的疆域内搜罗美女。据沈懋良所撰写的《江南春梦庵笔记》记载，直到1864年太平天国灭亡之时，洪秀全的后宫佳丽就多达2300多人，其中有24位王妃，爱娘、禧娘、妙女和娇女16个等级共计208人，以及剩下的姹女、元女7个等级960人，还有宫中的一些女官、女仆等1200人。

（三）女权兴起时代

第二次世界大战之后，百废待兴，社会重新回归到大生产的商品经济时代。在第二次世界大战以前，“男主外、女主内”是全世界的主流家庭模式，并且男性是家庭的经济支柱。但是第二次世界大战却改变了这一格局。战时，大量的男性奔赴前线作战，而女性则从家庭中“走出来”承担了为战争制造军需军备的工作。第二次世界大战结束后，女性在某种程度上已经实现了经济独立，她们突然发现自己不依靠男人也能活得很好。没有男人，她们同样可以独立工作、抚养孩子。由此直接导致了女权运动和性解放运动的发生。女权运动主张两性完全平等，女性应该具有与男性同等的地位，并且有权利根据自己的意愿选择职业和生活方式。而性解放运动是由女权运动发展到后期分化出来的一条分支，其观点认为性行为是关乎个人的，与宗教、道德无关，只要基于双方自愿的原则就可以发生性关系；性可以与爱情、婚姻相分离，并且否定贞洁、婚前和婚外性行为的观念，接受同居、试婚等观念。

（四）科学认知时代

20世纪50年代，性学家马斯特斯与其助理出版《人类性反应》一书，揭开了人类科学研究“性”这一主题的序幕。1952年1月，“避孕药之父”卡尔·杰拉西用实验证明黄体酮可抑制动物排卵；到1960年5月9日，美国食品药品监督管理局（FDA）正式批准第一款口服避孕药Enovid（异炔诺酮-炔雌醇甲醚片）上市。

20世纪90年代，辉瑞公司在研究一款治疗心绞痛的药物时，意外发现了该药物会增加男性阴茎海绵体的血流量而导致勃起。1998年，美国食品药品监督管理局（FDA）正式批准了“伟哥”上市。

二、提个问题：“性的供需平衡”如何演变？

那么，问题来了。随着时代的变迁，从摩梭人所处的母系社会，到唐玄宗李隆基所在的男权社会，又从男权社会到20世纪“女权运动”兴起的物质消费社会，再到避孕工具发明的科技大爆炸的时代。我们如果将“性”看作一项稀缺资源、一个存在供需双方的市场，那么“性”这一市场背后的供需双方是如何演变的呢？

三、模型：市场化与非市场化（Marketization & Non-Marketization）

如上文例子中所说明，性的发展历程可以分为母系时代、父系时代、女权兴起时代和科学认知时代。在每个不同时代，性背后的供需双方及均衡点也会有所不同。在母系时代，决定因素在于男女双方的外貌外形，属于看脸、看身材的时代。行走江湖，能不能找到伴侣，完全要依靠自己唱歌、跳舞、肌肉强壮等硬实力。到了父系时代，风云突变，男性开始在历史舞台上成为主角，女性变成了附属品。所以决定因素在于男方，女方完全失去了选择的权力。如果是皇室贵族，那么逻辑就成了不管你是不是我的，只要我看上了你，你就是我的。所以皇上可以佳丽三千，三宫六院。第二次世界大战之后，随着社会大生产的开始，人类社会进入了物质极大丰富的时代，女权主义开始在这个时候兴起，女性开始撑起半边天。性的决定因素从男性转移到女性手中。而随着科学探索的领域不断扩大，人类慢慢发明了避孕套、避孕环等避孕措施，将性的生育功能和娱乐功能分隔开，性使人类进入了史无前例的大狂欢时代。

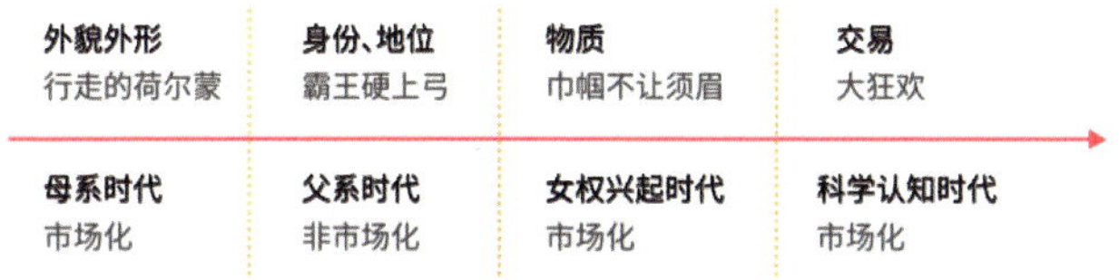

图2-1　性的决定因素

在不同时代的性的内在逻辑是什么？经济学的一个基本假设是资源是稀缺有限的。因为只有承认资源是稀缺有限的，我们才可以去研究资源的优化和配置问题。资源通过什么样的方式进行配置，就产生了计划经济学说和市场经济学说。如果说把性看作是一项稀缺的有限资源，那么性的发展历史，就是性是否是处于市场化的一个状态。经济学之父亚当·斯密在其成名作《国富论》中第一次提出了“看不见的手”的概念。所谓“看不见的手”，就是利用价格机制达到供需平衡的一种市场状态。举个例子，在一个菜市场中，有买菜的，就有卖菜的。一棵白菜，买方只愿意出10块买，卖方又只愿意15块卖，这样交易就无法达成。为了使交易达成，买方愿意多出一点，卖方愿意少卖一点，12块成交，那么交易就达成了。千千万万这样的小交易，就组成了一个大市场。而市场存在的意义就在于供需双方能够各取所需，满足自己的欲望（吃到白菜），而当市场不存在时，交易也就不复存在，自然需求就得不到满足（吃不到白菜）。在性市场中也是如此，同样存在供给方和需求方，那么交易是否能达成就看是否存在一个完备的市场了。在母系时代，男女双方基于自己的喜好来选择，算是一个相对市场化的阶段。而进入父系时代后，武力、暴力、身份、地位、政治等因素就开始干预性市场，使得性进入了一个非市场化的阶段。而第二次世界大战之后，许多军用的设备物资开始转为民用，物质开始极大丰富，女性的地位也开始提升，包括科学技术的发展，都让女性能够与男性进行“讨价还价”，因此性又回到了一个相对更为市场化的阶段。进入互联网时代后，各种社交APP层出不穷，又让性这个市场极大地降低了交易成本。所谓交易成本，这一概念最早是由科斯教授在《企业的性质》中提出，是指由于要达成交易而发生的成本。比如上文所提及的白菜故事，买卖双方需要从家赶到菜市场，其中所花费的交通费是交易成本，在讨价还价的过程中所耗费的时间也是交易成本。下面我们来一一分析在不同时代，要达到性的供需平衡，这背后的决定因素。

（一）母系时代——外貌外形

在居无定所的母系时代，主要的食物来源为野果根茎等。男性在生理构造上的差异并没有体现出特殊的优势，因此形成了男女地位平等的一种局面。彼此能否顺利地发生性关系，完全是基于你情我愿。就像例子中所提的摩梭人“走婚”一样，男方首先看中自己心仪的女孩，而且只有在征得女孩同意的基础上，晚上才可以到女方的闺房中缠缠绵绵到天亮。简言之，性关系就是大家出于互相喜欢的本能，挑选出一个能够生育出健康宝宝的对象。交换是市场化的一个重要的特征，在这个时代，双方完全就是依靠颜值、身材等外貌外形取胜。谁是行走的荷尔蒙，谁就能优先享有交配权。也难怪《人类简史》的作者赫拉利说那个时代的人类是快乐的、无忧无虑的。因为你不需要做到高富帅，白富美中的“富”，只需要做到高、帅、白、美就可以了，抱得美人归，赢得帅哥心，不是那么难于登天的事情。

（二）父系时代——身份地位

随着人类社会从采摘时代过渡到农业时代，一方面，部落人口的增长和对耕种土地的需求的增加，必然会导致部落间的摩擦，甚至战争的发生。另一方面，耕种土地也需要更多的劳动力。此时，男性所拥有的生理上的优势显现出来。更高、更快、更强的生理特征，自然相比女性有更大优势，男性也就逐渐取代女性占据主导地位。美国著名的文化人类学家理安·艾斯勒在《圣杯与剑》一书中写道："剑代表具有攻击性的父系社会，而圣杯代表具有保守性的母系社会。随着剑将圣杯一劈两半，人类由此进入了父系时代。"随着社会生产力的提升，剩余产品开始出现，财产所属权的概念也由此而生。人类开始进入到奴隶社会和封建社会的私有制社会。而男性为了确定能将自己的私有财产传给后代，必须先确定子女是自己的亲生骨肉。在没有DNA亲子鉴定的年代，男性就将性这一稀缺资源的分配权牢牢地掌握在自己的手里，一夫多妻制的婚姻制度也出现在这一时期。

为了能够牢牢地控制住女性，男性不仅在经济方面占据了主导权，还在思想方面也要控制住了女性，发展出了性道德这一说法。在母系时代，如果部落中的女性不最大限度地与人交配，来扩大自己氏族的人口或者为农作物的兴旺做贡献，这种行为是不道德的。但是到了父系时代，这种行为一转身就变成了"放荡淫乱"，成为不道德的标志。对于男人来说，无论是东方的纳妾还是西方的情人都不是一种不道德的行为。李银河老师在《中国人的性爱与婚姻》中说：“中国是一个耻感的社会，而西方是一个罪感的社会。”所以中国人选择了道德，创造出了贞洁、三从四德（“三从”指女子未嫁从父、出嫁从夫、夫死从子；“四德”指妇德、妇言、妇容、妇功）；而西方选择了宗教，上帝十诫中第七条和第十条指出不可奸淫和不可贪恋别人的妻子。无论是道德还是宗教，都是从思想源头上控制女性的思想。希腊政治家德谟斯泰尼曾说：“我们拥有情妇是为了享受快感；我们纳妾是为了让她们每天来照料我们；我们娶妻是为了有一个合法的后代和一个忠诚的家庭卫士。”

在这样的市场下，男性对性这一项资源享有充分的分配权，女性就只能“嫁鸡随鸡，嫁狗随狗”了。在这一非市场化的情况下，男性的身份、权力、财富、武力等就成了性这项资源配置的决定性因素。像皇帝选秀的制度，这就是男性以身份地位去获得性这项资源。按照“普天之下，莫非王土，率土之滨，莫非王臣”的逻辑，全天下的女人都是皇帝的。而皇帝挑选的过程也有一系列严格的标准。首先，出身要好，要么是官二代，要么是富二代。其次，年龄必须在一定的限制内。如清代的年龄限制在13～20岁。最后，还要对秀女的全身进行检查，如不能有疤痕，不能有过多体毛等。大家都知道“昭君出塞”的故事，但是在其出塞之前其实还有一段选秀的历史故事。当时正值汉元帝掌权时期，汉元帝是出了名的喜爱美女，为了便于自己高标准、高效率地挑选美女，他想了一个办法：请了很多画师画出秀女的画像，以便自己快速浏览挑选（某交友社交软件的雏形）。但是这种方式却催生出了秀女贿赂画师的黑色产业链，为了把自己画得好看一些，秀女们都会给画师些许好处（Photo shop的雏形）。而王昭君由于对自己的长相太过自信，没有贿赂，结果画师在她的画像上点了一颗痣，结果连海选都没有通过。几年后，在与匈奴商议和亲时，王昭君自告奋勇，远嫁塞外。临行的时候，汉元帝看到王昭君美貌后，顿生后悔之心，但是作为一国之君，一言九鼎，也只能作罢，事后弄清楚缘由后便杀了那位画师。

在历史上不可一世，能征善战的蒙古大汗成吉思汗。戎马一生，蒙古铁骑横扫欧亚大陆。每攻破一座城池时，要杀死所有的男性，只保留下小孩、工匠和妇女。成吉思汗为了鼓励他的将士们，下令每个士兵都可以选择3个以上的女人，任由他们处置。无独有偶，在第二次世界大战期间，日本军队为了提升战斗力，在军队中推行“慰安妇”制度，从朝鲜、韩国等地，通过诱骗和强迫等手段将少女招到部队，作为性奴隶供士兵发泄需求。这种现象就是通过武力或者是暴力的强制手段进行性资源的分配。不仅在历史上，就是现在也仍有这样的事情发生。比如，2012年的印度“黑公交”事件，数个喝醉酒的年轻人对一个医学院的年轻女孩进行了非人般的殴打、虐待和强奸，导致女孩死亡。当接受采访的时候，这几个年轻人还辩解道，这不是他们的错，狡辩称正经女孩子不应该那么晚出门，她不应该反抗，就应该躺着让我们强奸。包括印度所谓的专家学者也说，女孩应该知道外面很危险，也不应该和除老公以外的男性朋友晚上出门。在他们的文化中，没有“男性朋友”这样的角色存在。可见，在印度社会，这种男权思想依然十分严重。

在父权时代，男人看似可以为所欲为，其实不然。作威作福、左拥右抱的也仅仅限于那些有身份地位的达官贵人，作为平头老百姓可能只能干着急（印度的年轻人），而且在那个时代还很容易显现出马太效应，富者愈富、穷者愈穷，旱的旱死、涝的涝死。

上层阶层三妻四妾，而穷人很可能一辈子“打光棍”。就像印度“黑公交”事件一样，而当记者问这些年轻人为什么要做出这样的事后，年轻人说自己已经5年没有性生活了，再加上喝了酒，饥渴难耐。可见在父权时代，性资源是十分稀缺的。据相关文献记载，有三点可以说明这个问题。

第一，文字。“婚”字左边是女字，右边是昏字。许慎在《说文解字》中就“婚”字是这么解说的：“婚，妇家也。礼，娶妇以昏时。妇人阴也，故曰婚。从女从昏。”翻译过来就是，结婚要选在黄昏的时候进行嫁娶。那么为什么要在昏时嫁娶呢？专家的推测是如果要结婚，必须趁着黄昏天色较暗的时候进行抢亲。据说，新娘的盖头就是为了不让她记住回去的路，由此可见新娘是一种极为稀缺的资源。对新娘的抢夺其实质是对交配权的一种抢夺，谁抢到算谁的。那么，我们可以推导出只有性成为稀缺品的时候才有抢的价值。

第二，语言。我们发现世界上任何一种语言，有两类词汇是最容易发音也是最容易学会的。第一类是父母等亲属，如爸爸、妈妈、Papa、Mama、Dad、Mom等。第二类就是关于性的词汇，一般表示侮辱、轻蔑。第一类很容易理解，父母是我们睁开眼最先看见的人。有语言学家推测，“ma”这个音是伴随着婴儿喘气而发的音，母亲看到婴儿发声就会下意识地去喂奶，就形成了“ma”与喂奶动作的对应关系。“ma”因此也就成为母亲这个单词。而第二类则有更深层的意思。试想，这些脏话既然是表示侮辱、轻蔑的意思，那必然以“我有你无”的事物作为载体才有可能产生这样的含义。如穷光蛋（我有钱，你没钱）、矮冬瓜（我个子高，你个子矮）。

以此类推，以性词汇来侮辱人，说明拥有性资源是一件极其值得骄傲的事情。据历史学家考证，在公元前2000多年前，安全套就出现在埃及人的生活中，但是它的作用并不是防范疾病和避孕，而是被当作一种装饰品，男人一般都挂在身上象征着财富和地位，这也能从侧面证明这一点。

第三，至今保留的社会习俗。我们在现代的婚礼上还会有

“闹洞房”“闹婚”这样的环节设置。其实在古代，闹洞房意味着所有伴郎需要轮流和新娘交配，最后才能轮到新郎。因为性资源的稀缺，所以作为新郎只能“得了便宜卖乖”，将性资源与其他男性“共享”。

由于在父权时代的性市场是非市场化的，资源配置是依靠暴力、身份等因素实现的，因此，市场会十分缺乏流动性。所谓流动性是市场的另外一项重要特征。还是以一棵白菜为例：如果市场中有买家100个人，卖家100个人，但是真正愿意买白菜的人只有1个，真正愿意卖白菜的人也只有1个，买家只愿意出10块，卖家只愿意卖20块，那么交易将无法达成。但是如果卖家增加到10个人，分别愿意卖10块、15块、18块等，那么这一棵白菜将以10块钱成交。如果是买家也增加到10个人，分别愿意出10块、15块、18块等，那么这一棵白菜也会以相应的价格成交。当市场充分流动、信息完全交换时，有人就会发现自己买贵了，有人就会发现自己卖少了，并根据不同的情况来调整价格，最后就会形成一个均衡价格。所以从这个角度来说，流动性是交易达成的关键，也是定价的基础。在父权时代，由于身份、地位、财富等市场外的因素在发挥主导作用，所以造成了性市场缺乏流动性。这就很像在计划经济的条件下物资匮乏一样。当物资匮乏但是需求仍然存在时，就会出现黑市。那么在这种背景下，充当“黑市”这一功能的机构——妓院，就应运而生。

在妓院中，性就成为了一种可货币化、可量化、可交换的资源。也是在性市场流动性枯竭之后男人们的“法外之地”，让男人既能“吃着碗里的”，也能“想着锅里的”。据说，古代的一些官员娶妻只是为了履行某种社会与家庭的义务，与妻子发生的性行为也只是行所谓的“周公之礼”，而妓院才是享受“鱼水之欢”之地。除此之外，欧洲也曾出现过底层阶级为自己的妻女“拉皮条”，贵族则将自己的妻子送于皇帝以换取政治地位的现象。据记载，我国在宋朝年间也有人将自己的妻女“租”给单身汉为其生育。这些都是在流动性不足的情况下所出现的现象。

除了身份地位、武力暴力因素之外，意识形态也会影响性的供需平衡。比如在冷战时期的苏联，全民所有制替代了私有制，意识形态被无限放大，个人的喜好、欲望被淡化，国家的概念被突出。正如当时苏联的一位小说家说：“对性要求的满足与口渴时喝一杯水的满足没有任何区别。在一种情况下人们喝一杯水，而在另一种情况下人们经历性交。”所以，在那个时代性是十分压抑的，性的供需决定权不在男方，也不在女方，而是在国家、组织的手中。

结婚要给组织打报告，甚至结婚的对象也都是组织介绍的。男女双方的结合也不看感情本身，而看“成分”。工人阶级、无产阶级是“抢手货”。就像电影《活着》中福贵和家珍的女儿凤霞就嫁给了工人阶级的瘸子二喜。由于经济体制是计划经济，所以妓院这种“黑市”是不存在的。从某种程度上可以说，性市场完全消失。

（三）女权兴起时代——物质

第二次世界大战之后百废待兴，社会重新回归到大生产的商品经济时代。在需求端，大众在战后压抑许久的消费需求得以释放；而在供给端，大量的军用技术转为民用，涌现出一批批优秀的制造业公司，如服装品牌BOSS、通信品牌摩托罗拉等都是在第二次世界大战时期为军队服务的企业。这就使得整个社会物质财富得到了极大的发展。第二次世界大战以前，“男主外、女主内”是全世界的主流家庭模式，并且男性是家庭的经济支柱。但是第二次世界大战却改变了这一格局。战时，大量的男性奔赴前线作战，而女性则从家庭中“走出”承担了为战争准备军需军备的工作。第二次世界大战结束后，女性在某种程度上已经实现了经济独立，所以她们发现男人并不是必需品。她们同样可以独立工作、抚养孩子，以上两个因素直接导致了女权运动和性解放运动的发生。女权运动主张两性完全平等，女性应该具有与男性同等的地位，并且有权利根据自己的意愿选择职业和生活方式。

而性解放运动是由女权运动发展到后期分化出来的一条分支，其观点认为性行为是关乎个人的，与宗教、道德无关，只要基于双方自愿的原则就可以发生性关系；性可以与爱情、婚姻相分离，并且否定贞洁、婚前、婚外性行为的观念；接受同居、试婚等观念，“老娘有钱、有权，凭什么还看你们这些臭男人的脸色”，成为这个时代女性的普遍心声。

此外，在当时的社会大背景下，一方面，战争让世界各国实现了前所未有的自由；另一方面，人在自由之后精神层面却又出现了一种广泛空虚、空洞的现象。在社会中哲学家萨特的存在主义思潮盛行，诸如“人生是痛苦的”“世界是荒谬的”等具有悲观主义色彩的口号长期占据着人们的精神世界。再加上社会生产模式由生产端转向了消费端，物质极大丰富，消费主义开始盛行。买买买，成为社会的主流趋势。人们就将精神的依托转变为对金钱的崇拜，导致个人主义的极度膨胀。个人主义的表现就是不断发现欲望，并寻求各种手段方法满足欲望。

生活和思想的改变，直接对西方性观念产生了两个方面的影响，尤其是对女性的影响。第一，性的决定权从男性手中交了出来，回归到一个相对平等的位置。这意味着女性有了对性的议价权。第二，无论是在母系时代还是父系时代，性的主要功能是生育、繁殖后代。但是在这个时代“为性而性”“为乐而性”成为社会的一种潮流。性不仅有生育功能，在这个时代还凸显出性的娱乐功能。在电影《阿甘正传》中，中尉丹和阿甘在纽约时代广场跨年与两个妓女厮混的桥段就是那个时代最鲜明的表现。不知道是人类在控制性，还是性在控制人类。弗洛姆曾说：“消费者自以为在自由地支配自己的财产和享受，实际上却浑然不觉地沦为消费的奴隶。”性也是如此。观念的解放、女性的经济独立，直接导致了性市场又回到了一个相对市场化的阶段。性的决定因素也不再是身份地位，而转变为物质条件。人类学家唐·西蒙斯提出过一种“娼妓理论”，即女性利用男性对自己身体的渴求，而要求男人提供帮助，如早期的食物、安全保护。因为她们发现为了让自己的利益最大化，与其去满足所有的男人，不如去满足某些有实力的男人。这种现象至今仍然存在。而有实力的男人也可以通过这种办法，给女人买车、买房或者给予其他物质条件，从而获得性资源的垄断权，这也是市场化的一种表现形式。

看完西方，我们再来看看改革开放后的中国。目前中国还处于东西方思想交融的一个时期，社会的方方面面都有天翻地覆的改变，性也是如此。我们既保守，也受西方思想的影响。在一些“80后”“90后”的世界里，婚前性行为逐渐被接受。非婚生子也得到了法律的保护。中国《婚姻法》第25条规定：非婚生子女享有与婚生子女同等的权利，任何人不得加以危害和歧视。不直接抚养非婚生子女的生父或生母，应当负担子女的生活费和教育费，直至子女能独立生活为止。2021年，全国政协委员、律师谢文敏也呼吁改进非婚生子女落户难的问题。这些都说明性市场回到了一个相对市场化的阶段。

（四）科学认知时代——交易

随着社会的发展、科技的进步，越来越多的学者、大众开始关注性、了解性。这就不得不说性发展历程中的另一个里程碑——科学认知时代。科学认知具体表现在两个方面：一个是对性过程本身的研究，另一个则是避孕工具的发明。“现在世界上所有博物馆里都充满着由这基本冲动带来的艺术创造，最伟大的文学，最美丽的音乐……性爱的研究是生命起源的研究，而科学则握着这把钥匙。”这句话是由性学专家马斯特斯所说，他是美国性生理学实验研究和性治疗的先驱。他和助理约翰逊在20世纪50年代对性的科学研究具有划时代的意义。美剧《性爱大师》就是根据这段历史改编的。他们在《人类性反应》一书中所提及的“性反应四期分法”沿用至今，分别为兴奋期、平台期、高潮期和消退期。随后他们又出版了《人类性障碍》，提出了针对各种性功能障碍的疗程短、疗效高的性治疗技术，开创了性治疗的新阶段。他们提出的精神动力学和行为疗法相结合的性治疗方法，至今已广泛运用。此外1979年出版的《同性恋纵览》和1982年出版的《人类之性》也都产生了较大的社会影响。

与西方相比，中国在性方面的科学研究就相对落后了。古代对性方面的研究主要以春宫图为主。《汉书》中记载：“坐画屋为男女裸交接，置酒请诸父姐妹饮，令仰视画。”近代中国对性方面的研究首推北京大学哲学系教授张竞生，当时由于历史文化的局限性，他被冠以“卖春博士”的称号，其著作《性史》可谓石破天惊，打破了当时社会谈性色变的氛围。纵观《性史》一书，虽然在一定程度上起到了国民性启蒙的作用，但是此书对性的理解还是停留在收集故事并在主观上加以分析和讲解层面，并没有解释清楚性到底是什么，且欠缺基本的客观性及科学性。

除了对性科学的研究之外，避孕药与避孕工具的发明也有着重要的意义。幽默的经济学大师蒂姆·哈福德就把避孕药列入《塑造世界的50项伟大发明》中，其重要程度可见一斑。葛瑞格利·平克斯是研究口服避孕药的先驱，被认为是“避孕药之父”。1952年1月，平克斯用实验证明黄体酮可抑制动物排卵。1960年5月9日，FDA正式批准第一款口服避孕药Enovid（异炔诺酮-炔雌醇甲醚片）上市。避孕药主要由雌激素和孕激素组成，雌激素的主要功能是抑制排卵，而孕激素的主要功能是使子宫颈黏液变稠和改变子宫内膜衬层从而阻止精子植入，两种作用协同以达到避孕效果。市场上不同的避孕药则是根据这两类激素的不同配比而在功能上各有所偏重。在中国的女性人群中，“是药三分毒”的思想十分严重，大多数人对避孕药持否定态度。《时代周刊》杂志也在其诞生50周年的时候用了“很小，很强大，却深深被误解”（So small，so powerful，and so misunderstood）的标题来形容它。所以这里有必要进行一下科普：避孕药根据服用的频率可分为长效、短效和速效类避孕药。副作用最大的是速效类避孕药，因为其含有大量的孕激素，会造成女性体内内分泌紊乱，月经周期改变，如果经常使用会造成较大的危害。而长效避孕药随着科学技术的进步已经发展为复合型的口服避孕药，副作用大大降低，除了两种激素外，还增添了其他物质，如补充叶酸物质，可以延长经期、治疗痤疮，减少青春痘，使皮肤光滑，也克服了传统避孕药所带来的月经不调、浮肿和体重上升。最新研究表明，现代避孕药还可以预防卵巢癌和子宫内膜癌，服用避孕药可使妇女患卵巢癌的概率降低40%，长期服用降幅高达80%，此外还可以抑制结肠直肠癌。在美国，长期服用避孕药的现象十分普遍，据统计，全世界每天约有1亿女性早晨起床后的第一件事就是吃避孕药。当然，每个人是否适合服用避孕药还需要严格遵照医嘱，该吃药的时候就吃药。

如果说避孕药是从体内发生作用，那么避孕套就是从体外发生作用。古埃及出土的壁画中就有类似“阴茎套”的原型，它们大多由山羊、猪等动物的膀胱或盲肠制成。15世纪末，哥伦布发现新大陆，与此同时他们也将梅毒病毒带回了欧洲。而法罗·皮斯发明了一种亚麻布制成的安全套有效地防范了梅毒的传播。随着工艺技术和材料的进步，避孕套目前已经被人类广泛使用，并且与口服避孕药相比，其可以有效地阻止性病的传播。与上文提到的妓院的功能类似，避孕工具的发明也使得性的生育功能和娱乐功能相分开，尤其是在解放女性方面，产生了深远的影响。

避孕工具的发明对性的供需平衡有两个影响：一是降低了交易成本；二是增加了市场的流动性。交易成本我们在上文有所提及，我们还是以一棵白菜来解释交易成本。交易成本就是使交易达成所必须付出的成本，比如建造菜市场属于外部的交易成本，买方需要付出一定的交通费用来到菜市场，而卖方需要支付摊位的租金，包括买卖双方讨价还价的过程，这都算内部的交易成本。与此类似，性市场中同样存在交易成本，比如男方为了获取性，需要请女方看个电影、吃个浪漫的晚餐等，这是交易成本。而对女方来说，如果事后怀孕了，这也是交易成本。但是相比电影票钱和餐费，怀孕的成本是巨大的。但是当避孕工具出现后，女方的交易成本接近为零，免去了十月怀胎的辛苦（不需要去承担失去工作或者其他职业机会的机会成本），更不用提养育子女的辛劳。试想，对女性来说，如果排除了怀孕的风险，那么性爱还有什么好顾忌的呢？也难怪经济学家把避孕药列入《塑造世界的50项伟大发明》中。除了怀孕的成本，避孕工具也让患病（艾滋病、梅毒等性病）的概率大大降低。这对男女双方来说都无异于一场零成本的性爱狂欢。

此外，避孕工具的发明不仅降低了女性的交易成本，还提高了女性的经济收入。哲学家波伏娃在《第二性》中说：“女性除非获得自由选择生育的权利，否则就不可能真正地解放。”这种解放主要体现在经济权利的解放和教育权利的解放。教育的解放直接促进了经济的解放。据统计，在1970年，90%的医学学位授予了男性；法律和MBA学位男性占95%；牙科学位男性占99%。避孕药发明后，1980年，女性人数占班级人数的三分之一，短时间内发生了巨大的变化。随后，美国经济学家阿马利娅·米勒（Amalia Miller）通过各种巧妙的统计方法证明：如果一位女士在她20多岁时能够推迟一年生育孩子，她一生的收入将上升10个百分点。对女性来说，交易成本的下降，经济收入的提高，这一降一升大大增加了性市场的流动性。流动性的提高，也就更有利于交易的达成。比如我们在女权时代所提及的性解放运动和女权运动。当时正值美国越战时期，国内反战情绪高昂，女同胞们就打出了“Make Love，Not War”（我们要做爱，不要战争）这样的标语，而避孕工具的发明无疑为这场运动起到了推波助澜的作用。

（五）互联网时代

自20世纪60年代以来，互联网技术的发展，打破了人与人之间物理距离的限制，将全世界的人都连成了一张网。在这样的背景下，各种社交软件也开始出现在人们的生活中，并不断地渗透，成为我们生活中必备的一项工具。比如国外的Facebook、WHATSAPP等，国内的微信、探探、陌陌等。社交软件除了有沟通交流的功能外，还增加了我们择偶的选择范围，否则某些社交软件也不会以“约会神器”的名头走红市场。“滑一滑”在年轻人当中一种成为风潮和时尚。而且在社交软件面前男女平等，男性可以挑选心仪的女性，同样女性也可以挑选心仪的男性，像社交软件中的“匹配（Match）”功能就是只有双方都进行右滑的操作，才可以进行交流。在这样的背景下，这些层出不穷的APP会对我们的性市场造成什么样的影响呢？

第一，进一步降低了性市场的交易成本。在互联网时代，只需指尖轻轻一点就能下载一个APP，只需左滑、右滑就能匹配到心仪的对象，只需打打字就可能与对方进行网恋。一句“约吗”就可能实现“春宵一刻值千金”。相比之前还需要相亲、吃饭、看电影的约会，可以说男女双方的交易成本已经降到最低，这样会大大增加匹配的可能性。第二，进一步增强了性市场的流动性。在没有社交APP出现以前，每个人的择偶圈都相对较小。无非是同学、同事或者朋友。如果能和“校花”“村花”“班花”来一场浪漫的约会，估计是很多小伙儿所梦寐以求的，但是在社交APP出现之后，尤其是有LBS（地理位置定位）的服务后，无形中扩大了自己的择偶圈，并让可行的交往对象呈指数级增长。这可以说是“秀才不出门，便晓天下女”，大大增加了市场的流动性，从而利于均衡点的达成。此外，我们在“爱情”一节中介绍了稳定匹配理论，其中的核心要点是：对于男性来说，先从自己最喜欢的女性开始表白，如果被拒绝就对第二喜欢的女性接着表白，以此类推。而对女性来说，就是先选择自己喜欢的男性来表白，如果有更喜欢的男性来表白，就选择后者。稳定匹配能成功的重要前提就是市场中充满流动性。试想，如果市场中只有少数的女性供选择，一旦被拒绝，就很难再去寻找新的女性。同理，可供女性选择的男性也将非常少。我们再次搬出一棵白菜来举例，在互联网时代，到处都能找到卖白菜的商家，而且白菜的种类繁多，北京的白菜，云南的白菜，甚至外国的白菜，应有尽有。如果我们不喜欢北京的白菜，可以马上买到云南的白菜。如果我们觉得外国的白菜贵，又可以马上找到国内便宜的白菜。这样对于一个想买白菜的人来说，需求就很容易得到满足，而且通过一个手机APP就可以轻松地选择自己心仪的白菜。充足的市场流动性使得转换成本或者说替代成本降低。“不行就换一个，何必为难自己”成为年轻人的主流想法。所以说，社交软件的出现增强了性市场的流动性，使稳定匹配成为可能。

第三，使性市场分割，出现细分市场。我们在“爱情”一节中曾经介绍过由于信息不对称，所以在爱情市场中出现了逆向选择，从而出现了“好男无好妻，懒汉娶娇妻”或者“一朵鲜花插在了牛粪上”的现象。互联网的一大特点就是能打破这种信息不对称。社交软件上的个人照片可以看出美丑，穿着可以看出品位，有的用户还会晒晒豪车、名表来展现自己的实力和身份。这样在性市场中就会天然地将人群划分为我们之前所提到的高等级男A、中等级男B和低等级男C。同样地，女性分成高等级A、中等级女B和低等级女C。所以，对于社交类APP来说，保证用户信息的真实性和高效率地匹配是其发展的关键。

纵观整个性地位的发展史，我们发现这是一个从市场化到非市场化、又回归到市场化的过程。这其中蕴含了社会思想的变迁、女权主义的兴起、科技的进步等。畅想未来，性应该是往越来越市场化的方向发展。男女平等，不仅男性有更多的选择权，女性也同样拥有。不仅男星可以做“超模收割机”，女星同样也可以成为“小鲜肉收割机”，而男女之间性的基础也应该越来越脱离身份、地位、武力、暴力等外在因素，变得越来越基于真挚而真诚的感情。

第二节　男人是否靠得住？

一、举个例子：男人都是大猪蹄子

（1）2009年11月，世界著名的高尔夫运动员伍兹驾驶自家豪华汽车撞上自家门口的行道树。根据当时目击者的描述，他的瑞典名模妻子艾琳手握高尔夫球杆从家里追出来，伍兹仓皇之下不慎撞上大树。更惨的是，之后媒体陆续曝出与伍兹有染的多位女性，此时，外界才发现原来伍兹是个多情种子，处处留情。他的许多特殊性癖好也被媒体扒出。昔日的高尔夫球王跌入人生低谷。2009年12月，伍兹被迫承认自己出轨的事实，对自己的行为深感懊悔，并宣布将以家庭为重，暂时告别职业高尔夫球赛场。

（2）美国总统克林顿是自富兰克林·罗斯福总统以来首位连任成功的民主党总统，他的当选也结束了共和党连续12年执政的历史。他在任期内，创造了美国连续8年的长期经济繁荣。更重要的是，克林顿大力支持高科技行业的发展，催生出了Google等一系列科技巨头，奠定了今日美国科技强国的地位。除此之外，克林顿也因为与白宫实习记者莱温斯基的“拉链门事件”闹得轰轰烈烈，差一点被弹劾。最终克林顿不得不向全国发表讲话，向民众道歉，承认自己和莱温斯基有不正当的交往关系，并且告诫广大男同胞：拉链一定要拉好。

（3）晚唐才子杜牧在扬州任职时，一头扎进了温柔乡而无法自拔。所谓“天下三分明月夜，二分无赖是扬州”，可想当年是怎样的一种盛景。杜牧整日出入于青楼之中，寻欢作乐，这在其诗作中也有所体现，如《赠别》一诗：

“娉娉袅袅十三余，豆蔻梢头二月初。

春风十里扬州路，卷上珠帘总不如。”

人到中年后，身为“青楼小王子”的杜牧想起扬州的生活，不由感慨：

“落魄江湖载酒行，楚腰纤细掌中轻。

十年一觉扬州梦，赢得青楼薄幸名。”

（4）所谓“长江后浪推前浪，一代更比一代强”，北宋词人柳永一生中大部分时间也都在青楼的温柔乡中度过。柳永18岁便结了婚，妻子非常美丽却性格刚烈。柳永在考场失意，又被老婆嫌弃后，便正式出道，开始了自己的“娱乐圈”生涯。其一生与众多名妓交往甚密，如陈师师、赵香香、谢玉英等，与杜牧相比，可以说是有过之而无不及，人送美称“青楼太上皇”。其名句“衣带渐宽终不悔，为伊消得人憔悴”也不是写给妻子的，而是写给青楼女子的。柳永死时，也是名妓们“众筹”筹资下葬。

二、提个问题：男人靠得住吗？

那么，问题来了。无论是娱乐明星、文人骚客，还是国际政要，都无法摆脱性的诱惑。即便是有婚姻的“束缚”，也无法阻挡男人们前赴后继地往温柔乡里面纵情一跃。男人果真都是大猪蹄子吗？中国历史上第一位，也是最后一位的女皇帝武则天，也是男宠众多。从武则天的故事中可以看出，不仅男人是大猪蹄子，只要赋予了女性一定的权力和条件，女人也会变成大猪蹄子。如果说男人都是下半身思考的动物，是多情的种子，那女性就是专一的吗？男性与女性在性方面有什么共性和不同呢？

三、模型：边际效用（Marginal Utility）

俄国作家列夫·托尔斯泰说过：“必须有一个女人，色欲使我片刻不得安宁。”无论是男是女，是老是少，只要发育成熟，身体健康，都会有七情六欲，正所谓“窈窕淑女，君子好逑”。很多老阿姨、小姐姐对于颜值担当的小鲜肉，也是“求肉若渴”。可见，只要是人，都脱离不了对性的需求。性，也有一定的成瘾性。临床医学上称之为“性瘾癖”（伍兹就被诊断为性瘾癖），普通人称之为“精虫上脑”。那么，为什么性会产生这样的成瘾性呢？

《自私的基因》的作者道金斯说：“人只不过是基因的一个物理载体，基因的目的就是将自己一代又一代地遗传下去。性高潮是基因给人类设置的一种奖励机制，只有鼓励人去做爱，才有可能让基因大概率地传递下去。”生物学家曾经做过实验，性高潮会不断地刺激神经中枢，进而产生脉冲式的快感，让人欲罢不能。如果让猴子去按一个能产生性快感的按钮，那么猴子会茶不思、饭不想，一直按那个按钮，直到“爽”死。

从心理上来说，性也有诸多作用。第一，消除孤独——没有性生活，只能“注孤身”。著名作家巴尔扎克说：“普通人都难以忍受孤独，处在逆境的人由于不信任任何人，对这种孤立更加敏感。”我们在这个世界上,随着年龄的增加会与父母、朋友、同事、爱人、子女等建立联系，并产生亲密感。父母的离去、朋友的更迭、同事的去留、子女组建自己的家庭，都会让与之建立的亲密感随着时间的推移而减轻甚至消失。唯有与爱人的这份亲密感能伴我们走完这一生。这份亲密感的建立取决于双方日积月累所建立起的一种信任感，有温馨的行动、袒露内心的语言，还有热烈而富有激情的肌肤之亲。我们在上文曾经提及人的五个层次，从外而内依次是感知层、角色层、能力层、资源层和存在层。有人可能因为感知层，迷恋对方的身子而性。也有人可能因为角色层，因为你是大佬儿或者大款而性。也有人可能因为资源层，看对方有多大的权力而性。但是当双方赤裸相对时，真正能够消除孤独感的性爱一定是因为褪去层层外衣的存在层：彼此认可彼此，彼此融入彼此，你就是我，我就是你。这与外形、角色、身份、权力无关。否则这种孤单感不但不会消除，反而会加深。事后的那一支烟，不断升起的烟雾，可能会让你更加惆怅。《*How to think more about sex*（如何思考男人和女人）》一书的作者阿兰·德波顿就这一点在书中写道：“在内心深处，我们永远不会忘记那些与生俱来的需求：我们希望以自己的本色获得别人的接纳，而不管我们的成就如何；我们希望通过身体的媒介被人所爱；我们希望得到别人的拥抱；我们希望因我们肌肤的气味而让人愉悦——就是因为这些需求，我们才会怀抱着不屈不挠的热切理想，寻求着一个能够与我们亲吻同眠的对象。”

第二，还原本我——我就是我，颜色不一样的烟火。弗洛伊德在心理动力论中论述了精神的三大组成部分：“本我”（完全潜意识），代表欲望，受意识遏抑；“自我”（大部分有意识），负责处理现实世界的事情；“超我”（部分有意识），是良知或内在的道德判断。本我代表了人类最原始的本能属性，自我和超我是在意识的作用下不断发展的。我们心中其实有种强烈的欲望：回归本我。但是现实的社会生活却又在阻止我们。因此，性爱便成为我们短暂还原本我的一个工具。这是一个以自我为中心的表达，我们可以肆意而为、口无遮拦。这也解释了很多人在其过程中说脏话、粗暴甚至暴力的现象。还原本我其实质也是一种摆脱秩序、打破规则的渴望。人类所建立的文明都是在秩序和规则之下建立的。没有秩序、没有规则，人类社会就像是一盘散沙。但是秩序和规则的背后意味着角色化的社会生活，每个人走出家门就不是“自己”了，而是社会所赋予你的角色，你是学生、是老板、是教授等。这意味着进步，同时也意味着压抑，理性的角色压抑着感性的冲动。所以，人们喜欢角色扮演，幻想在不同的地方性交（飞机、汽车等交通工具），甚至在20世纪60

年代的“性解放”运动下，纽约成为全美年轻人的“朝圣地”，纽约的各个公寓都改造成具有性挑逗气息的装修风格。这也解释了在秩序井然、社会压力巨大的日本会有众多主题的情趣酒店。这也是摆脱秩序和打破规则的一种表现。

第三，弥补或增强某些成长经历——寻找缺失的一角。我们为什么会爱一个人，为什么会喜欢和一个人做爱？我们常常听说，爱一个人是不需要理由的。但是如果我们深究下去，这其实跟我们的成长经历有关。我们总会以我们的父母为模板，儿子要么找一个与母亲极其相似的，要么是一个完全相反的。女儿也是如此。因为在我们的成长过程中，父母给我们留下了不同的印记，从而形成了不同的性格特征。无论何种性格特征，都会有某些“缺陷”，如缺乏安全感、过于理性等，所以我们在寻找另一半时会不自觉地将这些特征投射到另一半身上，从而发现吸引自己的闪光点。美国漫画家谢尔所画的漫画《THE MISSING PIECE》（《缺失的一角》）很好地诠释了这一点。一个缺了一角的“圆”，一直在路上不断寻找自己缺失的那一部分。有的大了，有的小了，有的有刺，有的形状不合，但是他始终没有放弃寻找的脚步。另外，恋物癖也属于这一范畴。德国医生兼性学大师理查德在1886年出版的《性心理疾病》一书中列举了230多种不同类型的恋物癖，如肌肉控、眼泪控、文身控、捆绑控等。各种喜好也与我们的成长经历有关，要么是我们特别钟爱的，要么是我们想要逃避的。这也解释了有些人在性爱过程中钟爱高跟鞋、丝袜等。当然，恋物癖也有其他的解释，如著名文化学者朱大可认为恋物癖是在寻找物体和身体的对应点。但是我更喜欢柏拉图在《会饮篇》中的表述：

爱是追求善的一种表现形式，爱人、爱物只是不同的表现方式。归根结底，都是对善的一种追求。

我们从生理和心理的角度解释了为什么无论男女都离不开性，那么男女双方在性方面有什么不同呢？尼采曾说过："同样的激情在两性身上有不同的节奏，所以男人和女人不断地发生误会。"男女双方面对性时有着截然不同的态度。性可以分为性生理和性心理。无论在生理方面还是心理方面男女都会有明显的差异。差异的原因在于人类演化过程中基因的改变。由于原始社会生存环境恶劣加上缺少相应的医疗服务，这就导致了新生儿死亡率高。男性为了将自己的基因最大可能地传递下去，所以就需要尽可能多地寻找潜在交配对象与交配机会，采取"广撒网"的策略，逮到交配的机会就秒变"小泰迪"。每次性交的过程都必须能射精达到高潮，这样才能让"小泰迪们"乐此不疲地持续做"活塞运动"。而女性则没有那么轻松。专家将人类所能忍受的疼痛分为十二级，而分娩之痛就是最高等级的十二级。除此之外，女性还需要抚养自己所生的子女。所以，女性在挑选性交对象的时候就需要高标准、严要求，宽进严出。而为了让女性打消这些性交的“后顾之忧”，女性的高潮机制也颇有意思。心理学家威尔森做过一个实验，他让猴子过跷跷板，如果成功地完成则无规律地、时不时地给出食物奖励。**实验发现只有在这种情况下猴子的热情才最高，而一直给、一直不给或者有规律地给，猴子很快就失去了热情，这种现象称为“威尔森效应”。**“威尔森效应”会直接导致大脑成瘾。因此对于女性来说，不确定性的高潮会驱动她们有交配的冲动。二者的特点总结如下：

表2-1　在性方面男女的特点

	性生理	性心理
男	短暂、爆发力强、消退快； 侧重身体刺激	多多益善
女	过程长、消退慢； 侧重心理刺激	精挑细选

但是精挑细选并不等于专情专一，并没有生物学上的证据证明女性要比男性更专一。女性只不过在父权社会所构造的文化、道德氛围中压抑自己的性需求。正如女性哲学家波伏娃所说：“女人不是天生的，女人是被造就的。”在巴拉圭北部的埃克印第安人，每个孩子会有三个父亲：第一个是与母亲有婚姻关系的男人；第二个是使母亲怀孕的男人（可能不止一个）；第三个是母亲确认使她受孕的男人。武则天这个例子就非常具有代表性，说明“好色”不一定是男人的专利，如果赋予女性一定的权利、

地位及时机，女性同样有“好色”的倾向。随着社会的发展，女性独立意识上升、生育态度的转变和养育成本降低这三大因素直接导致了女性也越来越“多情”。

毋庸置疑的是，良好的性生活可以促进双方关系的稳定性和幸福感。但是在“恐婚群”中有这样一种声音，如果一辈子都要面对同一个人、同一副身体，甚至相同的姿势，完全不敢想象以后的婚姻性生活自己能否忍受。在例子中我们也会发现，无论是男是女，都很难抵挡住“肉体”的诱惑。这是为什么呢？这里就要引入经济学中一个非常重要的概念——边际效用。效用是经济学中最常用的概念之一。一般指消费者通过消费或者享受闲暇等，使得自己需求、欲望等得到满足的一个度量。而边际效用是指消费者在某一时间内，每消费一个单位的商品所增加的效用值。边际效用递减是指在一定时期内，在其他商品或服务消费量不变的条件下，随着消费者不断增加某种商品或服务的消费量，消费者从每增加一单位该商品或服务的消费中所获得的效用增加量是逐渐递减的。还是以白菜举例，当你饿得受不了的时候，每吃一棵白菜就好比吃一顿山珍海味，给你带来的边际效用很大。但是当你已经撑得不行的时候，同样的一棵白菜你看了可能就想吐，其所带来的边际效用就很小，甚至是负的。这就像明太祖朱元璋在落难时吃的“珍珠翡翠汤”，真香！而坐上皇帝宝座后吃什么都寡而无味，就是这个道理。性，也是如此，存在着边际效用递减的效应。美国有研究表明：无论男女双方在刚开始如何喜欢对方，在连续做爱15次后，他的“性趣”就会开始减弱了。更不用说我们几年甚至几十年的时间面对同一张面孔、同一副身体，甚至相同的性交姿势，无论是心理上还是生理上，都很容易产生厌倦，这就是边际效用递减。

这种边际效用递减的效应会容易出现两个现象：无性婚姻或者婚内出轨。出轨一词在现在的社会已经越来越常见：某已婚男星与女星深夜“讨论剧本”，某已婚女星与男模在海边泳池旁嬉戏……各种瓜满天横飞，每隔一段时间都会让吃瓜群众大呼过瘾。不仅是明星，“隔壁老王”的故事也在普通人的日常生活中频繁上演。从实际情况来说，男性出轨的概率要大于女性。上文曾阐述过男女双方在性方面的不同，因为男性是“多多益善”的出厂设置，所以对男性来说，面对同一个对象的边际效用递减的速率会非常快。而对于出厂设置是比较挑剔的女性来说，边际效用递减的速率将会慢很多，而且结婚后，对子女的养育、家庭的照顾所带来的安定感和温馨感对女性来说效用值会很高，这在一定程度上会弥补性交上所带来的效用减少。这速率的一快一慢就导致了男性出轨的概率要大于女性。相比婚内出轨，无性婚姻出现的概率可能要高于我们的想象。《纽约时报》曾经发表了一篇关于谷歌中对性搜索的文章，其表明“无性婚姻”是搜索频率最高的问题，每月有超过2.1万人对其进行搜索，甚至超过了“不幸婚姻”和“无爱婚姻”。

所以回答我们之前提出的问题：“男人都是大猪蹄子吗？”答案是无论从生理方面还是心理方面，答案都是：“是，是，是。”重要的事情说三遍。既然我们得出了男人是大猪蹄子这一事实，那么作为大猪蹄子的男人快乐吗？未必。有一句古话说：“一切动物在交媾之后都会惆怅。”所以弗洛姆会说，没有爱的性生活以及由于强烈刺激而产生的那种高峰体验都会有相似的心理，即高峰一过就是失望。

只有当肉体上的亲密同时也是爱的亲密时，人们才会体验到性生活的快乐。如果仅仅依靠性来维持两人的关系将会是非常脆弱的。所以我们看到的那些频繁地更换女友的男人，未必是“人生赢家”。他们的体验未必是真正的幸福。他们不断地寻找新目标，一旦边际效用增长为零或者负数，就会再寻找下一个目标，循环往复，同样会陷入兴奋→失落→空虚→兴奋的恶性循环。而在惆怅、失望之后我们总希望用更强烈的兴奋和那种高峰体验来弥补。所以说，没有思想上的交流，这种生理的结合会随着时间的推移而逐渐消退，并移情别恋。如同杜牧与柳永，他们之所以痴迷于“寻花问柳”，有一个共同点就是他们都仕途失意。在政治场上无法实现自己的抱负，也只能移情于男欢女爱，莺莺燕燕。如此循环往复，终此一生。

第三节　使用说明书

一、市场化与非市场化——玩转社交软件

我们在第一节的例子中回顾了整个性地位的发展轨迹，从母系社会到父系社会，从父系社会到女权兴起时代，再到科学认知时代，最后落脚在互联网信息时代。互联网时代社交APP的出现，相较于实体世界，又为广大的“痴男剩女”开创了另一片天地。无论是中国本土的交友APP，还是国外的，其中不少都已经发展成为了上市公司。每一款火爆的APP背后都有上亿的用户，那么在这茫茫人海中如何能够更高效地“Match”自己的另一半，就成为一个重要的课题。

（一）保证个人信息的真实性

我们在例子中论述了社交APP最大的一个功能就是解决信息不对称的问题。所以，当我们在上传资料的时候一定要保证信息的真实性。对于“照骗”或者信息造假的用户来说，基本的结局都是“见光死”。这样既耽误自己的时间，也耽误别人的时间。当然，保证信息真实性的同时，也要注意安全性。过多地透露一些私人、敏感的信息可能会被别有用心的人抓住漏洞。所以，具体

操作时，可以仅仅透露一些职业、爱好等泛泛的信息，而对具体公司、住宅等敏感信息多加注意。从经济学的角度来说，没有起到担保作用是社交APP的一大弊病。就如同支付宝对淘宝系电商所起到的担保作用一样，如果社交APP不能解决担保问题，就很难实现男女双方的互信。近期在美国上市的某婚恋公司就因为诈骗等负面信息屡屡登上新闻头条，这就是没有解决信息不对称关系中的担保问题。

（二）适当提高交易成本，抗击“渣男”“渣女”。

在年轻人群体中，经常会提及“骗炮”“渣男”这样的词汇。在社交软件上，用户也经常以“约吗”进行问候。我们在上文已经对“渣男”“渣女”下过定义，核心要素便是他们是以交易为目的，而非感情。但是通常来说，“渣男”都是看起来事业有成、财富自由、风度翩翩的风流才子。“渣女”也都是长相身材俱佳，浑身上下散发着女性魅力的尤物。所以，当碰到“渣男”“渣女”时，一般人往往会免疫系统崩溃，具体症状为双腿瘫软、小鹿乱撞、流鼻血等。这个时候，我们就需要适当提高性的交易成本，抗击“渣男”“渣女”，从我做起。如果交易成本太低，每当“渣男”施以小利的时候，女性就感动得痛哭流涕，以身相许；每当“渣女”稍加挑逗，男性的钱包就空空如也。所以，女孩需要提高交易成本，不只要看对方的“小利”，而要看

“大义”，只有如此才能抵御住“渣男”的“攻击”。“渣男”的交易思维使其产生了快速捕捉对象，不行就换的心理，因此提高了交易成本，“渣男”就会不战而退。这也是为什么女孩要富养的原因。当女孩见过了世面，提高了格局，那就不是简简单单的一个包或者豪车能够轻易打动的了。

（三）不要执迷于女神、男神

社交APP的出现可以让我们接触到很多日常生活中所接触不到的男神、女神，看着他们的个人主页就能让人“口水直流”。

这种情况下非常有可能会出现头部的集聚效应，大家都尝试去匹配最优质的异性，从而导致市场中的无效率。这就像电影《美丽心灵》中的一个情节：在酒吧中，有一群美女和一群亟待“捕猎”的男性，男性都想去“捕猎”那个最美的美女，但是美女一旦有了众多选择，那么她将会变得非常挑剔。但无论怎么选，她也只能选择一个。而她没有选中的男性，如果这个时候再去找别的女性，那么大概率也会遭到拒绝（没有人想充当备胎）。这样在市场中将会很难达成均衡。所以，正确的策略应该是先衡量一下自己有几斤几两，再去寻找合适的匹配对象。

另一方面，我们在上文也说了互联网给我们的“稳定匹配”提供了充足的流动性。所以我们应该利用好这一点。先尝试去匹配自己最心仪的女性，如果对方拒绝，那么就尽快转到次心仪的女性，以此类推，直到双方在目前条件下，都没有更好的选择对象后停止。在日常生活中，由于社交圈子太小，这种做法往往会在女性闺蜜圈中流传，还是那个道理——没人想做备胎。而互联网天然做到了信息隔绝，女性之间互不相识，十分有利于稳定匹配的发生。

二、边际效用——对抗边际效用递减

“一对一”的稳定关系与边际效用递减的这对矛盾，造成了许多关系的破裂。那么我们到底要怎么化解这一对矛盾呢？请注意，我们提及的边际效用递减是生理上的，但是男女之间的相处，不仅仅是生理上的，还有心理上的。而往往随着相处时间的增加，这种心理上的满足感是边际效用递增的。一对相处二三十年甚至时间更长的夫妻，不仅有了夫妻相，而且双方的一颦一笑都会有极大的默契感。所以，用心理上的边际效用递增去对抗生理上的边际效用递减是化解这对矛盾的不二法门。

心理的满足感无论从满足的强度还是长度都要优于生理的满足。在爱情一节中我们说真正的爱是从生命的本质出发，并去体会对方的本质。性爱的过程正是这一理念的完美体现，将自己的身心交由对方，你中有我，我中有你，整个过程中时间仿佛都停滞了，整个世界也只存在你我。而事后的依偎、拥抱、亲吻只有在爱的前提下，双方才会有极大的满足感。《易经》卦象中的一横代表阳爻，中间断开两横代表阴爻，正如男性与女性的生殖器一般，男为阳，女为阴，正所谓“一阴一阳谓之道”。根据性学家马斯特斯和约翰逊的研究，无论对男性还是女性，高潮体验都集中在心理体验，且持续的时间更为长久。所以，走心一定比走肾更为开心、满足。

走心的具体方法有三种：深入沟通、主动营造气氛和锻炼身体。

（一）深入沟通——没有什么事是一晚秉烛夜谈不能解决的，如果不能，就来两晚

性是双向的，所以我们必须要去尝试深入地沟通彼此的需求。每个人的喜好、偏好不同，每个人在每个人生阶段的需求也不同。两个人的沟通应该是全面的、无保留的，不受传统的道德标准所约束。比如当下中国仍存在“谈性色变”的现象，尤其是女性，认为谈论性是放荡、淫荡的表现，这都是不科学的观点。此外，性还可以反向增强彼此的亲密感。在一些西方国家，就有“Make-up Sex”的说法，意思是一方如果犯了错，为了求得对方的原谅，除了语言外也可以用性来弥补。

（二）主动营造的氛围——DO IT FOR DENMARK

人类很容易对习以为常的东西感到厌烦，并且熟悉的东西不容易再提起我们的兴趣。这正是一些婚姻问题的根源所在。所以为了改变这种现状，夫妻可以提前规划好一段时间，将子女交给老人照料，然后去享受一段浪漫的二人世界。比如尝试去不同的地方旅行、度假，比如双方尝试彼此可接受的性爱游戏或者器具。丹麦政府就曾为了拯救极低的生育率，主动掏钱鼓励夫妻去海边旅游，打出的宣传语就是“DO IT FOR DENMARK”。

（三）锻炼身体——第二套广播体操《时代在召唤》开始

在中国的家庭中，双方有小孩后就将大部分的时间与精力投在子女身上而忽略了彼此的生理和心理感受，同时也对自己的身材越来越不在意。男性的啤酒肚、女性的水桶腰越来越多。面对彼此这样的身体，我们很难有“性趣”。锻炼身体不仅可以让我们减少各种慢性病发生的可能性，更重要的是以一种积极、乐观、向上的态度面对生活。在20世纪50年代，美国妇科医生凯格尔就发现锻炼女性的耻骨尾骨肌，可以改善盆腔的血液循环、提高性感受力，并将此肌肉群称之为“性爱肌”，其锻炼方法称之为“凯格尔锻炼法”。后来发现此方法同样适用于男性，对腹部、腰部、臀部和大腿内侧肌肉的锻炼可以增强男性高潮的快感及控制能力，可以预防早泄。当下的中国有一种现象，男性吸引异性不是靠身材，而是靠“多金”，这是市场经济发展所经历的必然阶段，也是马克思所说的人的“异化”现象。西方国家也曾有过这样的现象，称之为“Sugar Daddy”。但是目前发达国家有钱人的标准已经从物质条件转移到“三个一”：一口整齐洁白的牙齿、一个健硕有形的身材和一身黝黑的皮肤。目前在中国的社交媒体上已经出现了对“马甲线”“川字线”“公狗腰”“水蛇腰”追捧的趋势。所以，兄弟姐妹们，练起来！

3

第3章　CHAPTER

婚　姻

至近至远东西，至深至浅清溪。至高至明日月，至亲至疏夫妻。

——唐代诗人李冶

古往今来，许多名人大家都对婚姻发表过自己的看法。有的是大男子主义，如希腊诗人帕拉塔说：“婚姻只能给男人带来两天的幸福，一天是把新娘带上床，一天是把她送进坟墓。”有的是浪漫主义，如英国伊丽莎白女王说：“恋爱是美丽的，婚姻却是神圣的。”有的是务实主义，如卡尔·马克思说：“要想美好地度过一生，就只有两个人结合，因为半个球是无法滚动的，所以每个成年人的重要任务，就是找到和自己相配的一半。”有的是理论主义，如恩格斯在《家庭、私有制和国家起源》中阐述：“一夫一妻制是不以自然条件为基础，而以经济条件为基础，即以私有制对原始的自然长成的公有制的胜利为基础的第一个家庭形式。”有的是从生物的角度，如前文所提到的生物学家道金斯说：“婚姻的本质就是保护基因更有利地传承。”还有的是从文学的角度，如钱钟书先生在《围城》中所说：“婚姻就像围城，城外的人想进去，城里的人想出来。”

我们在第一章中阐述了爱情并不是伴随着人类而一直存在的，那么婚姻是吗？很可惜，答案也是否定的。人类距今已有430万年的历史，据统计婚配制度至今也只有6000年，而将爱情视为婚姻的基础更是只有可怜的200年。和爱情类似，婚姻并不是人类历史上固有的，而是后期形成的上层建筑，也是一种制度安排，更是一种保障体系，其本质和表现方式会随着人类社会文明的进步而随之改变。德国社会学家L.穆勒曾将婚姻归为三种动机，即经济、子女和感情。在不同的历史时期，婚姻是这三种动机的不同组合。在父权时代，婚姻的主要动机是经济和子女，娶妻是为了增加劳动力。而在私有财产得以积累之后，财富的继承问题日趋突出，自己的财产必须传给自己的子女，而不能传给隔壁老王的子女。在现代社会，婚姻的主要动机是感情。在这一时期，妇女的社会地位发生了变化，个人自由成为社会生活的基本准则，其次才是生儿育女和经济条件。下面我们来探讨婚姻发展的四个阶段（见图3-1）：

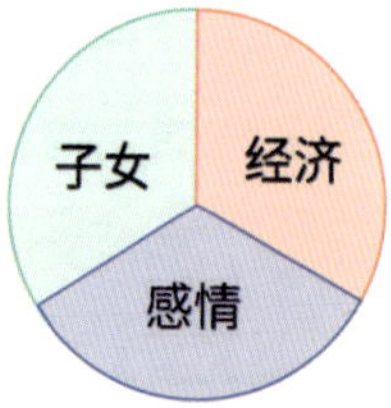

图3-1　婚姻中的三种动机

（一）第一阶段：无婚姻制度——物质匮乏的原始社会

要想探讨婚姻的发展过程，必须先弄清婚姻与家庭的关系。家庭是婚姻的物质基础，没有家庭的产生就不会有婚姻制度。婚姻又是家庭的一种法律、道德上的制度保障。没有婚姻，家庭就会极不稳定。在要啥没啥、物质极其匮乏的原始社会，虽然没有婚姻制度，但是却产生了“家庭”这种社会组织形式，为婚姻的产生打下了基础。其中，火的使用与直立行走是产生家庭的两个重要的前提条件。这看似完全不相干的两个因素，直接导致了人类社会有别于其他哺乳动物的组织形式。人类学家认为“火”在人类进化中占据至关重要的地位，它直接延长了人类的寿命并且增加了人类的脑容量。食物在被加热后，内部分子重组，使原先无法直接食用的动植物可以间接被食用，并有消毒杀菌作用。这就扩大了人类的生存环境和可食用动物及植物的范围。此外，熟食更有利于营养物质的消化和吸收。以上两点的综合作用，大大延长了人类的寿命，尤其提高了儿童的存活率。熟食相比生食，消化所需要消耗的热量大大减少，促使多余的热量往脑容量转移，直接导致脑部变大和内脏缩小；寿命的延长使得男女的结合更为稳定，而儿童存活率的提升也意味着父母更多的照料。

此外，自然环境的突变使得人的生活环境从树上转移到了平地并学会了直立行走，释放了双手的劳动力，但是这种进化方式会使女性骨盆缩小。在上述脑部变大和骨盆缩小的双重作用下，直接导致了人类生产生育子女的困难。于是，人类只有在脑部和身体各项器官还未发育齐全的情况下先生产、再发育，这也是人类和其他动物生育模式的本质区别。“先生后育”的模式使得母亲需要耗费大量的时间与精力来哺育子女，因此她必须需要一个可靠的男性为自己及子女提供物质帮助。因此，看似不相关的火的使用及直立行走的进化，促使人类形成了一个以“男性+女性+子女”的家庭单位。

（二）第二阶段：一夫多妻——私有产品出现的奴隶社会和土地分封的封建社会原始社会

家庭单位的产生并没有产生相应的婚姻制度，直到私有财产的出现。随着生产力水平的提高，人类在满足自身需求之外还能有大量的剩余物品。这些剩余物品的所属权就成为一个问题。作为占据社会主导地位的男性自然希望将私有财产传给自己的下一代，在没有亲子鉴定技术的时代，该如何确定孩子是自己的，而不是隔壁老王的？解决方案便是引入婚姻制度，使得女性只属于自己，而不能与其他男性发生性关系，这样就从根本上解决了孩子是否是自己的问题，同时也让婚姻制度进入了人类历史。恩格斯就曾在“夫妻是什么？”这个问题上发表过见解：“一夫一妻的起源绝对不是个人性爱的结果，它同个人性爱绝对没有共同之处……它的产生是由于大量财富集中于一人之手，并且是男子之手，而且这种财富必须传给这一男子的子女。”

（三）第三阶段：一夫一妻——爱情化的资本主义社会

在爱情的发展进程中我们描述了在新兴资产阶级兴起后，为了冲破贵族阶层的垄断，倡导自由、平等、民主、博爱的精神。婚姻的基础也不再是财产或者子女，而变成了爱情。在资本主义社会，工业化、电气化的发展与普及，释放了巨大的生产力，我们所生产出来的物质大于过去几千年的总和。当人脱离了物质的束缚，自然会有精神层次的追求。正如婚姻一样，过去的婚姻对上层阶层来说是财产的传承、利益的绑定，对普通百姓来说是传宗接代、“过日子”。但是当物质极大丰富时，将会产生两点改变：第一，我们的注意力转移到了自己身上，我们更追求自身物质、精神的满足，对子女传宗接代的需求会大大降低。第二，我们靠自己就可以生活得很好，我们在市场上可以买到各种各样的商品，可以满足自己各式各样的需求，那么对婚姻的需求就会降低，且对彼此的物质依赖也会降低。以上两点将会导致结婚率的降低、离婚率的升高和同性恋及其他少数群体的出现。

据第六次人口普查数据显示，从结婚时间看，截至2022年，结婚的平均年龄为26岁，男性比女性高了2.5岁。其中抽取了10个城市的结婚年龄数据如下（见图3-2）：

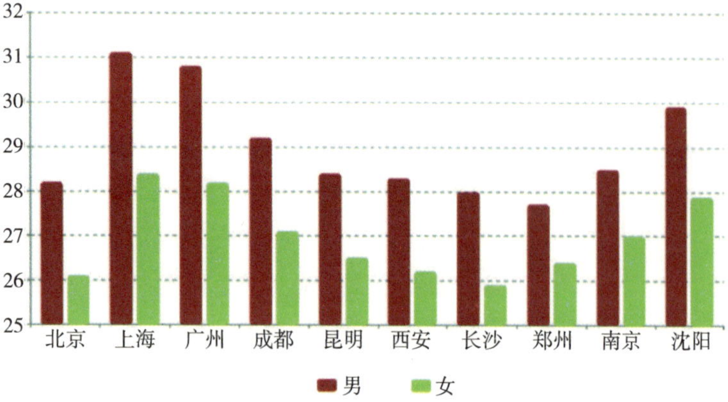

图3-2　十大城市平均结婚年龄

我们可以发现：一般而言，经济越发达的地区结婚年龄越大。而从离婚率来看，前十强城市数据如下（见图3-3）：

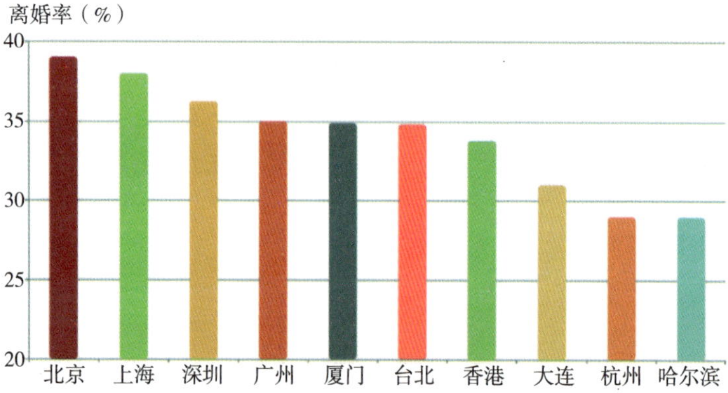

图3-3　国内前十城市离婚率

我们可以看出北上广深超一线城市离婚率最高，逼近40%。

而从世界范围来看，主要国家离婚率如下（见图3-4）：

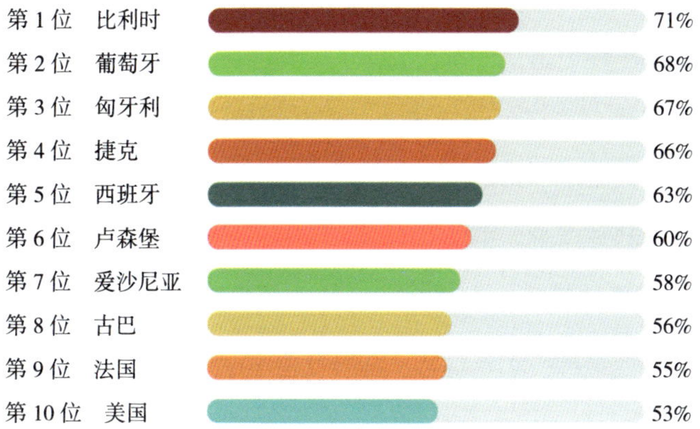

图3-4 世界前十国家离婚率

可以看出，无论是城市还是国家，离婚率与经济发达程度成正相关。原因就在于经济越发达的地区，对物质的要求降低而对精神的要求升高。而精神的匹配是很难的，双方一旦物质条件丰厚，对彼此来说离婚成本就会很低。正如名人、明星的离婚率较普通人来说会更高，表面看是因为他们的诱惑比平常人多，但是更深层次的原因是双方都很富有，对彼此的物质依赖很低，那么离婚成本自然也会很低。美剧《纸牌屋》中的总统Frank和其夫人Claire的组合是纯粹精神、利益上的深度绑定，但是要做到这样的匹配对于普通人来说是很难的。

（四）第四阶段：多元化社会——婚姻、同居与单身的社会

随着社会的进一步发展，我们正处于信息大爆炸的时代。互联网的出现更是从根本上改变了人类社会的各个方面。婚姻的下一阶段模式也在酝酿之中。我们从历史的发展过程中可以发现，“以人为本”将是主旋律，真正的和谐社会不仅仅关注主流群体的权利与需求，更应该尊重少数群体的利益。笔者认为，多元化的两性关系将成为社会发展的主要方向。不婚主义、结婚主义、同性婚姻、丁克家族、同居等新型的组织形式将会“百花齐放”。

例如，在西方社会，同居已经成为较为普遍的现象。以美国为例，据统计，截止到2016年，美国人年同居或单身的比例达到52%，而大部分为混合型家庭，即双方非第一次婚姻，传统意义上的一夫一妻仅占25%左右。新西兰在法律上已经认可同居这种关系，只要男女能够提供居住在一起的证据，如房租单、水电单等，满足一定年限后即可成为事实婚姻，受法律的保护。

目前，中国的主流社会对于除一夫一妻制之外的婚姻组织形式仍持有巨大的分歧和争论。这主要与巨大的社会变迁相关。如果我们大致将当今社会群体划分为三类：第一类为“30后”“40后”的爷爷奶奶辈；第二类为“60后”“70后”的爸爸妈妈辈；第三类为“80后”“90后”的年轻辈。我们发现这三类群体的

生活环境、社会背景基本是天差地别。“30后”“40后”经历过战争，深感和平稳定的生活来之不易。婚姻理念是服从国家的安排，一切为了国家利益。“60后”“70后”虽生于和平年代，但是改革开放这一历史转折点让他们成为某种意义上的结合体。一方面儿时贫穷落后的记忆仍在，另一方面改革开放后的硕果又让他们享受到了丰富的物质生活。保守与开放的矛盾思想深耕在他们的大脑中，也深深地影响了他们的婚姻理念，离婚不再是不可接受的。“80后”“90后”作为享受改革开放成果的一代，也可以说是与世界相联系的一代，这一代接收的信息较多，且有了更多出国留学的机会，形成了更加开明开放和更加自由的婚姻观念。目前中国的婚姻形式正处于第三阶段转向第四阶段的过程，所面临的现实问题就是“60后”“70后”与“80后”“90后”婚姻观念的冲突过程。所以我们可以看到现在有不少父母逼婚、催婚的现象。这种现象仍将持续很长的一段时间，但是对于“80后”“90后”的子女来说，他们会有更加自由的权利来选择自己的婚姻模式。

回顾完婚姻的历史，我们再来看看婚姻有什么特点。我们先了解一下富豪和哲学家的婚姻情况。富豪：亚马逊总裁贝佐斯，在2019年以1400多亿美元的身价荣登福布斯富豪排行榜第一名宝座。同年，贝佐斯在其社交软件上公布，与经历了25年婚姻生活的妻子正式离婚。他说：“作为一对已婚夫妇，我们在一起的生活非常美好，我们也看到了美好的未来，作为父母、朋友、风险和项目的合作伙伴，我们都是冒险的人。”其妻子凭借分割的财产及亚马逊二股东的身份，直接成为世界女首富。而贝佐斯在离婚后也是放飞自我。他与节目主持人桑切斯约会，开始了自己的另一段爱情之旅。不仅仅是贝佐斯，昔日的首富比尔·盖茨也因为爱泼斯坦的丑闻而婚姻“翻车”。新晋世界首富埃隆·马斯克更是在感情方面直追小李子，历任妻子都是身怀绝技、貌美如花。而与富豪们丰富的感情生活相比，另一个群体——哲学家，他们的感情生活就不那么丰富了，而且他们大多还没有体会到婚姻的滋味。总结这些哲学家的婚姻情况，大致分四类：想结不敢结型、鄙视女性型、献身科学型和疑似同性恋型。如下表所示：

表3-1　不同哲学家的婚姻生活

哲学家	婚姻生活
“曾经有一段真挚的感情摆在我的面前，可惜我没有珍惜……”	
康德	未婚。康德虽然是个极其理性的科学家，但也是一位社交达人，拥有众多的追求对象，但是理性的思维让他始终其他女性保 持着距离。他说：“我需要女人的时候，养不起；在我养得 起的时候，已经不需要了。”据说，康德在将与伯爵夫人凯 瑟琳结婚前，算了一笔结婚的账，发现结婚并不划算， 于是作罢。其理性程度可见一斑
笛卡尔	未婚。普鲁士公主伊丽莎白十分欣赏数学大神笛卡尔的才华，对其非常崇拜，并不断写信，希望能与大神切磋交流。笛卡尔也十分乐意，但是在其来往的书信里果然都是学术交流，甚至笛卡尔还在公主身患抑郁症的时还写了一本《论灵魂的激情》送给公主。结果，没有结果

续表3-1

哲学家	婚姻生活
牛顿	未婚。牛顿在进入剑桥之前有一未婚妻，入学后却沉迷于科学探究，以致未婚妻改嫁。随后在躲避伦敦大瘟疫中邂逅其表妹，双方你情我愿，但回到剑桥后再次沉迷于科学研究，表妹改嫁。从此终身未婚
“女人都是泡椒凤爪……”“鄙视女性”代表人物：叔本华、尼采	
叔本华	未婚。通过其名言，如“婚姻意味着把自己的权利减半，同时把自己的责任加倍”“女人既愚蠢又浅显，一言以蔽之，她们的思想是介于成人和小孩之间”……无须解释了。
尼采	未婚。他说：“婚姻不幸福，不是因为缺乏爱，而是因为缺乏友谊。”他与妹妹伊丽莎白倒是建立起了友谊，可是妹妹跟别人跑了。后来尼采与一位俄国姑娘莎乐美恋爱，又被妹妹拆散。不仅婚没结成，还被整疯了
“婚姻是什么，能吃吗……”“献身科学”代表人物：莱布尼茨、斯宾诺莎	
莱布尼茨	未婚。莱布尼茨是一位妥妥的“学二代”，父亲是莱比锡大学的伦理学教授，母亲是另一位教授的女儿。莱布尼茨也天资聪颖，堪称神童。为了更好地将一生奉献给哲学，他拒绝了任何一所大学的聘请，拒绝了任何富商的资助，也拒绝了婚姻
斯宾诺莎	未婚。斯宾诺莎怀疑一切，甚至怀疑宗教信仰。被父亲赶出门后一个人搬到了荷兰的莱茵斯堡，以磨光学镜片艰难度日。很多时候，一待就是一个星期，谁也不见。有人曾问他为何不结婚，他只淡淡地回答道：“我只想安静地思考……”
“我可能喜欢男人……”“疑似同性恋”代表人物：柏拉图	
柏拉图	未婚。“柏拉图式恋爱”至今广为流传。其被形容为异性间柏拉图的精神恋爱，追求心灵沟通，排斥肉欲。但是据史学家考证，在古希腊，只有男性有权获得受教育的权利，所以“柏拉图式恋爱”大概率是指一种同性之间的欣赏
……	

柏拉图在《爱的阶梯论》中说：“在通往爱之圣地的道路上，人只有受到正确的引领指导，即从对具体形体美的敏感发展

到形式美、制度美和知识美的关注，才能最后拥有幸福，达到不朽。”由此可见，婚姻具有物质与精神的双重属性，且婚姻非常受物质与精神的影响。如果我们画一条坐标轴，如下图所示。左边是物质，右边是精神，我们将乞丐、工薪阶层、小康之家、中产阶级和哲学家/富豪这些不同的群体设置在不同的区间。我们就会发现坐标轴两端的人群是最难结婚的，而中间的人群是最容易的。比如说，物质极度匮乏的最左端，如乞丐、流浪汉基本上不会也没有能力结婚。而精神极其丰富的最右端，如我们例子当中的富豪贝佐斯和一众哲学家，都很难有稳定的婚姻。美国著名哲学家威尔都兰在《古今大哲学家之生活与思想》中断言：“凡有心于最高的哲学思维而又结婚的人，都是可疑的。”除去例子中所列举的哲学家外，像霍布斯、洛克、休谟等这些哲学大家都没有结婚。也难怪苏格拉底会说：“好的婚姻可以给你带来幸福，而不好的婚姻却可以使你成为一名哲学家。”

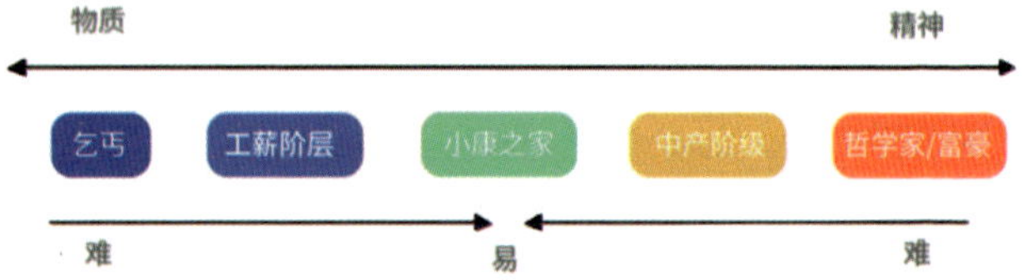

图3-5　婚姻的难易程度与物质和精神的关系

在一般人群中，小康之家、工薪阶层和中产阶级是结婚大军中的主力军。一般小康之家的子女受过良好的教育，从事白领工作，有一定的思想追求，房、车等物质需求双方家庭也较容易满足。我们知道在北上广深等大城市结婚最重要的就是“房”，那么具体表现就是双方父母凑首付买房，子女还贷，所以结婚概率最大。中产阶级在小康之家的基础上物质方面更为丰厚，子女基本都接受过较好的教育，房、车对双方来说都不是太大的问题，所以他们在择偶时更偏重精神，一般会面临着“上不上、下不下”的问题：找富豪“够不上”，找工薪阶层的又“看不上”。而工薪阶层在物质方面会薄弱一些，往往房、车对他们来说是大问题，在择偶时更偏重于物质，但是凑一凑总还是没有大问题。

物质和精神在婚姻中到底孰轻孰重呢？物质除了指车、房等实体外，也可以指外貌。所以，物质是门槛，精神是纽带。双方在不了解彼此时，往往是靠外貌吸引，但是长久的婚姻必然靠精神来维系。我们一直所说的“柏拉图式恋爱”代表着男女之间的精神恋爱，这其实是一个误解。柏拉图其实所指的是同性之爱，但这并不代表同性恋。因为古希腊时期只有男人拥有知识，所以他期望的人与人之间的精神交流是发生在男人与男人之间。可见精神对于二人匹配的重要程度。美是一个相对的概念，既是形体、外表之美，也是精神、内在之美。如果说一定要排个次序，那么内在美一定优于外在美，精神优于物质，就像一位诗人所说：“灵智的与道德的魅力可以增加一个线条并不如何匀称的女子的妩媚。”贝佐斯不惜血本地与原配离婚，而去追求新的配偶，相信其也是在精神层面引起了世界首富的某种共鸣。而享受孤独的哲学家更是思想境界太深，以至于无法找到与之相匹配的女性。而最幸福的哲学家非萨特莫属，他的妻子同样也是一位哲学家，就是我们上文所提著作《第二性》的作者波伏娃，而这幸福，可能也是我们常人所难以理解的幸福。萨特和波伏娃在结婚之前，经过慎重的考虑，两人签了一份协议，约定他们之间是一种“开放式关系”。在彼此相爱的基础上，可以允许有“偶发性爱情”，但绝不互相欺骗、隐瞒。就这样的“开放式关系”持续了51年之久，两人相伴终生。

我们回顾了婚姻这项制度的发展历程，并且总结了婚姻中物质与精神的相互关系。无论是精神还是物质，无论是子女、感情还是经济，我们发现婚姻并不像爱情那么简单，而是各种现实的问题和矛盾掺杂其中。拉伯雷的《巨人传》中有这样一则故事，巴奴越去向邦太葛吕哀征询关于婚姻的意见，他在要不要结婚的问题上陷入了两难的境地：结婚吧，失去自由；不结婚吧，又会孤独。这就是对婚姻矛盾性的一种描述。哲学家康德也提出过“二律背反”的哲学观念。他说，这个世界是不可知的，我们看到的都是表象，就仿佛每个人都戴了一副有色眼镜在看世界。由于没有办法看到本源，所以我们只能看到一个相互矛盾的世界。美与丑、善与恶、真与假。婚姻也是如此，也符合这种二律背反的规律。温格·朱利在《幸福婚姻法则》中说：“在这世界上，即使是最幸福的婚姻，一生中也会有200次离婚的念头，50次掐死对方的想法。”的确在婚姻中，当两人你侬我侬时，你会感受到浓浓的爱意和无法言表的幸福感，有一辈子要与对方生死相依的决心；但当两人为鸡毛蒜皮的小事大动干戈时，又会想要掐死对方。婚姻就是在这样的矛盾性中要么维系、要么崩塌。

事事的矛盾不同，时时的矛盾也不同。每个人的婚姻都有属于自己的矛盾。所以，对婚姻的理解是一个“千人千面”的问题，不同的人有不同的感受和结论，毕竟鞋合不合脚，只有自己知道。现代社会对婚姻的定义为：婚姻是由两个人一起生活而组成的合法结合或契约。根据定义，我们可以看出婚姻与爱情相比，其核心要素是：合法。婚姻与爱情的根本不同就在于前者受法律的保护，保护的内容主要涉及财产及子女。恋爱是先君子、后小人，因为刚开始两个人都是被彼此的闪光点所吸引，后面又因为各种现实或者狗血剧情而亮瞎眼。而婚姻是先小人、后君子，大家几斤几两先亮出来，免得日后对簿公堂，人财两空。从这个角度来说，爱情是感情，是情绪；而婚姻是制度安排。既然说婚姻是一种制度安排，那么自然就会有维持一项制度运转的科学方法。制度设计得好，能够开心美满样样好，设计砸了，人生路上就会不断踩坑。

所以有人说，结婚就是“明知山有虎，偏向虎山行”。可是“不入虎穴，焉得虎子”。

在这一章中我们首先为大家讲述司马相如与卓文君的故事，看似美满的婚姻生活背后总会有许多坎坎坷坷的狗血剧情。那我们在面对这些坎坷剧情的时候应该如何进退？在婚姻生活中大家又如何保证步调一致地齐步走？我们将用囚徒困境模型和约会博弈模型去分析。然后，娱乐圈中层出不穷的婚姻破裂，瓜果满天飞，我们如何利用一些经济学的手段方法去维系一段婚姻？科斯定理可能会给我们一些启示。婚姻的过程是两个人不断追求美好生活，寻求最优化的过程，那么我们又应该采取什么样的方式方法来追求帕累托最优呢？

第一节　进退两难的婚姻

一、举个例子：司马相如与卓文君

西汉著名文学家司马相如，年轻时在汉景帝身边做过武骑常待，也就是现在的保镖。后因不得志而返回成都老家，受临邛县县令王吉的邀请去做了他的门客。一日，县里的富商卓王孙设宴款待，县令王吉与司马相如一同前往。酒兴正浓时，司马相如一曲《凤求凰》技惊四座。卓王孙的女儿卓文君也被其所深深折服。宴后，司马相如向卓王孙提亲，却被卓王孙百般阻挠（主要是因为穷），于是卓文君舍弃锦衣玉食的生活，与司马相如私奔而去。这就是“卓君夜奔”的典故。回到成都后，家徒四壁、一无所有的司马相如经卓文君相劝，卖了自己仅有的一点家当，买了一家酒馆。卓文君站在垆前卖酒，司马相如清洗酒器，这就是“当垆卖酒”的典故。

卓王孙脸上实在挂不住，给了他们一些财物，二人便回到成都过上了没事吃吃火锅的小康生活。后来，司马相如因《子虚赋》和《上林赋》深得汉武帝赏识，封官晋爵。到了洛阳后，莺莺燕燕、灯红酒绿的生活让司马相如迷失了方向，忘记了当初妻子与他同甘苦、共患难的情谊，突然有了一个大胆的想法：纳妾。司马相如写了一封“十三字信”——“一二三四五六七八九十百千万”，卓文君作为才女一看就知道了司马相如的心思，因为信中单独少了一个“亿”字，即“无忆”谐音。卓文君随即回了一首《白头吟》：

皑如山上雪，皎若云间月。闻君有两意，故来相决绝。

今日斗酒会，明旦沟水头。躞蹀御沟上，沟水东西流。

凄凄复凄凄，嫁娶不须啼。愿得一心人，白头不相离。

竹竿何袅袅，鱼尾何簁簁。男儿重意气，何用钱刀为！

名句“愿得一心人，白头不相离”就是出自于此。据说，司马相如看完之后，潸然泪下，万分羞愧，从此再也不提纳妾之事，二人白头偕老。

二、提个问题：何时进？何时退？

那么，问题来了。这个例子说明了两点：第一，验证了男人有钱就变坏的这项铁律。第二，“没文化，真可怕”，一定要好好读书。要是不好好读书，老公动了出轨的念头都不知道。言归正传，在这一段感情中，卓文君为司马相如舍弃了荣华富贵，司马相如也凭借自己的才华让卓文君过上了好日子。卓文君以“以退为进”的策略让司马相如打消了纳妾的想法，而司马相如也迷途知返。这说明夫妻二人在相处过程中免不了要经历风风雨雨、磕磕碰碰，这时候双方学会妥协和协调就十分重要了，那么我们应该如何在婚姻生活中妥协和协调呢？

三、模型1：囚徒困境（Prison's Dilemma）

巴尔扎克在《两个少妇的回忆录》中说：“婚姻产生人生，爱情产生快乐。快乐消灭了，婚姻依旧存在，且诞生了比男女结合更宝贵的价值。故欲获得美满的婚姻，只需具有那种对于人类的缺点加以宽恕的友谊便够。”这句话的重点在于“宽恕”，我们可以引申为一种彼此的妥协和协调。**协调问题在博弈论中是指：在双方个体利益都无法最大化的前提下所达成的一种妥协安排，以使集体利益最大化。**也就是我们经常说的：退一步，海阔天空。只要牵涉到两个人就会涉及协调问题。在工作中，为了顾及面子我们往往可以相互协调，但是在男女关系中，我们表现的都是真实的自我，要么是个“小少爷”，要么是个“小公主”，往往很难协调一致。研究协调问题我们将会用到博弈论中的经典模型——囚徒困境。

囚徒困境描述了这样一个情境：两个共谋犯罪的人被关入监狱，因为怕串供，所以二人被关进了单间，彼此不能互相沟通。如果两个人都不揭发对方，则由于证据不足，每个人都坐牢1年；若一人揭发，而另一人沉默，则揭发者因为立功可立即获释，沉默者因不合作而入狱10年；若互相揭发，则因证据确凿，二者都判刑8年。我们利用划线法可以找到纳什均衡为（甲揭发，乙揭发）。很显然，对于二人来说这不是一个最佳的结果。实际最优结果应该是（甲不揭发，乙不揭发），大家皆大欢喜，各回各家。但是实际情况中往往很难达到，原因就是双方只考虑了自身的利益（如果对方揭发了我，我就要坐10年牢，还不如我也揭发他，大家都坐8年牢），而没有考虑到集体的利益（见表3-2）。

表3-2　囚徒困境

	甲揭发	甲不揭发
乙揭发	甲坐牢 8 年 乙坐牢 8 年	甲坐牢 10 年 乙获释
乙不揭发	甲获释 乙坐牢 10 年	甲坐牢 1 年 乙坐牢 1 年

其实在婚姻生活中也有类似的情况，两人长年生活在一起难免吵吵闹闹。吵完冷战，冷战时间越长，裂痕越难弥合，最终无法弥补，导致离婚。吵架的核心原因有且仅有一点，就是双方都觉得自己是对的，对方是错的，并且不愿意让步，觉得让步就损害了自己的自尊或者权威。那么这个问题要如何解决呢？类比囚徒困境，我们根据司马相如和卓文君的例子，可以构建出这样的一个博弈模型：若司马相如打消纳妾的想法，而卓文君原谅司马相如，则双方都可以达到开心60分，这可以理解成虽然闹了不愉快，但是既然大家互相让步，那开心的程度就勉强“及格”；若司马相如执意纳妾，卓文君也选择原谅，则卓文君只能独守空房默默流泪，开心20分，而司马相如如愿以偿，自然高兴得飞起来，开心80分；若司马相如不纳妾，卓文君也被司马相如的不忠诚所惹怒，则双方都只有开心20分；若司马相如纳妾成功，而卓文君选择不原谅，司马相如虽说纳妾成功，但是毕竟心中愧疚，勉强及格60分，而卓文君也只能黯然神伤，40分。

与囚徒困境的情况类似，我们用划线法可以得出纳什均衡为（司马相如纳妾，卓文君不原谅）。这其实又是一个两败俱伤的结果。实际最优结果应该是（司马相如不纳妾，卓文君原谅）。因为双方加和起来的总分：60+60=120分大于60+40=100分（见表3-3）。

表3-3　司马相如纳妾的纳什均衡

	司马相如不纳妾	司马相如纳妾
卓文君原谅	男60分 女60分	男80分 女20分
卓文君不原谅	男20分 女20分	男60分 女40分

那么，怎么解决囚徒困境呢？在清华大学精品课程《经济学思维》中，我的导师王勇老师就总结过：在博弈论中有四种方法可以有效解决囚徒困境，分别是：可置信的承诺、权威机制、重复博弈和产权机制。

第一种解决囚徒困境的机制——可置信的承诺，即兑现空头支票。可置信承诺是在博弈论中不完全信息下的一种保障措施，或者说担保机制。所谓不完全信息就是双方不了解整个博弈中的全局信息，既互相了解，也不知道对方是否会背叛自己。这个时候，就需要大家作一个承诺，并且这个承诺要是可信的。“男人的嘴，骗人的鬼”就说明了承诺的不可信程度。为了让承诺可信，我们就必须加入约束机制（Restraint Mechanism），一种是内生约束，能够对当事人自身的行为有所约束；一种是外生约束，用外部的力量对当事人进行约束。

回到囚徒困境的博弈中去，如果其中的一方有机会告诉另一方，如果你选择不揭发，出去后我一定重金酬谢，为了让这个承诺可信，他把自己价值不菲的劳力士手表给了对方作抵押。那么另一方会想，这个承诺肯定是真的，出去有钱收，现在我还有手表，就算对方欺骗我，那么这块手表也值得我坐10年牢。这样一来，双方很有可能选择互不揭发，从而互相合作。这就是一种内部约束。在婚姻中内部约束可以体现为求婚戒指、车、房、嫁妆等。为什么求婚的时候一定要有钻戒，为什么结婚要买车、买房，这就是一种内部约束，为了让结婚这个承诺可置信。试想，男方花了血本买钻戒、买好车、置办房产，那么后悔的成本可就很高了。同样地，卓文君舍弃了“富二代”的身份，司马相如卖了仅有的家当，还买了一家酒店，这也是一种内部约束的体现。

另外一种形式的内部约束是包办婚姻，这个内部的力量来源于父母。实际上在中国的历史上，绝大部分的婚姻都是父母包办，否则也不会有像梁山伯与祝英台、杜丽娘和柳梦梅等那么多讴歌恋爱自由的故事。因为婚姻在那个时代，不仅仅是两个人的事，更多的是两个家庭，甚至是两个家族的事。从某种角度来说，包办婚姻是对男女进行了某种意义上的内部约束。也就是说，年轻人也不要瞎找了，你们还too young, too naive，老爸老妈已经为你们综合考虑过了，等着结婚就好。随着社会的发展，这种婚姻观念也随之改变：为了真爱而结婚才是人间正道，而父母包办婚姻是一种封建传统思想。那么靠自由恋爱而缔结的婚姻就是长久可靠的吗？苏联学者拉里科夫出具了一份名为《仅仅靠爱情？》的研究报告，发现在15000人的样本中，因为爱情而结婚的100%不幸福；因为利益而结婚的70%不幸福；而因为该结婚所以结婚，或者别人都结婚所以我也该结婚的人，觉得幸福的比例为45%。这样的结果不免让人们大跌眼镜，说明因自由恋爱而缔结的婚姻，缺乏一定的约束机制，也许并没有我们想象中的不牢靠。

著名浪漫主义诗人、新月派代表徐志摩，其父是浙江省海宁县的富商，他也是一名妥妥的“富二代”。18岁时，由父母包办婚姻，他与上海宝山县罗店巨富张润之之女张幼仪结婚。作为新时代代表，浪漫主义诗人的徐志摩，如何肯接受如此命运的安排。1920年，他不顾已有身孕的张幼仪，提出离婚。之后的故事就广为人知了，徐志摩娶了名媛陆小曼，为了满足她日益增长的开销，他不得不到处讲课、写书，贴补家用。后在赶往北京的途中坠机逝世。张幼仪一直服侍着徐志摩的双亲，精心抚育着他们的儿子，《徐志摩全集》也是在她的精心编纂下在台湾出版。这样的故事听起来难免让人伤感，包办婚姻与自由婚姻到底孰优孰劣也难以评说。爱情与婚姻本来就不同，爱情是虚幻的，婚姻是现实的；爱情是阳春白雪，婚姻是下里巴人；爱情是山盟海誓，婚姻是油盐酱醋。“白马王子”“梦中情人”只不过是人类所臆想出的一种虚幻的存在，满足的是人类对未来二人美好生活的一种向往。人的大脑有一种功能，会将自己代入一段自己所想象的情境中，以达到心理满足的作用。这就像少男少女喜欢看偶像剧，因为他们将剧中的主人公想象成自己，以带来巨大的满足感。林徽因也曾对自己的儿女说："徐志摩当初爱的并不是真正的我，而是他用诗人的浪漫情绪想象出来的林徽因，而事实上我并不是那样的人。"所以如果我们用对爱情的期许来要求婚姻，无异于缘木求鱼。当爱情降临时，我们全身心地投入，享受这一段激情、自由、兴奋的时期；而当面对婚姻时，我们首先应该想到的是这是一份责任、一份承诺。

聊完内部约束，我们再来看外部约束。外部约束主要体现在社会道德标准和婚嫁的具体流程中。中国的古代主要是以农耕经济为主，社会以"君君臣臣、父父子子"的严密等级制度维持并运转。因此，社会对离婚这件事的容忍度是极低的。如果执意要休妻，必须符合"七出三不去"。所谓的"七出"是指：无子、淫佚、不事姑舅、口舌、盗窃、妒忌、恶疾。所谓的"三不去"包括：有所娶无所归、与更三年丧、前贫贱后富贵。有所娶无所归是指女子离婚后无娘家可回；与更三年丧是指妻子曾经为公婆服过三年丧期的；前贫贱后富贵是指不能因为在"脱贫奔小康"之后休掉妻子。可见，社会道德标准对离婚的条件可谓严苛。此外，古代在婚嫁的具体流程上讲究明媒正娶和三礼六聘。

媒人是古代撮合双方结婚的中间人，所谓明媒是官方认可持证上岗的，属于“牌照”业务；而暗媒是兼职，赚个外快。明媒和暗媒相比当然更权威，自然收费水平就更高。正娶是指在结婚时要有八抬大轿、敲锣打鼓，邀请父老乡亲参加婚礼。三礼六聘，也叫三书六礼。“三书”指的是礼聘过程中来往的文书，分别是：“聘书”——在订婚时交换；“礼书”——过大礼时交；“迎书”——迎亲时由男方交给女方。“六礼”是指由求亲、说媒到迎娶、完婚的手续，具体是：纳礼，男方请人预备礼物向女家提亲、说媒。问名，男家在大红庚帖上写下男子的姓名、排行、生辰八字，由媒人送到女方家中。女家若有意结亲，就把女孩的名字八字等写上请人占算。纳吉，如男女双方的八字没有相冲相克，则婚事初步议定。纳征，又称过大礼，类似今天的订婚。请期，即择吉日完婚。旧时选择吉日一般多为双月双日，不喜选三、六、十一月。迎亲，婚礼当天，男方带迎亲书亲自到女方家迎娶新娘。

王勇老师在《活学活用博弈论》的课程中就介绍过明媒正娶和三礼六聘，它们就是一种典型的外部约束。并且这两种方式还起到了担保机制（Guarantee Mechanism）的作用。“明媒”会对男方离婚的行为明令禁止，而这种威胁是可信的，如果男方不同意，那么“明媒协会”将会联合起来封杀男方，那他一辈子也别想娶媳妇了，而“正娶”无疑是告诉大家我结婚了，如果离婚大家知道后自然会让自己的名誉受损，也就不会去离婚了。如果说明媒正娶是第三方间接担保，那么三媒六聘就是直接担保。试想经历了那么多的程序和贵重的彩礼，如果再离婚这可就是沉没成本了，那么男方自然不会轻易选择离婚。

在明媒正娶和三礼六聘之后就是盛大的婚礼了。婚礼的目的是告诉亲朋好友我结婚了，那么婚后如果一方再朝三暮四、拈花惹草，无疑是在所有的亲戚朋友面前自毁形象。尤其是在我国温州、莆田等地，家庭形象直接和生意的融资相挂钩。结婚的人、家庭稳定的人更容易获得同乡的帮助，而离婚的人往往遭到同乡的唾弃。所以，如果司马相如和卓文君撕破了脸，一定会面临着巨大的社会舆论压力。

反观现在的婚姻，离婚率不断攀升，单身经济不断崛起。其中一部分原因可能在于约束作用失效。从内部约束来说，年轻一代的生活条件越来越好，家家奔小康。在一般城市，房、车基本由父母购买，子女压力自然不大。内部约束作用失效。而从外部约束来说，社会道德标准越来越包容，社会对离婚、再婚甚至同性婚姻的容忍度在不断提高。与此同时，明媒正娶和三礼六聘的传统也日渐趋微。外部约束作用失效。目前来看，最大的约束作用恐怕就是父母的“以死相逼”了。

第二种解决囚徒困境的机制——权威机制。所谓权威机制，就是能客观评判事物的第三方人或者机构。在囚徒困境中，试想如果这二人同时在一个黑社会中上班，黑老大跟旗下众多马仔说："无论谁被抓，进去后如果把兄弟供出来，那么就算你出来，我追到天涯海角也要把你和你全家做掉。"这样，相信二人无论如何都会选择互不揭发。而黑老大充当的就是一个权威第三方。这个权威可以是人，比如，在囚徒困境中的黑老大、在纠纷中的法官、在赛场上的裁判；也可以是物，如法律、道德；还可以是虚拟的，如上帝、菩萨。这也是为什么民众、信众面对各种纠纷时，都会相信道德法律或者自己心目中的菩萨上帝，因为他们就充当了权威第三方的公正角色。只有第三方所规定的或者作出的判罚、决策，才是公平公正的，令人相信的。

在婚姻生活中，我们发现不但很难找到这样一个客观的第三方，还会有许多"和稀泥"的第三方存在，比如公公婆婆、岳父岳母。在中国式的家庭中，我们发现问题往往不是两个人的，而是两家人的，由此造成更多的矛盾、更深的误解更是屡见不鲜。问题的关键就是公公婆婆、岳父岳母很难做到"客观"，往往都是"护子心切"，站在自己子女的角度说话，在这种家庭中"权威机制"很难存在。所谓"清官难断家务事"，即使在古代存在家训、家法这样的规定也往往是针对子女的，也很少有针对夫妻的。

第三种解决囚徒困境的机制——重复博弈。我们假设，等到第一次大家都坐完10年牢出狱后，两人相视一笑。但不幸的是，不久后二人又因为相同的原因被抓，结果两人还是互相揭发。又过了10年出狱后，两人笑不出来了，因为20年过去了，"小鲜肉”已经变成了“老腊肉”，大好的光阴都浪费在了高墙之内。于是两人密谋说，如果我们俩再被抓进去，一定“咬住青山不放松”，打死不承认，否则再来10年，估计咱们兄弟俩要死在里面了。不久后，二人再次被抓了，但是由于密谋成功，二人坐牢1年后又重出江湖，逍遥快活。

虽然是假设，但是我们可以看出，一次博弈难以合作，但是多次博弈后却能合作。这给了我们的婚姻生活一个很重要的启发，那就是结婚前一定要多磨合、多观察。磨合大家都在说，但是到底应该怎么磨合呢？在结婚前，首先要自己搞清楚自己的原则是哪些、非原则是哪些。原则是不可改变的，而其他是自己可以改变和妥协的。这个原则没有统一的标准，因人而异。现在有一种现象叫“试婚”，两个人在结婚之前先同居一段时间，看看彼此的生活习惯是否能够适应。这也是在婚前做重复博弈的一种方法。在古代，交通靠走，通信靠吼，也没有微信和QQ，相对来说大家生活在一个固定半径的人际关系圈中，抬头不见低头见。这就为司马相如和卓文君之间的重复博弈提供了便利条件。

第四种解决囚徒困境的机制——产权机制。囚徒困境本质上描述的是个体理性与集体理性的矛盾，即每个囚徒为了追求自己的利益最大化从而导致了集体利益无法达到最大化的结果。个体理性与集体理性的矛盾，在经济学中的另一个经典例子是“公地悲剧”。这一概念最早是在1968年由英国学者哈丁在《科学》杂志上发表的一篇《公地的悲剧》中提出，主要是说在一片大家共享的草地上，每户人家为了自己的利益最大化都会过度放牧，从而导致草地被过度啃食而导致沙漠化，最终造成无草可吃的现象。解决公地悲剧的方法就是产权机制，“谁家的孩子谁带”，大家各扫门前雪。中国汉字“井”字最能说明这个问题，将一块地分成九块，每家各领一块，中间的那块地交皇粮。大家自给自足，互不干涉。同样地，如果每家都能分到一块属于自己的草地，为了长远的计划，必定不会让牛羊把自家的草地都啃食完，“公地悲剧”也就迎刃而解了。

其实在两人相处时同样需要引入产权机制来将纠纷扼杀在萌芽之中。这里涉及实物和精神两个层面。实物是指车、房、财产、收入、家务、带孩子等一切有形的，而精神是指感情、空间等一切无形的。二人相处的产权机制是指，通过对实物或者精神的合理分工安排而达到一种平衡的状态，如中国传统式的“男主外、女主内”等。其实男女分工并没有一个固定的安排，没有说男人一定要赚钱，女人一定要照顾家庭，这也是因人而异的。如果真是碰到了一个女汉子和喜欢顾家的男人，这也是一种合理且有效的安排，并没有必要拿世俗的有色眼镜去说三道四。这就像哲学家罗曼·罗兰所说：“在婚姻中，每个人都要付出，同时也要收回点什么：这是供求规律。”司马相如和卓文君也算是响当当的文艺青年，二人文学造诣不相上下，想纳个妾，互相拽文都让吃瓜群众看不懂。所以，二人还是旗鼓相当的，这又在产权机制上为二人的婚姻提供了保障。

综上所述，在我们的例子中，司马相如与卓文君成功地运用了可置信承诺、重复博弈和产权机制这三种方法，避免了婚姻中的“囚徒困境”。看来小两口不仅文采出众，博弈论学得也不赖。

四、模型2：约会博弈（Dating Game）

下面我们来介绍第二个关于协调机制的博弈模型——约会博弈。男女双方在恋爱、婚姻生活中，通常会为“去干什么”这一问题争吵，男的想往东，女的要往西。约会博弈为我们解决这一问题提出了一些思路。约会博弈描述了这样的情形：男方喜欢看拳击而女方喜欢看芭蕾。如果男方和女方一起看拳击，则收益为（2，1），因为男方更享受其中；如果双方一起看芭蕾也是如此，收益为（1,2）。如果男方自己去看拳击，女方自己去看芭蕾，由于没有享受到约会的乐趣，则收益为0。如果男方看芭蕾，女方看拳击，都在做自己不喜欢的事，则收益为（-1，-1）。如表3-4：

表3-4　约会博弈

	女方看拳击	男方看拳击
女方看芭蕾	2，1	0，0
男方看芭蕾	-1，-1	1，2

如果男方选择看拳击，则女方选择看拳击，因为1＞0；若男方选择看芭蕾，则女方选择看芭蕾，因为2＞-1；如果女方选择看拳击，则男方看拳击，因为2＞-1；如果女方选择看芭蕾，则男方选择看芭蕾，因为2＞0。我们运用划线法发现纳什均衡有两个，即（2,1）和（1,2），也就是（看拳击，看拳击）和（看芭蕾，看芭蕾）。这个结论说明两点：第一，约会当中双方应尽量保持步调一致，去做同一件事情所获得的收益才是最优的；第二，博弈中具有主动优势，即如果男方主动提议去看拳击，则女方只能跟随，如果女方主动提议去看芭蕾，男方也只能跟随。但是对于男方来说，看拳击的收益明显大于看芭蕾，对于女方来说看芭蕾也是如此。所以，当再次碰到“去干嘛”这个问题时，千万不要说“随便”，要把握住主动机会，先把自己的诉求提出，那么这一策略将占据优势。

这就是我们经常说的“两口子过日子，有什么事商量着来”的道理。男士尽快放弃自己大男子主义的想法，不要事事都顺着自己的意思来。女士也要站起来，勇敢地说出自己的心声。如果对方任性发脾气，一定要做什么，就由他/她去吧，下次有机会再换成自己任性发脾气就可以了。卓文君在发现司马相如有纳妾之意时，就勇敢地站了出来，写下了《怒朗诗》来表达自己的心声。在历史上，同样有一位才女有着相似的经历，她就是李清照。

在第一任丈夫赵明诚去世之后，初到杭州的李清照刚刚经历丧夫之痛，常常感怀“物是人非事事休”，“寻寻觅觅，冷冷清清，凄凄惨惨戚戚”，总是“无语泪双流”。杭州小官张汝州此时便对李清照展开了猛烈的爱情攻势。毕竟女人有时候是用耳朵谈恋爱的，李清照也没招架住，从了张汝州。没曾想，李清照最后发现张汝州并不是图她这个人，而是图她留下的大量金石书画。在古代，女人是不能主动提出离婚的。即便是离婚成功，女方也要服刑两年。李清照也曾是济南城的“白富美”，哪能忍得了如此做法，使以“妄增举数”（政府规定举子考到一定的次数，就可以取得相应资格，给个官职）的罪名告倒了张汝州，将其革职流放到柳州进行劳动改造。在中国传统文化中，女性应该为了家庭的和睦忍气吞声，这成为一种潜规则。但是从卓文君和李清照的例子中，我们可以看出女性也要“该出手时就出手”，否则男性很容易就会利用自身和舆论的优势“上房揭瓦”。只有女性肯说出我要去“看芭蕾”，才能在和男性的博弈中占据上风。但是也请注意，如果在博弈中每次都很强势地提出“看芭蕾”，这就是“作死”，男性也会在沉默中爆发。所以，我们要在家庭生活中充分发扬“孔融让梨”的精神，你让一次，我让一次，才能和和睦睦、美美满满。

第二节　且行且珍惜

一、举个例子：娱乐圈频繁出轨

（1）奥斯卡影帝威尔・史密斯，创造了好莱坞无数的票房奇迹，《当幸福来敲门》《黑衣人》《绝地战警》等多部电影广受好评。他的妻子杰德也不落下风，集演员、歌手、制作人、导演、作家、企业家等诸多标签于一身。两人公开场合各种秀恩爱，20多年的婚姻煞羡旁人。直到美国饶舌歌手曝出自己和杰德有一段婚外情。而这位饶舌歌手又正是威尔・史密斯儿子的好朋友。

（2）布拉德・皮特、安妮斯顿、安吉丽娜・朱莉三人的故事被称为好莱坞“金三角”。更有媒体戏称：这是“世界上最性感的男人”拥有着“全球最美的女人”，却出轨“世界上最性感的女人”的故事。三人都是美国娱乐界的风云人物，可想而知，当时出轨事件曝光后，在社会上引起了怎样的“血雨腥风”。更狗血的是，历史给所有人开了个大大的玩笑。当年的小三成功上位十年之际，却又“被小三”，这段“抢来”的婚姻这么多年来，就一直位于舆论的风口浪尖。

（3）美国女演员克里斯汀拍摄完《暮光之城》后，名声顿起。也正是这一部电影让她在全球走红。不到20岁的年龄就让她成为好莱坞的当红女演员。除了她的演技之外，人们更热烈讨论的是她的个人私生活。在拍摄《暮光之城》这部电影之前，她就已经传出了和演员迈克尔安的恋情，但是没想到她在电影的拍摄途中却又传出了和电影的男主角罗伯特在片场卿卿我我的照片。在不久之后又传出了她和新片的导演亲密的照片。直到2016年，克里丝汀又在社交媒体上宣布自己喜欢同性。

二、提个问题：如何且行且珍惜?

那么，问题来了。出轨不仅仅在娱乐圈成为十分普遍的事，“隔壁老王”的故事也在日常的生活中频繁上演。在年轻人中，“闪婚”“闪离”的现象也在不断地增多，不要说金婚、银婚、钻石婚，可能“七年之痒”都很难熬过去。当今社会通信发达、物质生活丰富，同时也意味着诱惑增多，出轨的成本也在降低。“要想生活过得去，人生需要有点绿”成为年轻人自嘲的一句时尚语。那么我们要如何去维系一段长久的婚姻呢?

三、模型：科斯定理（Coase's Theorem）

自由需要约束，绝对的自由需要绝对的约束。维系一段长久的婚姻，需要内部和外部的双重约束。两手抓，两手都要硬。内

部约束需要除了在囚徒困境中介绍的客观因素之外，还需要一个重要的因素：双方的意志力。16世纪，法国散文家蒙田曾说：“美满姻缘是生活中甜蜜的联合，充满坚贞、忠诚，以及难以计数的有益和牢靠的帮助及相互间的义务。”这种意志力就是他所说的忠诚、帮助和义务。这种意志力是李荣浩《不将就》中唱的“互相折磨到白头，悲伤坚决不放手”。这种意志力是西方婚礼中所说的：“无论疾病还是健康，或任何其他理由，都爱她，照顾她，尊重她，接纳她，永远对她忠贞不渝直至生命尽头。”这种意志力是婚姻的基石所在。此外，这种意志力必须是主观的、自发的、双方的，而非被动的、单方的。古代或者近代中国的离婚率都很低，并非所有的夫妻都不想离婚，而是迫于长辈、子女或者社会的压力而勉强在一起，这虽然也需要意志力，但是这是抑制的、干瘪的意志力。真正的婚姻应该是两个向上的、积极的、扩张的意志力的结合。

比如例子中的娱乐明星、诗人一样，婚姻中面临的最大风险就是移情别恋。如上文所说，婚姻生活发展到一定阶段的时候，双方容易出现审美疲劳、没有新鲜感，这就是我们常说的“七年之痒”。而“出轨”在这样的土壤当中，如果有合适的条件便会破土而出。有专家总结，出轨有三大原因：刺激、经济和机遇。人类天生就是好奇、喜欢新鲜、刺激的生物，没有好奇心，人类也不会对广袤的未知世界进行探索、研究，自然也就不会有如今文明、先进的社会。无论男女，都很难做到一辈子彼此忠诚、互不背叛。迫于社会道德的压力，女人需要做一个相夫教子贤惠的好妻子，男人需要做一个顾家有责任心的好丈夫。但是抛掉这层“伪装”，强烈的猎奇心仍然会驱使他们去外面寻找刺激。而有钱没钱又决定了人们是否有实力去出轨。俗话说，“饱暖思淫欲”。当人还无法满足温饱问题时，他是没有多余的精力去思考再去找一个对象的。只有当经济条件比较宽裕时，才会动起了“歪心思”。所以，我们在日常生活中经常听到“男人有钱就变坏”的说法。最后是机遇。机遇可以说是压死骆驼的最后一根稻草，刺激和经济就像一堆干草，而机遇就是点燃这堆干草的火星。要将出轨的风险扼杀在萌芽状态，没有别的办法，只有靠意志力来控制。靠意志力来压制我们对异性的好奇心，靠意志力来避免机遇的产生，尤其是在自己经济能力比较好的时候，更要靠意志力来控制自己可能出轨的行为。

从外部约束来说，我们需要聊聊经济学中的一个重要概念——科斯定理。科斯定理是经济学中比较有意思的一个定理。一般来说，定理都会总结成归纳性的一句话，但是科斯本人从未将定理总结成概念性的文字，因为他觉得再怎么总结也没办法全面表达自己的思想。**目前比较流行的解释是：只要财产产权是清晰的，并且交易成本为零，那么，无论在开始时将财产权赋**

予谁，市场均衡的结果都是有效率的，能够实现资源配置的帕累托最优（我们会在第三节“最优化婚姻”中详细解释帕累托最优）。科斯在1937年发表的《企业的性质》的论文中，运用科斯定理回答了两个问题：企业为什么会存在？企业的规模由何种因素决定（即企业的边界在哪里）？对这两个问题的回答——市场成本论与组织成本论——构成了《企业的性质》的核心内容。同样的道理，我们可以用来类比婚姻。婚姻产生的原因是什么？婚姻的边界在哪里？我们在内部约束中说婚姻需要强大的意志力来维系，那么我们为什么要用如此强大的意志力来维系一段婚姻呢？科斯定理可能会给我们一些启示。

每一个市场都有其运行成本。如果形成了一个组织，比如企业，并由企业家来调配和使用某些资源，就可以节约某些市场的运行成本。我们再次搬出我们的一棵白菜来举例。如果没有菜市场，你想去买一棵白菜就需要找到种白菜的农民伯伯，这样的成本是很高的，但是如果有了菜市场，那么菜市场就可以通过建设、管理、运营、监督等手段来节约市场的运行成本。买白菜的人可以轻松地找到卖白菜的人。企业的存在就是因为降低了外部市场的交易成本。其次，企业的规模或者说边界的临界点是，企业内部组织一笔额外交易成本（边际交易成本）等于在公开市场上完成这笔交易所需的成本。通俗来说，就是如果企业能比外部市场做得更便宜，企业就能继续扩张。如果没有外部市场做得好，就会停止扩张。同样地，如果买白菜的人去菜地里直接找农民伯伯买白菜，其成本要小于去菜市场的成本，那么菜市场一定就没生意了，婚姻也是如此。婚姻能够持续存在的核心原因就是两个人在一起能够降低交易成本，或者说，婚姻所带来的收益大于离婚所带来的成本。

那么婚姻中有哪些收益，又有哪些交易成本呢？我们先来看收益。经济收益是最显而易见的收益。两个人的收入加起来总会大于一个人的收入。并且结婚后可以拥有车、房等投资较大的资产。在这温馨的爱巢中两口子一起做做饭、养养花、种种草，相比“单身狗”的生活，生活质量得到了明显的提升。此外，男主外、女主内（或者女主外、男主内），你挑着担，我牵着马；你挑水，我浇园，这样的分工模式，明显提高了家庭的生产力。社会收益也是婚姻的收益之一。夫人外交、彼此出谋划策，在自己的社交圈展示出家庭幸福和睦的完美形象，又能给双方的事业带来事半功倍的效果。情感收益虽然没有那么显而易见，但是却至关重要。每个人都有爱与被爱的诉求。被爱很好理解，但是给予别人爱却不容易被察觉。现在宠物经济蓬勃发展，养猫养狗成为了一种生活方式。其中最本质的原因就是人不单单需要被爱，给予爱也能给自己的心理带来巨大的满足感。而婚姻、家庭正是承载着这份爱的载体。稳定的性生活，能让彼此感到温暖与安全感；传宗接代，养儿育女的过程中又能感受到养育子女所带来的开心与幸福。

但是收益必然伴随着成本。婚姻中的交易成本往往被人们所忽略。首先，经济成本。虽然我们的收入增加了，但是我们上文所说的明媒正娶和三礼六聘所带来的成本同样也增加了。对于普通家庭来说，房贷、车贷都是婚后不得不承受的经济压力。此外，办一场婚礼所需要支付的酒店费、婚纱费、蜜月费、餐酒费、策划费等也是一笔不小的开支。婚姻中有过错的一方需要对无过错的一方进行经济补偿。搞不好就闹得个净身出户的下场。同样地，养儿育女是带来了开心与幸福，可是这开心与幸福的背后却是“吞金兽”每日不菲的开支。除了经济成本，还有情感成本和社会成本。情感成本的意思是选择了这个另一半，就要放弃潜在的那个另一半。一旦结了婚，就算碰到了阿拉伯石油国王或是好莱坞的明星，也只能暗自神伤。除此之外，大家相识一场，当初也是有感情的，而如今却分道扬镳，心里的失落、难过和伤心可想而知。离婚后，还会产生不小的社会成本，如舆论成本、名誉成本等一系列不可控也不可量化的成本。让人费尽脑汁，心力交瘁。

2021年5月4日，比尔盖茨和梅林达盖茨宣布离婚，这意味着他们27年婚姻的结束。盖茨也在之后的采访中承认自己对婚姻的不忠行为。并且媒体也曝出了盖茨经常和“大淫魔”爱泼斯坦厮混的丑闻。作为前世界首富，微软创始人的盖茨，智商情商自然异于常人。就算这样的强人，也不得不在结婚和离婚之间作出选择。我们就将利用科斯定理，构建盖茨的收益和成本的决策函数，来分析分析盖茨为什么离婚？

哪些是收益？我们上文说了，经济、情感和社会价值就是收益。哪些是成本呢？同样，经济、情感和社会价值就是成本。

如果用公式来表示的话，如下：

收益函数：$R(x)=X_1+X_2+X_3$

成本函数：$C(y)=Y_1+Y_2+Y_3$

决策函数：$U(x,y)=R(x)-C(y)=X_1+X_2+X_3-(Y_1+Y_2+Y_3)$

X_1,X_2,X_3代表结婚经济、情感和社会价值所带来的收益

Y_1,Y_2,Y_3代表离婚经济、情感和社会价值所带来的成本

根据函数，我们可以知道：当$U(x,y)>0$时，我们将会结婚；当$U(x,y)<0$时，我们就会离婚。这里有三点需要注意：第一，每个人对经济、情感和社会价值所赋予的权重不一样。也就是有的人看重经济，有的人看重情感，而有的人看重社会价值。比如烽火戏诸侯的周幽王，显然对褒姒的爱超过了政治，一生勤勤恳恳的雍正帝却十分看重江山社稷，不为五斗米折腰的陶渊明则是重视自己的社会价值。所以我们应该将决策函数中的变量加入参数，修改如下：

$$U(x,y)=R(x)-C(y)=aX_1+bX_2+cX_3-(dY_1+eY_2+fY_3)$$

第二，有些行为短期看是成本，但是长期来看却是收益。比

如健身，短期来看付出了时间、精力，并且要长时间地坚持，这是成本。但是长期来看，由于健身让人更健康，更加吸引异性。而在工作方面人们常说“身体是革命的本钱”，也会让自己在社会价值上获益，这些都是长期来看更为丰厚的收益。同样，有些行为短期看是收益，长期看却是成本。比如说，吃甜食，短期来看这是收益，因为我们的味觉得到了满足。而长期来看，各种疾病损害了健康，这又是巨大的成本。

第三，人对某些变量所赋予的权重会随时间而变化。人在年轻的时候会对社会价值赋予更多的权重，而在年老的时候又会对情感赋予更多的权重。电影《西虹市首富》中，王多鱼在最后考验的关头，为了救出夏竹，放弃继承300亿元的遗产。这样的行为背后是王多鱼将异性的权重看得更重。电影在这里戛然而止。如果我们做个简单的推演，如果为了救出夏竹而真的放弃了那300亿元会怎么样。我想在两人交往之初一定会你侬我侬，爱到死去活来。但是随着时间的推移，王多鱼丧失了财富，丧失了社会地位，就更别提政治利益了。“由俭入奢易，由奢入俭难。”王多鱼大概率会后悔当初选择了夏竹，而不是那300亿元。这时候王多鱼对社会价值的权重又会增加。理想是美好的，现实是骨感的。电影表现出了人性的光辉，但是却没有表现出人性的丑恶，而这光辉和丑恶的背后，不管你愿不愿意承认，不过是收益与成本的反复衡量。

我们绕了一大圈，建立了决策函数这一个分析体系。现在可以回到我们最初的问题：盖茨为什么要离婚？为了解释清楚盖茨为什么要离婚，我们先来看看盖茨当初为什么要结婚？如表3-5：

表3-5 构建婚姻的收益—成本

	收益	成本
情感	能够实现长期稳定的陪伴关系	排他性。婚姻的性关系只允许一对一。出轨面临着巨大成本支出
社会价值	家庭美满的良好社会形象（这就是为什么美国总统竞选都要把全家人叫出来）	社会形象的崩塌所造成的损失
经济	事业的合伙人，家族的联姻所带来的收益	联姻破裂所带来的公司、基金价值的损失

从媒体所爆料的内容来看，盖茨天生就是个花花公子。在哈佛大学读书的时候就经常参加尺度极大的party。而在成立微软之后，更是在连写几天代码后带着员工去夜店嗨上一晚。所以对于盖茨来说，明明可以纵情江湖，却跳入了婚姻的“火坑”。在婚姻的情感方面是委屈了首富，决策函数如下：$aX_1-dY_1<0$。但是在经济和社会价值面前，年轻的盖茨也不得不低下了头。巴菲特曾说：“盖茨固然是绝顶聪明，但在把控全局方面，梅琳达更胜一筹。”梅琳达也是名副其实的女强人，她拥有杜克大学计算机科学和经济学专业学士学位，以及工商管理硕士学位。毕业后，梅琳达经人引荐，来到微软工作。当时，她是同批入职的10个员工中唯一的女性。可以说，没有梅琳达也没有微软的今天。也难怪

盖茨的母亲当时钦点梅琳达作为儿媳妇。而在盖茨退休之后，又与梅琳达携手建立了盖茨梅琳达基金会，基金的规模超过500亿美元。所以从这一点来说，婚姻对于年轻的盖茨来说，社会价值和经济的收益远远大于成本，即：$bX_2+cX_3-(eY_2+fY_3)>0$。

总结来说，对于早期的盖茨来说，在微软帝国尚未立住脚跟，自己的生活又不能自理面前，选择结婚的社会价值和经济的收益远远大于情感上的损失，即$U(x, y)>0$。作为顶尖天才的盖茨来说，这点数学不在话下，果断选择结婚。据说，盖茨当时深爱着自己的前女友安・温布莱德，但是在小白板上算了算收益与成本之后，听妈妈的话，选择了与梅琳达的婚姻。

我们再来看看现在为什么盖茨选择了离婚。晚年的盖茨功成名就，微软帝国蒸蒸日上，目前市值已经达到了1.83万亿美元。自己也从公司退休来专心运营基金会。基金会的运作也井井有条，在卫生、疾病防控、教育、消除世界不平等方面做出了巨大的成就。在这个时期，盖茨决策函数的天平开始产生了变化。社会价值和经济收益对于一位65岁的世界首富来说，开始变得不那么重要（哥都体验过了，不过如此），那么决策函数就发生了以下变化：$bX_2+cX_3-(eY_2+fY_3)<0$。而在情感方面也发生了极大的改变。情感是一种更为宽泛的对异性的追求和吸引。如果只是单纯追求性关系，那么解决的方式千千万，没有必要大动干戈地离婚。据媒体报道，离婚是由梅琳达提出的。梅琳达是一个大度的

女人，她可以忍受盖茨提出的一年一周的与前女友的度假计划，但是她无法忍受盖茨与“大淫魔”爱泼斯坦的厮混。比尔·盖茨甚至给员工发邮件，大赞爱泼斯坦的品位和生活方式很“有趣”，令他很感兴趣。在这Interesting的背景下，盖茨在情感方面的决策函数也发生了变化：$aX_1-dY_1>0$。对于此时的盖茨来说，情感方面的收益又远远大于社会价值和经济所带来的收益，于是当初结婚的决策函数$U(x,y)<0$，或者说离婚的决策函数$U(x,y)>0$。离婚就成必然。

无独有偶，另一位世界富豪，亚马逊掌门人贝佐斯的离婚也是这个逻辑。我们从贝佐斯离婚前和离婚后的穿衣风格上就能看出端倪。离婚前的贝佐斯就是一个标准的程序员穿着，而离婚后的贝佐斯画风突变，成为街头上最靓的仔。要知道，新欢桑切斯可是美国著名的性感主播。在这样的魅力攻势下，世界级富豪的决策函数悄然发生了变化，哪怕背后的代价是自己一半的资产（直接将前妻送上了世界女首富）。

决策函数模型也能解释“男人有钱就变坏”的现象，男人有钱后，代表着自己社会价值和经济的显著提升，此时在情感方面的选择，收益远远大于了成本。换女人如换衣服，男人自然会有驱动力去做。所以，作为有钱男人身边的女人，为了维系婚姻，除了一哭二闹三上吊之外，更重要的是要思考如何加大男人经济和社会价值方面所付出的成本。比如，在莆田的某些地区，他们对婚姻极其看重。离婚的莆田人往往就会失去社会地位，这将严重影响其生活。这样，莆田人在考虑离婚这样的问题时，自然慎之又慎。

总结来说，结婚和离婚本质上就是收益与成本的权衡利弊。如果结婚能够让经济收益、情感收益和社会价值收益远远大于婚姻的经济成本、情感成本和社会价值成本时，双方自然不会离婚。通俗来说，就是两个人的结合能够带来比一个人生活时更大的效用。两口子在共同生活中都不约而同地哼起了小曲："越来越好，来来来……越来越好，来来来……"这种"越来越好"就是维系婚姻的关键因素，那么好到什么时候是个头呢？当好到结婚的收益小于交易成本时，婚姻自然就很难维系了。也就是"两个人在一起不开心，还不如一个人呢"的时候，并且无论双方如何妥协、协调都无法取得好的结果，这就是婚姻的临界点了。所以，我们在婚姻生活中，只有不断地增加收益，并且降低交易成本，才能维系好一段婚姻。

第三节　最优化婚姻

一、举个例子：地产大佬们的婚姻生活

美国总统、纽约地产界风云人物、富二代……集众多标签于一身的特朗普在近些年可谓赚足了全世界的眼球。“调皮”的特朗普不仅在事业上有着多变的行事风格，婚姻生活也堪比电视剧。他的第一任妻子伊凡娜曾是著名的滑雪运动员、模特兼设计师。两人于1977年步入婚姻殿堂。结婚后，伊凡娜也是妥妥的旺夫之妻，不仅是特朗普大厦的室内设计总监，还是特朗普在美国老派赌城大西洋城的赌场总裁。特朗普身边的大红人，他的大女儿伊万卡就是第一任夫人所生。可惜婚姻在维系了15年后，不甘寂寞的特朗普出轨选美冠军梅普尔斯。女强人伊凡娜当然不能忍，分了特朗普一半家产后愤然离去。而梅尔普斯也用实力证明，自己不单单是一个花瓶，还“绿”了特朗普，被曝出与贴身保镖在海边激吻。学聪明的特朗普与梅尔普斯签署了婚前协议，只分走了他200万美金。对模特情有独钟的特朗普，在结束第二段婚姻后，与现任妻子梅拉尼亚结婚。与上一任模特老婆不同，梅拉尼亚还是有些实力。在2016年大选时作为特朗普的坚实后盾，处理了很多棘手的杂事。在《她交易的艺术：梅拉尼娅·特朗普

不为人知的故事》一书里提到：梅拉尼娅是个坚强，精明而有野心的女人，很会利用自己的优势，来得到自己想要的东西。

另外一对中国地产界夫妻的故事也广为人知。女方是英国剑桥大学毕业，美国华尔街精英，投行高管；男方是一个生于甘肃天水农村且离过两次婚的乡镇企业家。二人于1994年结婚，在接受采访时女方说道，她的妹妹得知这个消息，见完男方后评价说“没有花香，没有树高，他是一棵无人知道的小草”。

但是凭借这样“大树+小草”的组合，夫妻二人经过二十余年的努力，一手将企业打造成为北京最大的房地产开发商，并且在北上广深这样的一线城市有诸多的高档商业地产。他们与许多国际知名的建筑大师合作，又结合中国本土的市场需求，为一群注重工作、生活品位的人群提供创新空间及时尚的生活方式。2007年该公司在香港联交所主板成功上市。

二、提个问题：怎么样最优化婚姻?

那么，问题来了。人们常说，婚姻讲究“门当户对”。例子中特朗普与第一任妻子伊凡娜可谓是实力相当，门当户对，但最后却落得个分道扬镳的下场。包括我们上一节所提到的世界首富亚马逊总裁贝佐斯，也于2019年与自己“荣辱与共”多年的作家妻子和平分手。而例子二中的夫妻，看似“一个天上，一个地下”，虽经磕磕碰碰却也维持至今，商业上也创造了无数的辉煌。这是为什么呢？

三、模型：帕累托最优（Pareto Optimality）

经济学中有一个概念叫帕累托最优，也称为帕累托效率（Pareto Efficiency），是指资源分配的一种理想状态。假定固有的一群人和可分配的资源，从一种分配状态到另一种分配状态的变化中，在没有使任何人境况变坏的前提下，使至少一个人变得更好，这就是帕累托改进或帕累托最优化。**简单来说，如果一个局面已经好到没有帕累托改进的余地了，这个局面就叫“帕累托最优”。如果有这么一种改进，这个改进能在不伤害任何一个人利益的同时，使得至少一个人的境遇变得更好，这种改进就叫“帕累托改进”。**

举个例子，一个胖子和一个瘦子分10块蛋糕，最终通过讨价还价双方都得到了一个满意的结果：胖子拿到了7块蛋糕，瘦子拿到了3块蛋糕。大家皆大欢喜，这就是帕累托最优。因为如果他们再拿走对方哪怕一块蛋糕，都会引起对方的不满，就不存在帕累托最优。换句话说，帕累托最优的核心点就是自己的快乐不能建立在别人的痛苦之上。

1992年，诺贝尔经济学奖得主、芝加哥大学教授加里·贝克儿（Gary Becker）曾经提出过这样的理论：“个人通过寻找配偶，来达到效用最大化。”按照贝克儿的观点，婚姻就应该是一个追求帕累托最优的过程。在婚姻中，这种帕累托改进可以分为强强联合和优势互补两种类型。显然，例子一属于前者，例子二属于后者。

我们可以构建这样一种模型：$U(x)$ 为二人结婚后的效用值，M为男方婚前的固定效用值，W为女方婚前的固定效用值，$F(x)$ 代表婚后的改进效用函数（效用函数是用来表示消费者在消费中所获得的效用与所消费的商品组合之间数量关系的函数，以衡量消费者从消费既定的商品组合中所获得满足的程度）。

对于强强联合的夫妻来说，结婚前二人的实力相当，所以$M \approx W$，且M，$W>0$，只要$F(x)>0$，就可以实现帕累托改进。换言之，对于强强组合的夫妻来说，起步很容易，因为M和W都大于0，只要双方不“败家”，往往都很容易维持。但是之后能维系多久，就取决于婚后的改进效用值$F(x)$的大小了。而对于优势互补的夫妻来说，我们以例子二为例，$M<W$，$M<0$，$W>0$，所以$M+W>M$，那么对男方来说这是一个帕累托改进，但是对女方来说却不是这样了，只有婚后的改进效用值$F(x)$所带来的正效用要大于M所带来的负效用时，即$F(x)+M>W$时，女方才愿意继续维持这段婚姻。所以对优势互补的夫妻来说，只有起步的时候做出比较大的成绩，才能维持住一段婚姻。记者在采访女方的时候，她也说："他能教会我许多东西。我一直在国外生活，对国内很多东西都不懂，而他是一个土生土长的中国企业家，我希望未来能在中国发展，那么他就是我现成的又具有实际经验的老师。我觉得这个婚可以结，退一万步说，即使失败了，我也会从这个婚姻中受益。"从这个角度来说，女方很明显是在找"中国好合伙人"，而不是找"中国好老公"。当然，该企业在这对夫妻档的打造下，成为国内首屈一指的房地产、商业地产和高端写字楼的开发商，获奖无数，并于2007年在香港主板上市，夫妻俩也跻身顶级富豪行列。

在日常生活中我们往往会观察到这样一个现象：对于强强联合的夫妻来说，$F(x)$ 往往是一个递减函数。在二人都很优秀的前提下，这种一致性所贡献的效用会随着时间的流逝而递减。相反，对优势互补的夫妻来说，$F(x)$ 就是一个递增函数，会随着时间的流逝而不断增长。所以，从这个层面来说，强强联合的夫妻在前期相处融洽，而到后期会容易出现各种问题，比如例子中的特朗普和贝佐斯。而优势互补的夫妻在起步会面临很多磨合问题，一旦磨合成功，后期会迸发出巨大的能量，另外一种优势互补的方式是"才子入赘"。通常情况下，许多才子有能力，却没有资源，没有平台，这时候如果另一半能给予一些机会，则会飞黄腾达。比如，李嘉诚的岳父庄静庵也是最初李嘉诚生意的投资人，“珠宝大王”郑裕彤也完成了从上门女婿到千亿富豪的逆袭。

人生实现帕累托改进最快，也是最有效的方式是“三个爷”，即师爷、姑爷、少爷。姑爷就是我们上文中所说的找个好老婆。“找个好老婆，奋斗少十年”，说的也是这个道理。后面两个范畴，虽然不在婚姻的讨论范围内，我们也展开阐述一下。师爷，就是古代的官吏聘请的帮助自己处理政务的无编制人员，就好比现在的顾问、智库。对师爷来说，必须上晓天文，下知地理，才能做一个好谋士。另外，还必须要跟对一个好老板，否则再有才能也只能怀才不遇。如果得到了老板的赏识，经天纬地之才可以发挥出来，实现帕累托改进。比如，电视剧《雍正王朝》中的邬思道，作为一位身患残疾的读书人，如果不是雍正皇帝的赏识，想必他的满腹经纶也没有用武之地。当然，如果不是邬思道对弘历的悉心指导，弘历也不会受到康熙帝的宠爱。此外，比如辅佐周文王灭商建立霸业的姜子牙，“姜太公钓鱼，愿者上钩”歇后语就是一个师爷“钓”老板的典型故事。又比如帮助齐桓公成为春秋时期第一个霸主的管仲，都是通过师爷的身份名垂青史。而少爷就是个可遇不可求的事情了，如果有一个好爹，实现帕累托改进的概率会大大增加。能否找到一个好爹，完全是看造化、看投胎。但是。俗话说得好：“生子当如孙仲谋，找爹就找金日成。”光有好爹，但是没有自身的努力也是不行的，“打铁还需自身硬”，否则最后很有可能是“坑爹”。在历史上，“青出于蓝而胜于蓝”的故事也有很多，如北宋的“苏氏三父子”，爸爸苏洵，两个儿子苏轼、苏辙，是中国文学史上不可忽略的一个家庭，父子三人也共同入选“唐宋八大家”。同样地，一代枭雄曹操的儿子也是个个成器。长子曹丕，政治上深谋远虑，其《典论》在文学史上的地位也不可替代。另外一个儿子曹植的《洛神赋》和《七步诗》也广为流传。父子三人也成功入选当时的文坛顶级圈子，被誉为“三曹七子”。

第四节　使用说明书

一、囚徒困境——主动增加内部约束与外部约束

我们在囚徒困境的模型中介绍了解决囚徒困境的一个办法——可置信承诺。可置信承诺所实现的功能就是约束双方的行为，就像孙悟空为保护唐僧而给他画的那一个圈，这个圈就是一种约束功能。我们也介绍了婚姻中的内部约束和外部约束。目前

离婚率高居不下，也和约束作用的失效有关系。那么，如果要维系一段婚姻，就需要我们在现有的条件下，主动给自己画一个圈来增加内部约束与外部约束。

（一）内部约束

结婚有三件大事：房子、车子、票子。之前的《婚姻法》规定，结婚后房子、车子和票子为夫妻共有财产。如果离婚，需要进行分割或者补偿。但是最新的《民法典》明确规定了对双方婚前财产进行保护。如夫妻一方取得的婚前财产归其所有，除非书面约定，不会转化为夫妻共同财产。婚前的个人财产归个人所有，婚后的财产归夫妻共同所有，除非双方对财产有其他明确的约定。但是一些特定的财产是属于个人独有的，不能作为夫妻共同财产。《民法典》的出台，一方面加大了对个人财产的保护，另一方面却让婚姻的内部约束失效。试想，如果对于一方来说，房子是他的，车子是他的，银行存款还是他的，那么离婚对于他来说就跟分手一样简单。如果日子真的过不下去了，那就离呗，反正也没什么损失。如果一直心怀这样的想法，相信婚姻也很难维系。所以，排除那些居心叵测、想通过“结婚致富”的人，双方如果真要维系一段婚姻，稍微强势的一方应该把房产证、车证或者银行账户加上对方的名字，给对方一个安全感，也给自己一个约束。

（二）外部约束

传统婚姻的外部约束有明媒正娶和三礼六聘。此外，还有社会舆论的压力。但是目前来看，媒婆这个行业基本消失在公众视野之中，社会舆论对离婚也不再苛刻。目前，只剩下聘礼这一条勉强支撑。所以我们需要寻求新的力量对婚姻进行外部约束。在保险行业，精算专家经常用设计出的保险产品来抵御风险。比如，目前已经面世的“离婚险”。离婚险是投保人按照离婚保险合同的规定向保险人投保，在规定的约定期限届满后结束婚姻关系所能获得的现金补偿。离婚险设计的初衷是在离婚前的预付期限内，夫妻持续缴纳保费，如果在预付期限届满后离婚可以要求保险公司赔偿。如果我们用逆向思维思考，可以设计一个“反离婚保险”，即夫妻在一定的期限内持续缴纳保费，如果双方不离婚，可以在期限满后领取投资收益。但是如果双方离婚，则收益将取消。这也许有些极端，但是不失为一种好的外部约束。此外，也可以参考投资行业中对赌协议的设定。对赌协议就是双方面对未来不确定性的一种约定安排。如果约定的条件出现，融资方（企业）可以行使某种权利；如果约定的条件不出现，则投资方可以行使某种权利。同样地，在婚姻中，双方也可以尝试去设定对赌条约。其中，出轨是婚姻面临的最大风险，而在“男人都是大猪蹄子”的共识下，男性出轨的概率又远大于女性。所以在对赌条约中可以设定“若男方出轨，则净身出户”这一条款。相信男方若起了“贼心”时，想想对赌条约的合同，也就没有“贼胆”了。

二、约会博弈——“女儿”当自强

在历史上，像卓文君和李清照这样敢于站出来和丈夫理论的女性，可以说少之又少。但是她们也都取得了不错的结果。卓文君劝回了丈夫，李清照也使家庭财富免于落入歹人之手。但是相信历史上大部分女性对丈夫的“胡作非为”，还是“忍气吞声”，还是“宝宝心里苦，但是宝宝不说”。从人类发展的历史来看，女性长时间都处在一种弱势或者依附于男性的地位。波伏娃在《第二性》中从生物学、历史学等角度剖析了女性是如何成为一种“弱者”，一种“第二性”的。男性和女性是平等的，但是平等并不代表“同质”。革命只有分工不同，没有高低之分。男性和女性在生理和心理上的不同，导致了思维方式的不同，进而导致了行为方式的不同。男性可能更为果敢坚毅，女性可能更为细心缜密，男性可能更为不拘小节，女性可能更为谨小慎微。一个健全完善的社会，一定是男性和女性都能够在自己的领域发挥出自己的优势。

现代社会的一些女性群体，还没有摆脱“他者”的思维模式。所谓“他者”，就是在女性的自我意识里已经预设出了

“他”的概念。产生“他者”这种思维模式的根本原因在于女性的思维模式中“男权社会”的观念已经根深蒂固了，即男性对社会资源有支配权，对女性有话语权。这是男女不平等的根源所在。所以，当下社会一些女性一方面嘴上叫喊着要男女平等，另一方面又要求男性能够事无巨细地好好照顾自己、呵护自己。这样的方式只能是饮鸩止渴，永远不可能做到真正的男女平等。而随着社会的发展，女性地位确实也在不断地提升。原来只有男方可以一纸休书和女方离婚，现在很多女性同样可以把男方给“休”了。好男人的标准也由原来的大男子主义慢慢转变为关爱女性。所以现在常常说，男人是征服世界的，而女人是征服男人的。另外，中国社会也越来越强调“家文化”。原来男人在外面喝酒应酬不着家，现在“陪老婆”“遛娃”成了一种新趋势，而这样的婚姻关系才能更为长久、更为稳定。

波伏娃说：“人们将女人关闭在厨房里或者闺房内，却惊奇于她的视野有限；人们折断了她的翅膀，却哀叹她不会飞翔。但愿人们给她开放未来，她就再也不会被迫待在目前。”因此，要维持一段健康持久的婚姻关系，女方要打破这种思维模式，首先必须确立独立的自我意识，要让“每个成功的女人背后都有一个男人”成为可能。这种可能性背后最重要的一步就是要实现女性经济地位的独立。只有经济独立才能真正地做到思想独立，才会不再以“谁对我好”为选择标准，而是以“谁和我聊得来”为依据。在家庭事务中，女性也要勇于表达自己的意见，如此才能更好地进行“约会博弈”。

三、科斯定理——降低交易成本

科斯定理解释了企业存在的价值：降低市场上的交易成本。换言之，当某一天消费者可以不通过企业，而直接从市场上获得自己所需要的商品时，企业就没有存在的价值了。同理，婚姻存在的价值也是能够降低某种成本，如果一方可以不通过婚姻，就能获得自己想要的东西时，婚姻也会岌岌可危。我们在上文也借助盖茨的离婚分析了婚姻当中的收益与成本。随着社会的发展，市场化的服务导致很多原本由家庭承担的物质内容被“外包”，从而导致婚姻的“空心化”。比如，外卖服务的出现承包了家庭的做饭功能；上门家政服务的出现承包了家庭清洁的功能；海外代孕服务直接承包了生育功能（姑且先不论其合法性）、月子服务的出现承包了家庭的哺育功能；电商服务的出现承包了家庭出行的功能；等等。随着科技的进步和中产阶级的崛起，越来越多原本属于富人阶级的服务向大众普及，如管家服务、菲佣服务。在这样的背景下，“上得厅堂，下得厨房”的传统思维已经不足以降低婚姻的交易成本。所以，我们应该把重心多放在“老婆孩子热炕头”的精神纽带维系上，打造自己的核心竞争力，从而来降低交易成本。

有一位身边朋友给我讲了一则他自己的真实的故事：他说他工作非常忙，而且出差多、应酬多，所以陪老婆的时间非常少。由于老婆要带孩子，所以二人能独自相处的时间其实非常少。但是他老婆就利用了晚上老公应酬回家后和早上起来吃早饭的时间，给老公讲书。原来，朋友的老婆特别喜欢听书，每听完一本书就会给老公讲述一遍，久而久之，这成了家庭的日常活动。朋友说，现在老婆不给他讲书，他都不适应呢。现在夫妻生活非常地幸福美满。这就是典型的通过精神层面来降低婚姻的交易成本。试想，我朋友如果要再去找一个既漂亮贤惠又会讲书的女人，成本得有多高！

四、帕累托最优——提前做好人生婚姻规划

帕累托最优的模型揭示了两种婚姻的模式：优势互补和强强联合。前者在婚姻前期磨合成本较高，但是在后期能够有更大的收益，而后者虽然前期四平八稳，但是到后期却容易出现问题。所以，我们在选择结婚的对象时，一定要想清楚：我们是要找个优势互补的还是要找个强强联合的，是想过“安稳过一生”的日子还是“迈向人生巅峰”的日子。所以，要什么和不要什么，这个问题就显得至关重要。只有搞清楚了这个问题，才能实现婚

姻上的帕累托最优。首先，我们必须搞清楚自己的优势、劣势在哪里，或者自己强在哪里、弱在哪里，也就是先掂量掂量自己几斤几两，再去更好地去寻找匹配的目标。天上是不会掉馅饼的，这世上也没有免费的午餐。人前的富贵，很可能是以背后的受罪为代价的。所以，只顾着漂亮的女孩要注意了，如果你在两性关系中只能提供美貌，那么这段关系可能就危险了，毕竟外貌这项优势是会发生变化的，不说“加速折旧”，也是会“直线折旧”的。如果你不能贡献出别的价值，那么指望男方持续做到又挣钱、又会照顾人是很难的，到最后很可能落得个“人财两空”的境地。而顾着赚钱的男孩也要注意了，如果你在婚姻关系中只能提供钱，而没有陪伴和感情，那也是十分危险的。

在搞清楚自己是什么样的之后，就要想想需要对方是什么样的了。你是图对方的名，还是馋对方的色。你是想对方的腰缠万贯，还是温柔体贴。这些都是需要取舍的，取舍的原则当然要符合帕累托最优的原则。这里需要注意的是，人不可能十全十美，不可能什么都要。什么都要的结果到最后就是猴子掰玉米，最后什么都没有。在之前的例子中，华尔街精英看上对方的点不是“土”，而是接地气，这样可以弥补她在中国商业界经验的不足。很多招“倒插门”女婿的女方家族，看上对方的点更不是“穷”，而是坚韧不拔的精神和面对逆境永不放弃的勇气。

4

第 4 章 CHAPTER

父　母

“It's my job to keep standing there with my arms wide open, waiting for you to maybe someday fall inside if you needed it. And if you do, I'll love you. And if you don't, I'll love you too. Because that's what it means to be a parent.”

（也许有一天当你需要父母的拥抱时，他们就会站在那里，张开双臂迎接你。你需要这个拥抱，他们会爱你；不需要这个拥抱，他们还是会爱你。这就是为人父母的意义。）

——**This is us（美剧《这就是我们》）**

子女与父母的关系可能是世界上最难处理的家庭关系之一。

父母可以让子女在不经意间感受到如阳光般的温暖，也可以让子女瞬间感受到绝望般的窒息。朱自清的《背影》让我们看到了父亲为了买橘子而在月台上攀上爬下的感人一幕。老舍在《我的母亲》中也曾真挚地描写道：“人，即使活到八九十岁，有母亲便可以多少还有点孩子气。失了慈母便像花插在瓶子里，虽然还有色有香，却失去了根。有母亲的人，心里是安定的。”父母光辉的一面永远都无法磨灭。但是随着中国传统社会的等级思想被打破，父母与子女的关系同时也爆发出了很多矛盾。夫妻可以离婚，朋友可以绝交，但是无论子女做错了什么，父母都不会一走了之，同样无论父母多么不负责任，子女在他们年老之时也有为其养老送终的义务。这种家庭的血缘关系是一辈子剪不断、理还乱的牵绊和纠葛。但是无论怎么样，真正伴我们一生成长的人，真正发自内心无条件爱我们的人，还是父母。如何处理好和父母的关系，直接关乎到我们想成为一个什么样的人，我们能成为一个什么样的人。我们以典型的四口之家为例：一父一母、一儿一女。由此所衍生出的母子关系、母女关系、父子关系、父女关系就涵盖了家庭之中的全部关系。下面我们来一一分析（见图4-1）。

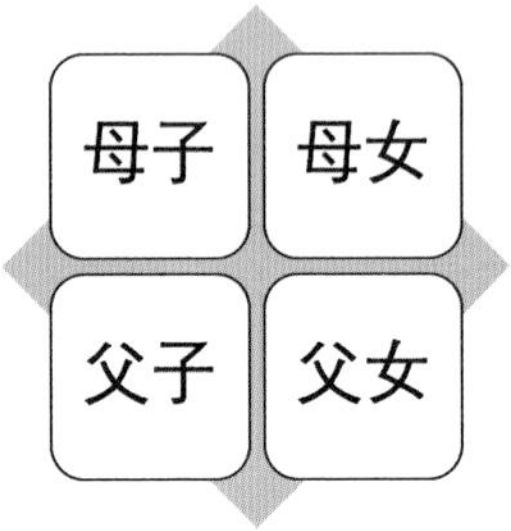

图4-1　四口之家的家庭关系

母子关系。母子关系是家庭中最亲密的关系。自儿子出生后，他们便变成了母亲的“小上帝”。母亲几乎将自己全部的爱和关心都倾注到了儿子的身上。这点在中国“重男轻女”“传宗接代”思想的影响下尤其明显。特别是在夫妻关系不和的家庭中，母亲更是把这种情感寄托从丈夫身上转移到儿子身上。这会导致两个结果：第一，夫妻之间的感情不再是两个人的直接连接，而是儿子变为了纽带，维系着二人的感情。第二，母亲与儿媳妇的关系不佳。婆媳不和的组合在中国的伦理剧中几乎是标配。究其本质，就是因为在儿子面前，一个新女人的出现抢占了自己原本的位置而出现的心理不平衡。此外，美国学者还发现一种“弑母文化”，即在美国兴起的女权运动后，很多女性试图通过对男孩的管束和限制来表达对丈夫的管制，这在无形中扼杀了男孩的阳刚气质，从而让男孩心理上开始反抗、仇恨母亲。在美国社会也出现了一宗弑母惨案。在中国，也有北大学子弑母的案件发生，令人惋惜。

母女关系。母女关系有着双重属性。有时，母女能结成友谊，成为闺蜜，即便是结婚之后，仍能维持原来的关系。但有时，母女却成为竞争的对手，成为所谓的“塑料姐妹花”，这可能因为一方会忌妒另一方的美貌，也可能因为生活上一方过得比另一方好而产生的心理不平衡。心理学家就指出，作为两人中年龄较长的一方，母亲应该去防范这种事情的发生。比如在娱乐圈中的某位女明星，父母在其成名后不断地索要金钱。哪怕是女星在心脏病急需用钱的情况下，也一毛不拔，甚至在媒体面前诋毁她，让她无法复出，这就是母亲对于女儿的一种压榨、索取、忌妒的心理。

父子关系。父亲相比较母亲对子女的态度，就显示出截然不同的态度。父亲对子女并没有天然的亲近感。我们在上文所提及的母系社会，子女都是由舅舅抚养，并充当父亲的角色，而在其他的大部分社会中，子女的教育抚养通常都是母亲承担的。《人生五大问题》的作者莫罗阿就说过，父亲是一名猎人、战士、企业家、政治家，早出晚归，脑子里充满了幻想、计划和故事。因此，父亲对于儿子的诉求会十分苛刻，并要求儿子能够十全十美，具体表现是要比他们有更完满的成就或者是将自己未完成的理想和事业交由儿子继承。因此，如果儿子不能延续自己的事业或者不能满足内心对他的要求，“恨铁不成钢”的心态往往会在父子关系中出现。比如在美剧《权力的游戏》中，兰尼斯特家族的泰温公爵就对自己的小儿子提利昂大失所望，觉得自己一世英明怎么会生出一个患有侏儒症的儿子。所以在提利昂的成长环境中从来没有得到过爱的关照，最终也迫于无奈，弑父出逃。

父女关系。相比对儿子严苛的要求，父亲和女儿的关系倒是如母子一般，显得更为自然和亲切。正如中国有句俗话：“女儿是父亲的贴心小棉袄。”他们更多地将其视为一位柔弱的女子，给予充分的关爱或关心使其避免受到外界的伤害。或者他们对女儿无欲无求，鼓励他们大胆地去探索世界，去做自己想做的事。也许正是因为这样的心态，反倒让女儿能够自信、健康地成长，并在未来有机会成为父亲的得力助手，如美国前总统特朗普和女儿伊万卡，特朗普对于伊万卡的喜爱溢于言表。

分析了这四对关系之后，我们再来简要回顾一下家庭这种组织形式的发展历史。根据定义，家庭是指在婚姻关系、血缘关系或收养关系基础上产生的，亲属之间所构成的社会生活单位。收养关系我们暂时不说，婚姻关系是指夫妻，是一种制度安排，我们在上一章已有详细表述，血缘关系是指子女。随着人类社会的不断发展，家庭的内涵也在不断变迁，具体表现为家庭所承载的不同属性上，大致可以分为生存属性、政治属性、金融属性和情感属性四个阶段（见图4-2）。

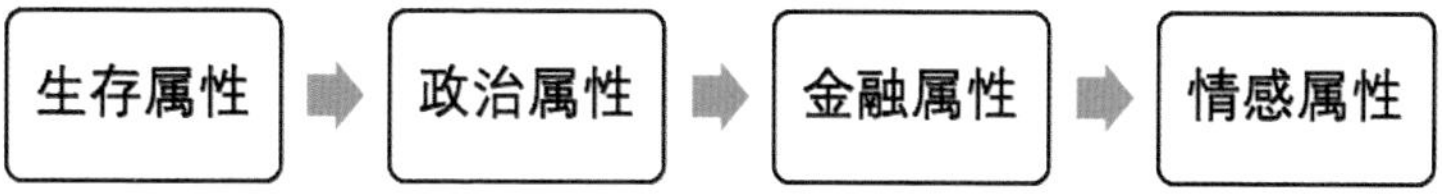

图4-2　家庭所承载的不同属性

（一）第一阶段：生存属性——先活下来

我们在婚姻一章中曾经提及家庭这种组织形式的形成原因。它的两个重要前置条件是火的使用与直立行走。简单回顾一下，火的使用让食物更容易被人体吸收，从而增加了人类的寿命，尤其是儿童的寿命，为家庭的产生打下了物质基础；而人类的直立行走导致了婴儿“先生后育”的情况，在一个家庭中，必须由男性为女性和子女提供食物，为了生存并养育自己的子女，这成为家庭产生的一个重要因素。从采集时代到农业时代，人类由居无定所的生活模式逐渐转为固定地域的生活模式，导致了男性外出打猎、觅食而女性在家中照顾子女的家庭形态。所以，在这一时期，家庭所承载的功能主要是生存与繁衍，一切只是为了先活下来。

（二）第二阶段：政治属性——社会结构单元

随着生产技术的发展，人类的寿命增加，生存的压力逐渐减少。物质压力的减轻，必然会带来上层建筑的不断涌现，政治便是其中一项。于是，家庭的定义便从狭义的夫妻所构成的社会结构单元，扩展至广义的家庭、家族或者部落的利益集团。此时的家庭概念已经基本脱离了生存属性，转而体现出政治属性，个人的意愿意志要服从整个家族整体的政治利益安排。

家族在中西方的历史上都留下了浓墨重彩的一笔。但是由于文化土壤的不同，其具体的表现方式、作用及最终演化出的结果也不尽相同。这里多说一点，很多中国人现在都说中国没有贵族，其实这种说法是很片面的。中国也有贵族，只是中国的贵族与西方的贵族有着显著的差别。这与东西方的政治体制差别有直接影响。中国的贵族早在春秋战国时期便存在，四大君子：魏国的信陵君、齐国的孟尝君、赵国的平原君、楚国的春申君，就是各国的贵族。最早的周礼也是为贵族设计而存在的。到东汉时期，贵族势力或者说氏族势力成为政治场上敢与皇权叫板的一股势力。如颍川陈氏，其成员——陈群，虽然在三国演义中名不见经传，但是最早的政治体制制度——“九品中正制”就是出自他之手。时至今日，陈姓也是中国的大姓，人员在中国达到7000万，全球规模更是超过了9000万。除此之外，还有颍川荀氏，如荀彧、荀攸；汝南袁氏，如袁绍、袁术，其家族号称“四世三公”。直到隋唐时期，科举制度的建立才将贵族体系逐渐瓦解，并退出了政治的历史舞台。

科举制度建立了一套完善的人才选拔制度，用人才代替了贵族，并建立了一套严谨而科学的官僚体系，巩固了中央集权制，一定程度上化解了贵族由于势力太大而叛乱的风险，这也解释了隋唐之后中国再无大的动乱的原因。

从另一方面来说，中国疆域辽阔、民族众多、文化多样。在信息不通、政令不畅的年代，如何治理如此大的国家就成了头号难题，“皇权不下乡”的现象普遍存在。因此，宗族势力就成了一股不可忽视的基层力量。宗族可以理解为一个大家庭，文学作品《白鹿原》就是以陕西关中地区为背景，讲述了白姓和鹿姓两大家族祖孙三代的恩怨情仇。可以说，中国人“家庭”的思想基本源于此，如“君君臣臣，父父子子”“男女授受不亲”“不孝有三，无后为大”等，详细的表述与解释可以参考苏力教授所著的《大国宪制》。与东方不同，西方的政体是真正意义上的封建制。分封而建之，各个贵族分而治之，与王权的关系相对独立又彼此关联。如当今的英国，其全称为大不列颠及北爱尔兰联合王国，苏格兰、北爱尔兰、威尔士之间就相对独立，却又同时效忠于女王。西方这些家族至今在西方各国的政治、经济等方方面面仍然显示出举足轻重的重要性。比如，欧洲金融家族罗斯柴尔德家族、美国石油大王洛克菲勒家族、汽车巨头福特家族、华尔街巨头摩根家族等。

（三）第三阶段：金融属性——投、融、管、退

工业革命、电气革命、信息革命，史无前例地将人类社会推向了物质极大丰富的时代。经济、金融、货币、财政、理财等一系列新鲜概念融入了家庭生活。所谓金融，即对现有资源进行重新整合之后，实现价值和利润的等效流通。而货币就如同生态系统中的水一般，在经济系统中自由穿梭，充当着一般等价物的作用。他与我们的生活息息相关，我们需要通过货币去购买柴、米、油、盐、酱、醋、茶，购买房、车，同时我们也需要货币作为我们的劳动报酬。这时“钱”就成为家庭生活中不可或缺的一部分。参照基金的运作规则，家庭的金融属性可以分为投、融、管、退四个板块，即投资、融资、管理和退出。这里主要介绍家庭中所体现出的融资功能。从大规模的角度来说，如号称“东方犹太人”的莆田帮、温州帮，他们的项目融资基本在家族、商会这样的组织内就可以完成。从小规模的角度来说，亲戚之间的借钱，父母为子女提供学费，或者是结婚后的买房买车，都属于家庭的融资功能。

（四）第四阶段：情感属性——回归亲情

如果说有一个地方可以无条件地化解个体所产生的孤独感，那一定莫过于家庭了。人消除孤独感的方式有很多：工作、恋爱、应酬、聊天。但是这些活动或多或少地都会受“你是谁”这层外衣的影响。因为你是公司的员工，所以要去工作、开会；因

为你是帅哥、美女，对方才和你约会、谈恋爱；因为你是书记、董事长，别人才会与你应酬、聊天，但是，真正的家，没有这些世俗的外衣。你就是你，无论你貌比潘安，还是其貌不扬，无论你是达官显贵，还是平民百姓，家都会张开双臂，随时准备拥抱你、迎接你。这是家庭的终极属性，也是最重要的属性。

虽然家庭可以消除每个人的孤独感，但是我们也会在家庭中不可避免地显示出某种真实性。我们常说，人生如戏。但是家庭就是有这样的魔力：一旦踏进家门，我们就会脱掉伪装的外衣，显露出我们的本来面目。一个敢于担当的职业经理人可能变成了玩性十足的小孩，一个温文尔雅的老板可能变得脾气暴躁。家庭就是有这样的魔力：无论你演技再好、伪装再深，也让你显露原形。这种真实性是自发且无力改变的。

彼此的这种真实性会带来一种祥和的安静感，也会带来一种狂怒的躁动感。在作家莫雷阿的《人生五大问题》中就描述了这样的一个场景：一个平常的傍晚，父亲在客厅看着电视，母亲在一旁看着手机，女孩玩着洋娃娃，男孩看着一本侦探小说。家里没有任何人说话，却有一种温馨感，用法国作家莫雷阿的说法就是“有一种令人温暖令人安心的感觉”。突然，女孩把洋娃娃不小心丢到了男孩的书上，男孩因为自己的思绪被打断，又把书砸到了女孩身上，女孩哇哇大哭，母亲急忙放下手机过来安慰女儿，同时让父亲管教儿子，而父亲由于专注于电视节目而无动于衷。

此时，儿子也号啕大哭起来。母亲忍无可忍，大声呵斥父亲，并埋怨其只知道看电视，家里的事丝毫不关心，自己又要洗衣做饭，又要照顾子女……就这样一直唠叨，父亲也爆发了，抱怨起自己整天在外奔波养家，回到家也得不到片刻的安宁。最后，原本祥和的气氛就被一件小事完全打破，升级为一场全面战争。这就是家庭。由于每个人在家中都不会伪装自己，都会真实流露自己的情感、真实表达自己的想法并真实地付诸行动。有时，这些情感、想法和行动能够让我们沐浴在爱的阳光下，有时却又在无意间给予我们致命一击。

这种真实性会带来一种直接性，这种直接就是爆发冲突的源头，也是父母与子女产生矛盾的源头。试想，我们与他人沟通的时候，总会注意到语音、语调，该说什么，不该说什么，该怎么说，等等。比如，和领导说话，我们的语气要谦虚，说话的内容要简练，要抓住重点；和朋友同事说话，要以一种平等的姿态与之交流。但是当我们回到家中，所有应该注意的重点我们都忽略了，所有需要三思的话我们都脱口而出，所以我们的所言所行经常会伤到在乎我们的家人。如果我们这样对领导，我们会被炒鱿鱼；这样对朋友同事，关系会紧张尴尬。但是对家里人来说，你就算犯了天大的错误也会被原谅。正是因为这样，我们才会“有恃无恐”，虽然有恃无恐，但是无尽的争吵也会摧毁任何一个内心爱你的人。

因此，有时候我们需要使用理性和科学的工具去应对这些琐碎的家庭问题。

本章一共有四个例子。第一个例子我们尝试用演化博弈、鹰鸽博弈和讨价还价模型去解释在人生的不同阶段父母与子女之间应该如何相处。熊孩子如何做到不“熊”，老小孩如何做到不“老”。第二个例子我们试图用经济学当中的消费品和耐用品的概念来解释为什么在世界上的一些贫困区域的家庭中，越生越穷，越穷越生，而在发达地区生育率却逐渐降低。第三个例子我们用委托代理模型来解释在中国社会中最为常见和棘手的婆媳关系问题。第四个例子我们将阐述中国传统家庭的孝道文化在日渐开放的金融市场下如何应对这些冲击和改变。

第一节　子女成长中的角色变化

一、举个例子：父母的角色变化

在人生的不同阶段，父母所扮演的是不同的角色。子女的成长大致可以分为四个时期：幼儿期、儿童期、青少年期和成年期。在幼儿期，父母扮演的是照料者的角色。新生儿不会说话、不会走路、不会进食，作为一个什么都不会的宝宝，必须依靠父母的悉心照料，而幼儿的反馈却只有哭和笑。在儿童期，父母扮演的是老师的角色，一颦一笑、一言一行都是子女模仿的对象。父母采取什么样的教育方式，直接决定了子女的未来将会呈现出什么样子。俗话说，“三岁定八十”也是这个道理。在生物学中，也有“印随”的说法。在青少年期，父母扮演的是权威者或者敌对者的角色。青少年的自我意识开始逐步发展，这种自我意识会与父母的自我意识碰撞、交融，父母在其心目中要么成为崇拜的对象，要么成为敌对的对象。子女成年后，性格三观等各项人格都发展完善且趋于稳定，与父母的关系进而也趋向稳定。父母逐渐步入退休的年龄，而子女也开始踏入社会。此时，根据各个家庭的背景、氛围，父母又扮演了领导或者朋友的角色（见图4-3）。

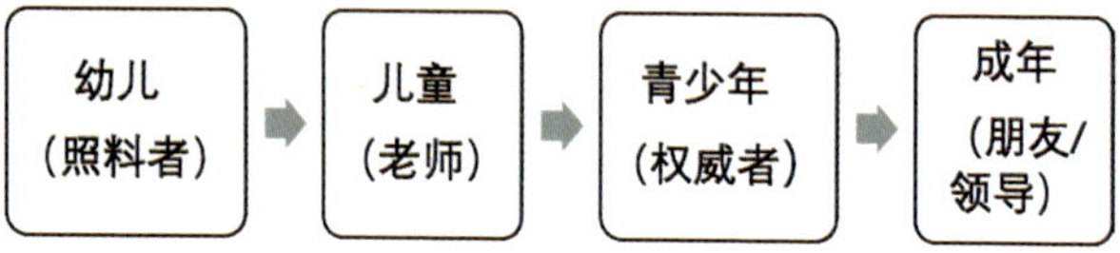

图4-3　人生不同阶段父母的角色变化

二、提个问题：熊孩子如何不“熊”，老小孩如何不“老”？

那么，问题来了。父母与子女的矛盾往往就发生在不同角色在不同成长阶段，彼此角色认知的不同。你认为的不一定是我认为的，我觉得的也不一定是你觉得的。从父母一方来看，当我们已经长大成人，他们可能还在以幼儿、儿童的角色来看我们；当我们是青少年的时候，他们却又把我们当作成人来看。在父母眼中，无论我们多大，都是“嘴上没毛，办事不牢”的熊孩子；从子女一方来看，当父母以领导者的身份批评教育我们的时候，我们以朋友的身份看待他们，希望他们可以平等地与自己相处，尊重自己的想法；当父母以朋友身份与我们相处时，我们又以领导者的身份要求他们，希望他们能给予物质上的帮助。当父母步入老年后，常常“倚老卖老”，用自己当年的经验灌输给孩子，并且性格越来越固执和倔强，变成了一个“老小孩”。博弈论的首要原则就是要分清楚局中人，父母和子女对彼此角色的定位模糊就是因为没有认清局中人的特点造成的。那么，在不同的人生阶段，父母和子女到底应该如何相处呢？如何做到熊孩子不熊、老小孩不老呢？

三、模型1：演化博弈（Evolutionary Game Theory）

演化博弈（Evolutionary stable strategy）是把传统的博弈论和动态演化的过程结合起来分析的一种理论模型。演化博弈整合了理性经

济学与演化生物学的思想，不再将人看作是超级理性的博弈方，而认为博弈方通常是通过试错的方法达到博弈均衡的，与生物演化具有共性，所选择的均衡是达到均衡的均衡过程的函数。简单来说，就是要用发展的眼光来看问题，不能刻舟求剑。在传统博弈论当中，我们通常假定参与人都是理性的，且在完全信息（参与人获取的信息都是一致的，不存在一方掌握更多的信息）的条件下进行的。演化博弈论则提出了有限理性的概念，即人是不可能做到完全理性（完全理性就变成了神，而不是人），人在做行为决策时会掺杂着一些感性的因素。而在做决策的时候，演化博弈更强调在一种过程当中达到均衡，而不是在某一个时点上。这一理论目前运用到了金融交易、生物进化等领域当中。比如在生物进化中，生物行为是由基因决定的，基因的生存和繁殖由自然选择决定，最适合生存的基因不断繁衍，而不适合生存的基因被淘汰。生物进化是一个自然选择的过程，最后可能导致一个稳定状态，这个达到稳定状态的策略称为演化稳定策略。

在生物学的应用当中，演化博弈主要基于两个策略：选择（Selection）和突变（Mutation）。选择是大多数群体成员所采取的策略，而突变是个体以随机的方式选择不同于大部分群体成员采取的策略。突变实质上也是一种选择，但是只有适应环境的突变才能保留下来。突变也是一个在过程中不断试错的过程，那么整个群体就在选择和突变中不断地达到稳定状态。具体的博弈的数学推导过程如下：

演化博弈推导思路：

演化博弈论（Evolutionary stable strategy）有两个核心概念：演化稳定策略（Evolutionary Stable Strategy，ESS）和复制动态（Replication Dynamics）。演化稳定策略是双方达到稳定均衡点时所采用的策略，而复制动态是描述某一特定策略在一个种群中被采用的频数或者频度的动态微分方程$F(x)$，可以用下式表示：

$$\frac{\mathrm{d}x_i}{\mathrm{d}t}=x_i\left[\left(u_{si},\ x\right)-u\left(x,\ \mathrm{x}\right)\right]$$

其中，x_i为一个种群中采用纯策略s_i的比例或者概率，$(u_{si},\ x)$表示采用纯策略时的适应度，$u(x,\ x)$表示平均适应度。一个稳定状态则是该动态微分方程为0的时候。我们构建如下的博弈模型来解释。

	乙方选择Y	乙方选择N
甲方选择Y	1，1	0，0
甲方选择N	0，0	0，0

假设：群体中选择Y的比例为X，选择N的比例为$1-X$，则：

$U_Y=X\cdot1+(1-X)\cdot0=XUN=X\cdot0+(1-X)\cdot0=0$

$U=X \cdot U_Y+(1-X) \cdot U_N=X^2$

则动态微分方程$F(X)=X(U_Y-\overline{U})=X^2-X^3$

当$F(x)=0$时为稳定状态，所以$X^*=0$，$X^*=1$为稳定状态，$X^*=1$时为ESS。

父母在与子女相处的过程中，也要以演化博弈的心态来与之应对。演化博弈的精髓在于博弈双方都是有限理性的，所以博弈刚开始时很难找到最优策略和最优均衡点。因此在博弈的过程中，双方都需要不断进行学习，策略失误了就要逐渐改正，并要不断模仿和改进自己的策略，从而达到一个稳定策略。子女从新生儿到儿童，再到青少年，最后成年；父母从照料者，到老师，再到权威者，最后变成领导或者朋友。父母和子女都在人生的不同阶段进行某种角色的“演化”，而每个角色的思想和行为都大相径庭，父母和子女在不同阶段的过程中也面临着“选择”和“突变”这两种策略。比如，在青春期，子女可能就会采取“突变”的行为策略（叛逆期）。作为父母，如果一味地打压，那么子女可能会在人格上形成某种缺陷。奥地利精神病学家、心理医生阿德勒就认为[①]：长子（或长女）的心理型，其终生都是可以辨识的。第一个子女常常留恋过去，是保守的，有时甚至是悲哀的，他愿意谈起他们的童年，尤其是第二个孩子出生之前的时

① 阿德勒：《自卑与超越》。

光，那是他最为幸福的时期。次子（或次女）却倾向于未来的追求，因为在未来他可以超越长兄（或长姊）。他们常是破坏主义者，常善于嘲弄别人。而最小的孩子，往往是被溺爱、被娇养的孩子，他们有父母的宠爱和兄长、姐姐的关爱。他们往往在人生初期很顺利，且很有成就，因为他们有自信、有号召力。这就是父母在子女在成长过程中“突变”时，没有采取与之相适应的策略，从而导致了不同子女的不同性格特点。

《史记》中就记载了陶朱公长子“吝金害弟”的故事。陶朱公就是辅佐越王勾践的范蠡，也是中国古代四大美女之一貂蝉的丈夫。他一共有三个儿子，二儿子在楚国因杀人被囚，为了解救他，陶朱公让三儿子带着千两黄金去楚国找楚王的近臣庄生去疏通关系。大儿子听说后，执意要去，并表示作为老大，解救弟弟是自己的责任，义不容辞，否则就要自杀。陶朱公没办法，只能让长子前去。长子到了楚国后将黄金给了庄生，但没有听庄生让其立马回国的指示，而是私自留在了楚国。庄生次日进宫，向楚王进谏需天下大赦，并想在事成之后将黄金退予陶朱公以示诚意。长子在楚国听闻将要大赦的消息，立马觉得自己的钱白花了，便又去了庄生家，庄生知道他并未离开楚国，并看出了索要黄金的来意，没想到还有这样的操作，突然觉得受到了奇耻大辱，于是又向楚王进言，结果二儿子死于楚国。归国后，陶朱公却说：“吾固知必杀其弟也。彼非不爱其弟，顾有所不能忍者也。是少与我俱，见苦为生难，故重弃财；至如少弟者，生而见我富，乘坚驱良，逐狡兔。岂知财所从来，故轻去之，非所惜吝。前日吾所为欲遣少子，固为其能弃财故也，而长者不能，故卒以杀其弟，事之理也。无足悲者，吾日夜固以望其丧之来也。”翻译过来大意就是，长子是和我一起打拼成长起来的，对钱看得很重，而三儿子从小锦衣玉食，妥妥的富二代，对钱没有概念。所以送钱的事一定要让三儿子去，而不能让长子去。这么看，陶朱公的心确实蛮大的，明知道大儿子去二儿子会死，还派遣了大儿子去，只是可怜了二儿子。但是换个角度来看，陶朱公对三个儿子的性格特点倒是摸得透透的。

同样地，对父母来说，他们也会产生“突变”的行为。作为子女，我们也不应该以单一的眼光去看父母。尤其在我们成年后，更应该以更成熟的方式来对待父母。当他们年纪慢慢变大的时候，我们不应该再把自己当作小孩，而应把自己看作照料者，父母需要我们的悉心照料；当他们需要倾诉交流时，我们把他们看作是朋友，可以谈天说地、谈古论今；当他们退休时，可能仍然需要维持工作时的威严和权威时，我们把他们看作领导，无论他们说的内容是对是错，姑且听之，至于训话的内容，就抱着有则改之无则加勉的心态。父母与子女的争端、争吵、闹矛盾的原因不在于不爱彼此，而在于太爱彼此以至于忘了需要技巧来处理彼此的关系。尤其在父母退休前后，他们在工作上已经站好了最后一班岗，这时候，突然闲下来就会让他们产生一种巨大的失落感。父母从之前高大威严的形象，突然变得黏人，有很强烈的情感诉求。这也是我们经常说的“老小孩”的由来。这段时间也是催婚、催孙子的高峰时段。作为子女来说，我们就不能仍然采取之前的行为策略，而是要用更多的关心、关爱来应对。此外，英国学者爱德华·德·博诺所著《六顶思考帽》一书，书中强调了与其将时间浪费在互相争执，关注是非对错，争论“本身是什么”，不如强调“能够成为什么”。这种“平行思维”的工具能够将无意义的争论转变为富有创造性的成果。比如白色思考帽代表中立而客观，关注客观的事实和数据；绿色思考帽代表勃勃生机，关注创造性、头脑风暴；黑色思考帽代表否定、怀疑和质疑，关注逻辑错误及负面意见等。面对不同问题，戴上不同颜色的思考帽能够帮助我们快速解决问题，取得成果。这种思路同样可以运用在父母和子女关系不断演化过程中，针对父母和子女不同的身份角色，把关注点放在彼此间能够为对方做些什么，而非在无关紧要的是非对错、鸡毛蒜皮上喋喋不休。

最后需要补充说明的一点是，从学术角度来说，演化博弈的研究对象是群体，即一个群体中以一定比例进行选择和突变，而最终达到稳定态。而在本例中我们的研究对象是作为个体的子女，并不严格符合模型的假设。这里我们只是借鉴演化博弈的模型框架来更好地说明父母和子女在成长过程中的角色转变问题。

四、模型2：鹰鸽博弈（Hawk-Dove Game）

我们在举的例子中说明了不同阶段父母与子女的角色关系。尤其子女在青春期的叛逆阶段，父母要在家中树立权威，而子女逐渐显示出自己的独立性。在这种情况下，家中往往会出现“鸡飞狗跳”的情景。那父母和子女到底应该采取什么策略才能避免家庭中不必要的冲突和混乱呢？鹰鸽博弈或许能够给我们带来些许启发。鹰鸽博弈是英国生物学家约翰·梅纳德·史密斯提出的一个博弈论模型，用来解释自然界中的鹰与鸽子两个物种的进化与共存现象。鹰鸽模型描述了这样一种博弈情形：鹰在搏斗的过程中，霸气侧漏，不达目的决不罢休；而鸽在搏斗的过程中往往迅速逃跑，胆小如鼠。因此，在日常生活中，我们用“鹰派”来指代强硬的作风，用“鸽派”来指代妥协的作风。鹰鸽博弈是用来描述博弈双方分别采取“鹰派”策略和“鸽派”策略而形成的不同博弈结果和收益矩阵。我们构建如下的博弈模型，父母可以采取“鹰派”或“鸽派”的策略，子女亦然。双方收益矩阵如下：

表4-1　父母子女之间的鹰鸽博弈

	父母 — 鸽派	父母 — 鹰派
子女 — 鸽派	3,3	1,4
子女 — 鹰派	4,1	0,0

如果双方都采用“鸽派”的策略，则双方和平相处，各得到3的收益；如果一方采取“鸽派”的策略，而另一方采取“鹰派”的策略，采取“鹰派”的一方明显占优，后者可以赢得4的收益，而前者只能得到1的收益；如果双方都采取“鹰派”的策略，则鸡飞蛋打，一无所得，都是0。我们发现，日常生活中，父母和子女双方通常都会采用“鹰派”对“鹰派”这样的策略，针锋相对。但是这样的选择往往两败俱伤。2019年，上海一对母子在车上发生争吵后，儿子更是弃车而去，直接从大桥上一跃而下，不仅问题没有解决，还失去了一条年轻的生命。这显然不是我们愿意看到的局面。我们用划线法可以得出此博弈中存在两个纳什均衡，即（子女鸽派，父母鹰派）和（子女鹰派，父母鸽派）。显然这不是对双方最佳的策略选择，因为1+4=5小于3+3=6。但是如果考虑是多次重复博弈（并非单次）则有两种策略模式可以达到均衡的结果：第一种为固定策略，即双方选定策略之后，不再改变。第二种为触发策略，所谓触发策略是指：如果一方采取不合作的策略，另一方随即也采取不合作策略并且永远采取不合作策

略，在博弈论里面称之为触发策略（Trigger Strategy）,或称冷酷策略。

简单来说就是一方根据另一方所选定的策略进行决策。固定策略为双方都采取轮换的纳什均衡策略，即一方选鸽，则另一方选鹰；下一轮中，一方选鹰，则另一方选鸽，路径为（鹰、鸽）、（鸽、鹰）、（鹰、鸽）……在现实生活中，也就是不管子女还是父母，只要一方示强，另一方就示弱，这样循环往复。触发策略是指一开始选择某种策略，而根据对方的策略在之后的博弈中进行不同的应对。在此博弈中较优的触发策略为：第一阶段大家都选择（鸽、鸽）和平共处（因为3+3=6，优于4+1=5）。如果发现对方采取鹰派策略，则第二阶段也采取不合作的鹰派策略惩罚对方，大家两败俱伤、一无所得。第三阶段无条件采取鹰派策略。那么如果双方知道任何一方想采取鹰派策略，都会招致对方的报复，那么长久来看，自然还是选择（鸽，鸽）的策略更为划算。

鹰鸽博弈给我们在处理父母与子女关系时一些重要的启示。我们希望达成的最优结果是双方都采取鸽派的策略，也就是大家和平相处，有事商量着来，通过合理的交流和沟通来解决问题。但是在大多数的家庭中很难达到这样的结果，要么是父母太强势，要么是子女太叛逆，其结果都是一方采取强硬的鹰派策略。此时，如果大家都是理性的，且关心关爱彼此，那我们需要做的就是尽可能地宽容对方、原谅对方，不和对方斤斤计较。当一方选择鹰派的时候，另一方就选择鸽派，这样有来有回，也算能达成一个双方都能接受的结果。双方各退一步，海阔天空。父母该让步的时候选择让步，同样子女该选择妥协的时候也选择妥协。如果父母持续采取鹰派策略，并没有形成上文所说的固定策略，则很有可能让子女采取触发策略，即使用惩罚性的鹰派策略。我相信，这并不是父母所乐意看到的。

鹰鸽博弈之所以重要，就是因为在父母与子女进行鹰鸽博弈的过程中，会对子女的性格产生潜移默化的影响。中国有句古话："龙生龙，凤生凤，老鼠生来会打洞。"弗洛姆在《爱的艺术》中曾经分析过母爱与父爱对子女的影响。他说，母亲的爱是一种无条件的爱，这种爱给予的是一种确定感，如安全感、自信和热爱生活。心理学家曾经分析，一个温良而乐观的母亲，往往子女经历过失败或者忧患，仍能保持一种信赖人生的态度；而一个偏执自私的母亲，往往会培养出一个悲观主义者，造成子女性格上的烦躁不安。母亲过度的宠爱会导致子女持续地需要被爱并且产生自恋型人格；母亲过度的专制会导致子女需要寻求保护并且没有主见。而父亲如果过度严肃会导致子女出现讨好型性格，其必须持续作出努力并持续得到正反馈，否则就会焦虑不安；如果父亲过于权威会让子女产生轻视女性的心理。如果缺乏父母双方的关心和爱，子女则会陷入自己的一片小天地，甚至会产生被虐的心理。日本作为亚洲的发达国家，与其母亲在家庭中的地位是分不开的。虽然在日本社会中，女人结婚后多辞职在家当全职太太，但是其对子女教育的作用不容小觑。据统计，中国母亲初中毕业的人数占全体的41.2%，高中或相当于高中毕业的比率为27.1%，大专及大学为30.0%；而日本母亲初中毕业的比率仅为4.2%，高中或相当于高中的比率为48.3%，大专及大学为46.5%。从某种角度来说，日本成为亚洲少有的发达国家，其背后都是一个个母亲所支撑的。

与母亲的爱不同，父亲的爱是一种有条件的爱，是一种不确定感。这种爱给予我们独立、勇气等性格特征，并让我们学会秩序、宽容等意义。这就像当红网剧《权利的游戏》中兰尼斯特家族一样，父亲泰温·兰尼斯特（Tywin Lannister）独宠长子詹姆•兰尼斯特（Jaime Lannister）和长女瑟曦·兰尼斯特（Cersei Lannister），而对患有侏儒症的小儿子提利昂·兰尼斯特（Tyrion Lannister）嗤之以鼻。最终也导致了弑父的结果发生。理想中一个完整的人，一定是继承了父母双方的爱，是一个自信、有安全感、热爱生活、独立、有勇气和宽容的人。从先后顺序来说，一般是从与母亲的亲密关系过渡到与父亲建立某种联系，最终达到综合。这也是人格完整和成熟的标志。个体心理学家之父阿德勒说过一句名言："幸运的人一生都被童年治愈，不幸的人一生都在治愈童年。"所以，在鹰鸽博弈过程中，父母应该尤其注意自己的方式方法，因为可能某些无意之举会影响孩子一生。权威者应该是一种“模范”的存在，而不是一位“独裁者”。

五、模型3：讨价还价模型（Bargain Model）

在中国，大部分父母终其一生都在扮演着权威者的角色。不容置疑，不容侵犯。有些父母甚至还会用“道德绑架”的手段来控制子女。他们经常使用的话术便是：你吃我的，喝我的，住我的，你当然必须得听我的！这也许是受到传统儒家思想的影响。爹就是爹，儿子就是儿子，不容造次。在父母眼中子女与自己不是平等的，自己永远是高高在上的，永远占据着道德的制高点，即使是子女成年、成家立业后还是这样的心态。这就带来了一个核心问题，子女要么妥协，变成了一个没有主见的附和者，要么抗争，变成了一个叛逆的反抗者。父母还往往希望子女必须要继承父母的意愿，或者说完成父母自己想完成却又未完成的事业、使命。这种情况下，父母在跟子女沟通时，往往都是以命令式的方式对子女颐指气使。子女在儿童、青少年时期，作为“弱势”一方可能会被动接受，但是等到子女成年后，这样的内容和口气就很难接受了。所以，也有人调侃道：“再不努力工作，就要去继承千亿家产了。”另外一点，父母往往将子女的心智看作是一种不变的状态，也就是人们常说的，在父母面前，我们永远都是孩子。父母把子女看作是孩子，就是没有用发展的眼光去看问题。孩子在毕业之前，其价值观基本来源于父母，但是毕业踏入社会之后，或者结婚生子之后，其价值观必然会受到其他诸多因素的影响而有所改变，有时候可能还会有很大的改变。我还是我，我却已经不是我。但是父母依然还在帮子女从上学、工作、结婚、生子等方方面面强势地给出自己的意见，并希望子女顺从。他们事事替子女抉择，逐渐地让子女失去了选择的能力及选择的意愿。如果子女反抗，就会被贴上“不孝顺”的标签。最终子女成了一个不知幸福、自由、热情为何物的人。比如，我们在影视剧中经常看到的“妈宝男”和“乖乖女”。在这种情况下，父母和子女都必须学会博弈论中的“讨价还价模型”来解决这些问题。

经济学家阿里尔·鲁宾斯坦在1982年提出了鲁宾斯坦模型，也称之为“讨价还价模型”。在这个模型里，两个参与人分割一块蛋糕，参与人1先出价，参与人2可以选择接受或拒绝。如果参与人2接受，则博弈结束，蛋糕按参与人1的方案分配；如果参与人2拒绝，他将还价，参与人1可以接受或拒绝。如果参与人1接受，博弈结束，蛋糕按参与人2的方案分配；如果参与人1拒绝，他再出价。如此一直下去，直到一个参与人的出价被另一个参与人接受为止。因此，这属于一个无限期完美信息博弈，参与人1在时间t内，1，3，5，……出价，参与人2在时间t内，2，4，6，……出价。推导思路如下：

讨价还价模型推导思路：

我们用x表示参与人1所得到的蛋糕份额，则$1-x$为参与人2所得到的份额。x_i和$1-x_i$则表示参与人1和参与人2在时间点各自所能得到的份额。假定两个参与人的贴现因子分别是δ_1和δ_2。贴现因子可以理解为参与人的耐心度，今天的一块蛋糕和明天的一块蛋糕不是同一块蛋糕，体现的就是这个贴现度。假设博弈在时间t结束，则参与人1的支付贴现值为$W_1=\delta^{t-1}_1 \cdot x_t$，参与人2的支付贴现值为$W_2=\delta^{t-1}_2 \cdot (1-x_t)$。双方在经过无限期博弈后，可以得到的纳什均衡点为：

$$X' = \frac{1-\delta_2}{1-\delta_1\delta_2}$$

通过讨价还价模型我们可以知道，只要双方有意愿合作，通过不断地谈判是可以达到一个均衡点的。至于这个均衡点是对谁有利，就取决于二者的耐心程度（纳什均衡点中的δ_1和δ_2就是表示参与人的耐心程度）。这说明，作为子女，应该选择合适的时机与父母进行“讨价还价”。在讨价还价的过程中，父母会逐渐发现一个逐渐成熟的子女，而子女也将在此过程中学会父母为人处世的方式方法。

所以在“讨价还价”的过程当中也是子女不断打磨自己、提升自己的一个过程。我们不要把父母看作是自己的敌人或者对立方，而把他们看作是自己学习或者反思的对象。在与父母“过招”的时候，观察父母的思想和行为，是一种最直接的学习方法。况且，父母作为自己的“对手”，永远不会伤害到自己，何乐而不为。对父母来说，“授人以鱼不如授人以渔”才能够避免“富不过三代”的陷阱，每个人都有自己的人生，都可以选择自己的人生。人生中的开心和痛苦，心酸与血泪都应该与子女去承担、去面对。人生就像一场马拉松，父母应该充当一个教练员的角色，子女跑偏了，提醒他们一下，让他们重回正道；子女跑累了，给他们一条毛巾、一杯水，歇息歇息；子女跑赢了，真心地祝福他们；子女跑输了，暖心地安慰他们。这就像美剧《亿万》中检察官查尔斯和其父亲之间的博弈，二人为了得到自己的利益不惜对彼此下狠手，其中的情节可谓惊心动魄，颠覆了传统的父子形象。但是在这个过程中，查尔斯不再将其看作是父亲，而是看成一位对手、一个老师，或者说一个男人，查尔斯也因此逐渐变得成熟，最终成为一名老练的检察官。

此外，我们“90”和“80”这一代子女的父母，大多经历了许多社会的发展和变化。他们很少去思考“人生的意义”这一主题。他们经历了三年饥荒，经历了“文革”，经历了改革开放，时代在这一代人身上发生了太多的巨变。所以，他们便将自己人生的遗憾寄托在了子女身上。作为子女，我们对于父母的陪伴，除了物质上的“反哺”外，更应该是精神上的“反哺”。我们也应该在“讨价还价”中帮助父母在老年生活中找到属于他们自己的人生意义。而父母在“讨价还价”教会子女生存之道后，应该像台湾某作家在《目送》中所说的那样：“所谓父女母子一场，只不过意味着，你和他的缘分就是今生今世不断地在目送他的背影渐行渐远。你站立在小路的这一端，看着他逐渐消失在小路转弯的地方，而且，他用背影默默告诉你：‘不必追’。而子女也应该在‘讨价还价’的过程中帮助父母，告诉他们：“‘人生的最后一段旅程，无论多么崎岖难行，我都在，不必怕’。”

第二节　难养的后代

一、举个例子：生育率与经济的关系

2015年10月，我国全面放开二孩政策，标志着我国实行了30多年的独生子女政策正式退出历史舞台。只要是合法的夫妻就享

有生育二孩的权利，不再受一方或双方都是独生子女才有生育二孩权利的政策限制。2020年10月25日，任泽平发表文章《建议先放开三胎：中国人口报告2020》。随后在2021年5月31日，中共中央政治局召开会议，审议《关于优化生育政策促进人口长期均衡发展的决定》并指出，为进一步优化生育政策，实施一对夫妻可以生育三个子女政策及配套支持措施。

据统计，截止到2017年，在政策执行的三年时间里，北方出生率明显高于南方。在北方地区，山东以39.76%的出生率涨幅，位列全国第一，其17.54‰的出生率、174万的新生人口也位列全国第一。在南方地区，广东的增幅明显，从11.12‰增长到13.68‰。超级一线城市北京、上海出生率虽然有不错的增长，但是增长之后还是与“东北三省”排名垫底。江苏地区不增反降，同比降幅高达11%。出生率与多方面因素有关，比如文化，在山东、广东地区就有多子多福的文化传统。除了文化，出生率还与经济状况有关。如北京、上海、江苏就出现了“越富越不想生”的情况。我们将全国的房价分布与生育率作了比较，发现房价分布与生育率分布基本呈反向态势，除东北地区外，生育率最低的两个城市是北京、上海，也是中国目前的房价最高的地方。经济因素对生育率的影响可见一斑。

我们再来看全球的生育率情况。排名前十的国家如表4-2所示：

表4-2　全球生育率排名前十的国家　　　单位：‰

国家	生育率
尼日尔	6.49
安哥拉	6.16
马里	6.01
布隆迪	5.99
索马里	5.8
乌干达	5.71
布基纳法索	5.71
赞比亚	5.63
马拉维	5.49
阿富汗	5.12

在前十的国家中，阿富汗除外，非洲国家占了9个，而这10个国家也是常年战乱的经济欠发达地区。《贫穷的本质》一书中介绍，埃塞俄比亚妇女的总生育率（指该国家或地区妇女在育龄期间，每个妇女平均的生育子女数）为6.12，其贫穷程度是美国的51倍，而美国的总生育率仅为2.05。

二、提个问题：为什么富裕地区生育率低，而贫穷地区生育率高呢？

那么，问题来了。中国、美国、加拿大、澳大利亚、英国、日本、韩国、俄罗斯等中等收入国家或发达国家，生育率都是在1%~2%。从全球的分布情况来看，发达国家的人口增长速度较慢，而欠发达国家的生育率却居高不下。为什么会存在“越富越不想生”和“越穷越生”的现象呢？

三、模型：消耗品与耐用品（Consumable Goods and Durable Goods）

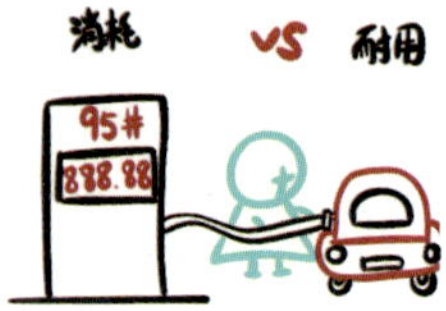

经济学为了说明“弹性”（Elasity）这个概念时引入了消耗品和耐用品的概念。弹性这一概念是由阿尔弗雷德·马歇尔提出，具体是指当一个变量产生变化时对另一变量的影响程度，影响程度越大，则弹性越大，影响程度越小，则弹性越小。我们还是搬出我们的一棵白菜来举例。白菜作为一种消耗品，当价格上涨时，我们的需求并不会产生很大影响，因为该吃白菜还是要吃。生活中的许多必需品都是消耗品，如柴、米、油、盐、酱、醋、茶。所以即使消耗品价格上涨，我们也还是需要。而当耐用品的价格上涨时，我们的需求将会产生很大的影响，如当房子、汽车等耐用品价格上涨时，我们就会暂时搁置我们的购买需求，因为没有这些耐用品我们依然可以存活下来。

衡量消耗品和耐用品的一个核心指标就是对于消费他们所用时间的耐受度。所谓消耗品就是在很短的时间内一次性消费完。如吃一棵白菜、一个苹果、一个鸡蛋、喝一杯牛奶……其效用值

（或者说满足感）也是在当时就能体现，吃完就饱，喝完就不渴，“真香定律”立马显现。其效用程度基本也是恒定的。比如今天吃一个苹果和明天吃一个苹果所带来的满足感基本一致。而耐用品是在一段时间内才能慢慢地发挥其功效，而且兑现的程度是随时间的增长而不断递增的。如买了一辆车，相比于地铁、公交等公共交通，不仅节省了路途上的时间，自己还可以舒适地坐在车中，并且可以将每天上下班的时间节省出来听音乐、听书，这种愉悦感是需要一定的时间后才能显现出“真香定律”。

回到我们生孩子的主题，经济学家加里·贝克儿（Gary Becker）曾经说过，“儿童是一种可消费的耐用品”（对，就是在上文“帕累托最优”中说“个人通过寻找配偶，来达到效用最大化”的教授）。富人和穷人看待子女的思维方式决定了生育率的高低。对于穷人来说，他们将子女看成是一种消耗品，从生下来开始就要给他们花钱买衣服、买奶粉、送他们上学。在子女成年后，甚至是青少年时期，他们就不会让子女再接受教育，而是让他们快速地找工作赚钱，贴补家用。我今天在你身上花了钱，就要赶快让你把钱还给我，我好再进行消费。所以，很多父母在批评小孩的时候都会说：“你怎么这么没用。”用“有用”或者“没用”来衡量价值，这就是典型的一种“消耗品思维”。

2019年的诺贝尔经济学奖授予了阿比吉特·巴纳吉（Abhijit Banerjee）、埃丝特·迪弗洛（Esther Duflo）和迈克尔·克雷默

（Michael Kremer）三位经济学家。这三位经济学家致力于研究全球的贫困问题。不同于一般的高谈阔论，埃丝特·迪弗洛与阿比吉特·巴纳吉两位作者身体力行，走遍五大洲调查全球最为贫困的18个国家和地区，与这些贫困人群同吃、同住、同劳动，写下了《贫穷的本质》一书，试图探寻贫困问题的真正根源。他们发现，穷人将生育子女看作买彩票，“多多益善”，这个不中，那个就有可能中，所以要尽可能多地买彩票，也就是尽可能多地生育子女。反正这个指望不上，我就指望其他的，总有一个人能赚钱养我。此外，对穷人来说，他们一般都没有养老金、保险等，孩子就成为他们养老送终的一种保障，这一点我们将在后面的例子中详细说明金融市场和孝道文化的关系。所以，穷人就陷入了一种“越生越穷，越穷越生”的恶性循环。

反观富人，他们将子女看成一种耐用品。富人都会耐心地对子女进行培养、教育，让时间说话，发挥出子女的最大价值。富人会让子女多参加体育运动，培养孩子合作、积极进取的人生观；富人会给孩子好的医疗保障，保证子女的身体健康；更重要的是，富人非常看重教育资源。这也就解释了为什么北京的“学区房”房价高昂，一房难求，为什么上海的学校不仅要面试学生，还要面试家长，而我们看一些寒门子弟之所以能够日后飞黄腾达，基本都是母亲坚持供他们上学，接受高等教育。比如，“孟母三迁”的故事，为了让孟子接受良好的教育，不惜成本地多次搬迁，让孟子成为一位学富五车、名垂青史的大家。因此对富人来说，子女并不是“多多益善”，而是“宁缺毋滥”。

我们仔细分析穷人和富人的生育观，就会发现在这消耗品和耐用品的背后，其实质是不同的投资思维。在金融投资领域，风险投资是指一群专业的金融精英，依靠对宏观经济、行业、政策的理解，将资金提供给初创企业并获得相对应股权的投资机构。风险投资获益的方式就是所投资的企业能够实现股权的增值并成功退出。而风险投资的本质就是在不确定的环境中寻找确定性。确定性越高，回报越大，反之亦然。提高确定性需要对行业有充分的了解，需要应对各种有利和不利的因素，需要在投资后付出巨大的精力进行投后管理。在市场上，优秀的风险投资机构都有着较高的成功率和回报。

如果把生儿育女当作一项风险投资，我们发现穷人的投资逻辑是“多多投资，只投不管”，儿女能够成功实现“IPO”变成了一项随机概率事件。只可惜这样的事件只能是小概率事件，因为“只投不管”的模式忽略了繁重而重要的投后管理工作，指望子女在自生自灭的环境中成功是很不现实的。反观富人，不同的投资逻辑直接导致了不同的结果。他们的投资逻辑是“重点投资，又投又管”。富人们认为一生中最重要的投资，就是对子女的投资。积极的“投后管理”更能提高儿女成功的概率。并且这项投后管理还是跨越几十年周期的投资活动。也难怪有人说“寒门再难出贵子”，原来的寒门子女通过学习这条道路，考上不错的大学从而改变自己的命运还比较常见。可是近些年富人对优质教育资源的垄断，导致了寒门子女能够上好大学的比例越来越低。这也是为什么国家在2022年重拳出击打击校外的培训机构的原因，其目的就是让不同家庭背景的子女能够站在相对公平的教育起跑线上。但是客观来说，富人所拥有的资源还是比穷人多得多，所以对子女的投资对于他们来说相对容易，而穷人就没这么简单了。哈佛大学著名的公共政策教授帕特南的书《我们的孩子：危机中的美国梦》就从家庭、家教、学校、社区四个方面展示了穷人与富人的差别。究其本质，富人都在这四方面给予了子女充分的帮助，所以子女成功的概率远远高于穷人的子女。而对于穷人来说，也只能是“无力回天”。就算有投资子女的想法，也因囊中羞涩，爱莫能助。所以，对于政府来说，创造一个相对公平的教育环境就显得势在必行了。

第三节　婆媳关系的魔咒

一、举个例子：古代婆媳关系

（1）南宋著名诗人陆游和其表妹唐婉的爱情故事可谓感人至

深。除了才学之外，陆游也是一个有着远大政治抱负的人。南宋政府被北方游牧民族打得节节败退，最后只能偏安一隅。

看着北方的故土被外夷占领，陆游心中也是万分悲愤，写下了著名的《示儿》一诗："死去元知万事空，但悲不见九州同。王师北定中原日，家祭无忘告乃翁。"但是无奈受秦桧等当权者不容，陆游三试不中，始终无法进入政治核心圈。在这样的背景下，陆游也只能与唐婉整日一起吟诗作对。陆游的母亲见此情景，怒火中烧，屡次指责唐婉"放纵丈夫堕于学"。在母亲强势的压力下，陆游只能选择休妻。唐婉之后改嫁皇裔赵士程，二人他日在绍兴相逢时，陆游感慨万千，写下了《钗头凤》：

"红酥手，黄縢酒，满城春色宫墙柳。东风恶，欢情薄，一怀愁绪，几年离索。错，错，错！春如旧，人空瘦，泪痕红浥鲛绡透。桃花落，闲池阁，山盟虽在，锦书难托。莫，莫，莫。"

唐婉也写下了《钗头凤》与之相和：

"世情薄，人情恶，雨送黄昏花易落。晓风干，泪痕残，欲笺心事，独语斜栏。难，难，难！人成各，今非昨，病魂常似秋千索。角声寒，夜阑珊，怕人询问，咽泪装欢。瞒，瞒，瞒。"

（2）《孔雀东南飞》中也记载了一个因婆媳关系不和而使夫妻双方殉情的爱情故事。刘兰芝是典型的才女，"十三能织素，十四学裁衣。十五弹箜篌，十六诵诗书”，并且相貌出众，仪表大方，模特步走得也是十分潇洒“纤纤作细步，精妙世无双”。不仅如此，她家中还很富有，嫁妆丰厚，有“箱帘六七十”。就是这样一个典型的古代“白富美”也没有得到婆婆焦母的喜欢，反而处处闹矛盾。刘兰芝作为大户人家出身的才女，品性自然较为刚强独立，焦母认为刘兰芝太过放飞自我，“无礼节，举动自专由”，没有将自己放在眼里。焦母把刘兰芝赶回娘家后，刘兰芝依然“新妇起严妆，上堂拜阿母”，淡定自若。焦母本以为刘兰芝会伤心难过，没想到刘兰芝仍然我行我素，焦母感到权威受到挑战，怒气加倍。最后，焦母早看上了别家的儿媳妇，“东家贤女秦罗敷”。就这样，婆媳关系破裂，被迫分离后娘家逼迫她改嫁，刘兰芝不从，遂投水自尽，其夫随后亦上吊于庭树，最终双双殉情。

二、提个问题：婆媳关系怎么破？

那么，问题来了。陆游与唐婉如此相爱，被婆婆给生生拆散。焦仲卿与刘兰芝的爱情也落得个悲剧收尾。在现代影视剧中，婆媳关系仿佛就是一道无法打破的魔咒，如《双面胶》中东北婆婆和上海姑娘丽鹃的地域冲突，《婆婆来了》中城市媳妇和乡下婆婆生活方式的冲突等，都成为家庭矛盾的主旋律。不仅在国内，韩国的一档综艺节目《奇怪国家的儿媳》也将婆媳关系赤裸裸地展示出来。看来，无论是古代还是现代，国内还是国外，我们都会面对婆媳关系这一“啊，西巴”的棘手问题。那么，我们应该如何应对婆媳关系呢？

三、模型：委托—代理模型（Principal-Agent Theory）

婆媳问题是大部分家庭中的一个典型问题。我们不仅在家庭伦理中经常看到，而且在平时的生活中也会时常听朋友提起。为什么同是一家人，为什么都深爱着同一个男人的两个女人，却会出现水火不相容的尴尬处境，真是女人何必为难女人。有人说，最快变成哲学家的是老公，最快变成经济学家的是老婆，最快变成战略家的是丈母娘。战略家聚焦于大方向，而经济学家聚焦于具体问题，这一大一小就造成了婆媳之间天然的矛盾。

经济学在研究企业管理的领域中有一个重要的理论模型——委托代理理论。委托代理理论是由美国经济学家伯利和米恩斯在研究企业发展过程中提出的。他们发现，随着专业化分工的进程，企业的所有者和经营者由同一个人分化成多个人，即所有权和经营权分离。企业所有者只保留剩余索取权，而将经营权让渡给职业经理人。这样让专业的人做专业的事的做法，一方面刺激了企业的进一步发展，但另一方面也造成了一个问题：企业所有者（委托人）追求自身股权收益的最大化，而经营者（代理人）却追求自己个人收入及其他福利的最大化。也就是说，委托人更在乎企业长期稳定的发展，而代理人更在乎短期的收入。二者追求目标的不同必然会造成利益冲突。这里我们请出经典案例——一棵白菜的菜市场“场主”来举例。白菜卖得越来越好，菜市场“场主”业务规模也开始扩大，开始涉足房地产、金融等多项领域。这时候“场主”作为菜市场的所有者（委托者）没有时间再来经营菜市场了，于是便请了一位职业经理人（代理人）来管理菜市场。作为菜市场所有者的“场主”，自然希望自己的菜市场“功在当代，利在千秋”，但是职业经理人可能不会这么想，毕竟作为一个拿工资吃饭的人，如何提高自己的薪资收入是他首先要考虑的问题。所以，职业经理人也许会为了自己的短期收入开始疯狂招商，使菜市场中的摊主鱼龙混杂，质量参差不齐。虽然短期内增加了租金收入，但是长期却损害了消费者的利益，那么消费者就会用脚投票。与此相反，“场主”会从长远考虑，自然会对招商环节严加管控，保证质量。这样菜市场场主和职业经理人的矛盾就会爆发。

从博弈论的角度来看，委托-代理理论是建立在非对称信息博弈论的基础上的，即不同参与人拥有的信息是不同的。菜市场场主不了解具体的招商信息，而职业经理人却了解得十分清楚。

与此相反，对称信息博弈参与人拥有的信息是相同的。比如下象棋，规则对于双方都是公开透明的。这种非对称性可以发生在博弈事前（Exante）或者事后（Expost），研究事前非对称信息博弈的模型称为逆向选择模型，我们在婚姻一章中有所提及，并根据这个理论解释了两性之间的匹配问题。而研究事后非对称信息博弈的模型称为道德风险模型，即负有责任的经济行为在主体不承担其行动的全部后果，在最大化自身效用的同时，做出不利于他人的行动的现象。比如在委托代理理论中，代理人相较于委托人，对于公司日常运营所掌握的信息明显较多，为了最大化自身收益，有时会采取损害委托人利益的行为。

如果将委托代理理论运用到婆媳关系中，我们进行简单的类比，那么“婆婆”就是委托人，“儿媳”就是代理人，儿子（丈夫）就是公司。问题的根源就在于婆婆认为自己拥有儿子的所有权，并且从儿子出生之日起就一直对儿子进行着“经营管理”，直到儿子找到了儿媳，经营权由婆婆转移到了儿媳。在此过程中，儿媳对丈夫所掌握的信息逐渐多于婆婆，但是婆婆却还用老的眼光看儿子，认为存在道德风险，即儿媳在自己不知情的情况下损害了儿子的利益。两个女人其实都深爱着同一个男人，却因为出发点不同，掌握的信息不同，从而导致了婆媳关系的紧张。

那么这个问题怎么解决呢？委托代理理论的中心任务是研究在利益相冲突和信息不对称的环境下，委托人如何设计出一套最佳的激励体制来激励代理人。按照这个思路思考，我们可以借鉴一些解决委托代理问题的模型，从而找到解决婆媳紧张关系的方法。

（一）代理模型——长期优于短期

代理模型强调如果委托人与代理人的合同是长期的而非短期的，即可在一定程度上解决道德风险问题。试想，如果委托人和代理人的合同只是短期的，那么必然会出现代理人拿到钱就走人，并不关心企业的长期发展，最终受损的还是委托人。但是如果利益能够长期绑定，那么双方必然都希望公司能够蓬勃发展。就像如果菜市场“场主”和职业经理人能签订一份终身合同，职业经理人一定会更关注菜市场的长期发展。同理，如果婆婆只关注短期利益，总是与媳计较生活中的一些琐事的对错，比如今天谁洗碗、明天谁铺床这样的细枝末节，那么必然会发生争吵。但是如果把注意力转移到更长期的利益，如在儿媳的支持和照顾下，丈夫的事业发展更平稳、身体更健康等，而对一些小事“睁一只眼闭一只眼”，那么和平共处就会成为可能。

（二）声誉模型——从第三方市场求证

声誉模型是由美国芝加哥大学教授法玛提出的。在竞争的市场上，职业经理的市场价值取决于其过去的经营业绩。从长期来看，经理必须对自己的行为负责。因此，即使没有显性的激励合同，经理也有积极性去努力工作，因为这样做可以改进自己在经理市场上的声誉，从而提高未来的收入。比如，菜市场“场主”就可以在“菜圈”打听打听职业经理人的声誉如何，如果其他菜市场“场主”都对他竖大拇指，那就聘请他，如果经他手的菜市场接连倒闭，那就可以慢走不送了。当然，在现实生活中并不存在“媳妇市场”，但是作为婆婆可以在婚前通过各种渠道获知更多的信息，就可以更好地判断儿媳。从这个角度来说，我们就可以理解为什么众多女星想嫁入豪门，但是首先要跨越的障碍就是婆婆这一关了。比如，某明星在为某富豪生了三个小孩后，婆婆仍然不同意。比如某港姐的婆婆嫌弃她绯闻太多，就算生下儿子[illegible]，也是十分不待见。对婆婆来说，更早地发现问题，会比在进家门后发现要好得多。这一点在爱情一节中的“尽职调查”中也有提及。当然需要注意的一点是，婚姻生活的本质是夫妻，而不是父母。父母应该作为一个客观的第三方去提供可参考的意见，而不是主导方，更不是领导。

（三）棘轮效应模型——降低预期值

“棘轮效应”最早由研究计划经济模型的魏茨曼教授提出。在计划经济的体制下，企业的目标会根据上一年的目标进行调整，于是代理人就会隐瞒自己的真实经营情况，甚至降低自己的真实经营情况来获得更多的奖励。菜市场“场主”可以先预估一下每年的销售额，不要对职业经理人有过高的预期值。毕竟一个菜市场的利润还是较为稳定的。同理，婆婆对儿媳总会本能地有较高的心理预期（“任何女孩都配不上自己儿子”的心理），并且这种心理预期会长时间存在。儿媳哪里做得稍微不对，就会引起婆婆的不满。为了应对这种情况，婆婆应该主动地根据实际情况降低自己的心理预期。只要不触碰原则问题，就让子女自行处理。儿媳也可以采取“报喜不报忧”的策略，提高自己在婆婆心里的实际值，只要实际值高于预期值，就会达到满意的效果。

（四）强制退休模型——退位让贤

强制退休模型认为，到了一定的年龄，雇员所得的工资将大于其边际产出。这些雇员通常位高权重，没有更多的驱动力去做事。此时，为了公司的发展，就算他们不愿意退休，也应该强制退休。当菜市场场主心有余而力不足时，不如看准一个年轻人，尽早让位。运用这种模型理论，我们可以知道：当子女已经长大成熟，能独当一面时，作为长辈，无论在精力还是体力上都力不从心时，就不应该再对子女的生活说三道四，倒不如让自己强制退休，“儿孙自有儿孙福”，也让自己享受一下“采菊东篱下，悠然见南山”的自在生活。除了上述四种模型外，在具体的婆媳问题上，儿子所充当的角色也至关重要。儿子应该建立信息的“防火墙”，不要将过多的负面信息传递给母亲或者妻子。信息在传递的过程中会失真，并且信息接收人对不同信息的反应也是不同的，不要让被夸大的负面信息影响了婆媳之间的关系。

第四节　家庭的金融功能

一、举个例子：富豪的家庭金融观

（1）陆贾是刘邦身边的重要谋士之一。史书记载：陆贾在出使南越（今广州）后被封为太中大夫。退休后，他拿着南越王赵佗送给他的两千两黄金开始分家。他一共有五个儿子，他拿出一千两黄金，给每个儿子二百两。除此之外，陆贾还有马车、侍从数十名和一把价值百金的宝剑。他跟儿子们说，我的退休生活已经规划好了：我轮流去你们五个家中住，每家可能住几个月，时间不定。我去谁家，都要好酒好菜地服侍着。除了在你们各个家住一住，我还要出去旅游，所以不会太麻烦你们。将来，我死在谁家，我的豪车、宝剑、侍从就归谁。

（2）2009年，“一个亿小目标”的地产大佬在接受采访的时候说，他直接给了网红儿子5个“小目标”。在被问及儿子是否会接班时，他说：“我允许他失败两次，先给他5个亿，如果失败我再给他5个亿，如果还失败，就老老实实回去上班。”

二、提个问题：谈钱伤感情吗?

那么，问题来了。从例子中我们可以看出，无论古代还是现代，父母除了在情感上给予我们关怀，在经济上也会给予子女许多帮助。对富人来说，富如首富，他们也会给予儿子创业启动资金。而对于一般家庭来说，父母也会在孩子买房、买车、创业上提供帮助。不仅仅是父母给子女帮助，子女也会在父母年老退休之后，给予父母帮助。我们在开篇家庭发展的历史进程中也论述了家庭的金融功能。从中我们可以看出，金融功能是家庭中的一个重要功能。金融是随着西方资本主义市场经济发展而出现的产物。那么随着社会的发展、金融市场的完善，家庭的这种金融功能会有什么变化呢？家庭金融和中国的传统孝道文化又有什么样的关系呢?

三、模型：孝道文化的金融模型（Financial Model of Traditional Culture “Xiao”）

中国自汉王朝开始奉行“罢黜百家，独尊儒术”的治国方针，儒家思想便深深地影响着每一个炎黄子孙。其中“君君臣臣，父父子子”的等级制度不仅让整个社会正常运转，还催生了“孝

道”文化。《论语》中记载的“父母在，不远游”“入则孝，出则悌，谨而信，泛爱众，而亲仁。有余力，则学文”都在教导着人们要孝顺父母。孝道不仅仅规范着社会的秩序，还体现出金融的一个特性——抵御风险。中国古代是一个“看天吃饭”的农耕社会，抵御风险的能力极弱。一旦遭遇天灾，粮食歉收，就会引起极大的社会问题。我们翻看历史就会发现，每一次农民起义的背后一定伴随着“天灾”。为了抵御这种风险，一个家族，甚至一个宗族都必须联合起来，互帮互助，这样就形成了一个非正式的内部金融市场。所谓金融，是一种跨时间和跨空间的信用交易。子女在年轻时会得到父母留下的土地供其耕种，养活自己。在子女结婚时，父母同样也会拿出一笔资金相助，要么盖房子，要么是创业的启动资金。除此之外，家族还会为家族成员提供融资服务。在古代，家族中如果有人中了举人要进京考试，那么途中的路费，也就是“盘缠”，基本都会由家族或者宗族进行资助。北宋宰相范仲淹在公元1049年就购置了千亩良田成立义庄，所得收入统统用来周济家族中的贫寒子弟。又如清朝毗陵唐氏宗谱中明确规定：家族子弟参加乡试给路费二两，中了举人给贺银六两。参加会试给路费十二两，考中进士给贺银十两。

而父母在年老时，或者家族的其他成员需要帮助时，也会得到子女的资助。所谓“养儿防老”就是这个道理。《二十四孝》中就有“鹿乳奉亲”的故事：郯子父母年老，双目失明。听人说喝鹿乳能治病，郯子就找了一件鹿皮披在身上，混进鹿群中取得鹿乳。一个猎人看到一动不动的“假鹿”时，拔箭就要射。郯子匆忙立起身，大吼一声：且慢！急忙掀掉了鹿皮才幸免于难。猎人十分感动，把手中的鹿乳给了郯子。郯子将鹿乳给父母喝下后，双亲眼睛复明。在中国传统的孝道中也有“守孝”的文化。所谓守孝文化，就是在自己的至亲逝世之后，必须居家满27个月，之所以时间定为27个月，是因为母亲哺育孩子的哺乳期大概是27个月。在这27个月期间，必须断绝一切娱乐和交际，以示哀思。不管你是多么大的官员，都要服从这一规定。据说当年苏轼考中进士之后，正准备大展拳脚之际，他的母亲不幸逝世，他也只能回家守孝。刚回来做官没多久，他的父亲苏洵又去世了，不得已他又只能回家守孝。这将近6年的时光，皇帝都换了，苏东坡的仕途之路也受到了很大的影响。到了明清时期，朝廷发现守孝实在太耽误时间，有些重要岗位的重要领导人如果回家守孝，会严重影响各项政务开展和政令实施，所以朝廷就发明了“夺情”这种制度。根据字面意思，就是朝廷理解你对父母的一片孝心，但是朝廷离不开你，你就一边工作，一边守孝吧。明朝万历年间的内阁首辅大臣张居正可是把夺情这项制度运用得炉火纯青。张居正父亲去世了，可是他千辛万苦才获得首辅大臣这“一人之下，万人之上”的位置。于是张居正主动夺情，继续手握重权。

这可得罪了明朝的御史们，他们纷纷上折子弹劾张居正：这夺情是朝廷才能夺的，哪有自己夺自己的呢？由此可见，即使身居高位的张居正，依然面临着中国孝道文化下的口诛笔伐。

我们从上面的例子中就可以看出，在古代，父母与子女，家族与成员之间形成了一份互帮互助的隐性契约。这项契约规定子女在年轻的时候要接受父母的帮助，而父母在年老之时也必须得到子女的照顾。这是一种共同抵御风险的金融模型，也是中国孝道文化的核心所在。而农业社会又为这种互帮互助的隐性契约提供了条件：第一，土地。整个家族的经济收入来源都是依靠土地，而土地又是一种不动产，没有人能够脱离土地而独立生存。因此，子女需要从父母手中继承土地（所以中国人对房子有着说不清道不明的情愫）。第二，交通基础设施。古代社会，“交通靠走，通信靠吼”，人的活动半径十分有限且固定。“鸡鸣狗吠相闻”说的就是这个现象。在这样的条件下，子女只能依靠父母，父母也只能依靠子女。所以，从金融角度来看，孝道文化不仅为社会提供了稳定，更促成了一个以家庭为单位的经济互助体。在这样一个内部环境中，子女在年轻时扮演的是经济需求方，成年后是经济供给方的角色；而父母在年轻时是经济供给方，年老后是经济需求方。而上文所讲的土地和交通，又为形成这种跨时间、跨空间的角色互换提供了条件。

时间发展到现代，当下的快节奏将“孝道”文化的经济基础冲击得七零八碎。土地与交通的两大制约条件也不复存在。首先，土地不再是制约人的因素，土地的所有权也收归国家，不再是属于家族或者宗族。并且，随着城市化进程的加快，家庭的经济收入也并非来源于土地。年轻的子女不再被土地这项不动产捆住手脚。其次，民航、高铁的发展无时无刻不在上演着“人口大迁徙”。农村人口涌入城市，城市化的步伐不断加快，子女对父母和家族的依赖越来越少。陈志武教授在《孝道文化的终结与中国金融业的兴起》一文中也表示，外部金融市场的发展，如保险、银行、证券等，将不同程度地影响着中国新一代的孝道文化。他还认为，家庭具有物质和精神情感的双重功能。在金融市场发达的国家，家庭往往只发挥着情深情感的功能。融资找银行，养老找保险，大家分工明确，自然家庭就变成了爱的港湾。但是在金融市场没有那么发达的国家，物质和精神情感的功能掺杂在一起，往往就会引起很多争端和矛盾。陈志武教授在《金融的逻辑》一书中就表述了这样的问题，这不仅存在父母与子女之间，更广泛存在于兄弟姐妹之间。如买房问题，相比西方国家在发达的金融市场融资（找银行贷款），中国普遍存在的现象是父母出钱买房，或者父母付首付，子女还房贷。如果父母一时间也拿不出那么多钱，就会找自己的亲戚朋友借款，甚至父母会卖掉自己的房子来给子女筹钱，而一旦父母付出了物质成本，自然会显性或隐性地要求子女的回报。

放眼未来，物质生活的不断丰富，金融市场的不断健全和完善，父母对子女或者子女对父母的物质需求会变得越来越小，转而会对精神方面的需求越来越大。这才是真正的新时代孝道文化。古代的孝道文化是一种约束，你不孝顺我，我就不给你土地，或者你不孝顺我，我就让你在村子里没有立足之地。而新型的孝道文化应该是一种自发的、由衷的精神纽带的连接，是一种在“鹰鸽博弈”“演化博弈”“讨价还价”模型中与父母建立的一种深层的需求关系。这种需求关系是无条件的，更是真实的。而这种无条件的、真实的，发自内心去爱父母、爱子女的感情，才是真正的孝道文化。在《论语》中有这样的记载：子夏问孝，子曰：“色难。有事，弟子服其劳；有酒食，先生馔，曾是以为孝乎？”色难，就是对父母和颜悦色是最难的。为什么难？因为只有从心出发对父母好，服侍父母，才有可能和颜悦色。

孝道文化的转型升级，也让中国家庭从传统的“大家族”变成了“小家庭”。在“家法”“家规”失去约束力的同时，我们应该花更多的时间去思考如何建立良好的家庭氛围和家庭文化，也就是家庭的核心价值观。《人生五大问题》的作者莫罗阿曾经说过两句话：一是：“家庭的闭关自守是件不健康的事情。”二是：“没有丝毫专制而经温柔澄清了的爱，比任何情绪更能产生甘美的乐趣。”这两句话都从侧面强调了家庭氛围的重要性。良好的家庭氛围会培养出积极、乐观、求知欲强、包容性强的子女。这其实就像不同国家、民族一样，不同的文化会培育出不同的国民。美国是一个移民国家，拥有多种族文化，因此培育了美国人开放、强调创新、善于合作的民族特性；中国是一个文化底蕴深厚、多民族融合（主要是汉、藏、满、回、蒙等）发展的国家，因此孕育了中国人中庸、包容的民族特性；日本国土面积狭小、资源匮乏，培育了大和民族强烈的危机意识等。孙子有云："不谋万世者，不足谋一时；不谋全局者，不足谋一域。"核心价值观是一个家庭的内核，一个家庭的核心价值体系，一个家庭的实践要求和行动指南。如《曾国藩家书》，其中就深刻阐述了曾国藩在治国理政、修身养性、持家教子等诸多方面的深刻见地。在西方，富可敌国的石油大王洛克菲勒家族。其家族已传承至第七代，拥有170多名继承人，掌握着上百亿美元的财富。银行家大卫·洛克菲勒在一次采访中就曾透露，家族已经建立了一套完整的价值体系，帮助家人团结起来，维系家族繁荣。这套价值体系涵盖了为人处世、交友原则、劳动价值、道德情操等方方面面，甚至对零花钱的如何使用都制定了《14条零花钱协议》。这样事无巨细的价值体现，也难怪家族能延续繁荣至今。当然，不是每个家庭都是大家族，也不是每个家庭都是亿万富翁。平凡家庭的生活也可以充满欢声笑语，名门望族的生活也会有酸甜苦辣。这让我们意识到，一个家庭除了给予子女物质层次的财富，更应该考虑到精神层次的财富。

第五节　使用说明书

一、演化博弈——不断进化

《三国志·吕蒙传》中记载了这样一则故事：初，权谓吕蒙曰："卿今当涂掌事，不可不学！"蒙辞以军中多务。权曰："孤岂欲卿治经为博士邪！但当涉猎，见往事耳。卿言多务，孰若孤？孤常读书，自以为大有所益。"蒙乃始就学。及鲁肃过寻阳，与蒙论议，大惊曰："卿今者才略，非复吴下阿蒙！"蒙曰："士别三日，即更刮目相待，大兄何见事之晚乎！"肃遂拜蒙母，结友而别。大致意思就是：孙权对吕蒙说，你现在已经当大官了，怎么可以不学习呢？吕蒙却以军务繁忙推脱。孙权说，我又不让你考PHD，只不过让你多长长见识。你再忙有我忙吗？我都天天读书，你还没有时间吗？吕蒙听后便开始学习。有一天，鲁肃来和吕蒙开会，突然发现吕蒙上知天文，下晓地理，学富五车，弈才高八斗，大为震惊。吕蒙说："士别三日，即更刮目相待。"

这也是成语"刮目相看"的来源。"活到老，学到老"，这是每一个人都应该争取做到的。不能用老眼光看人，这也是每个人应该提醒自己的。子女在不断地成长，社会在不断进步，父母也应该相应地"进化"，不能故步自封，尝试着从子女的角度来理解问题、分析问题。同样地，父母虽然年老，但是为人处世之道也有值得子女去学习的地方，子女也需要不断“进化”，从父母的角度来看问题，相互理解，相互沟通。

二、鹰鸽博弈——小孩不小，大人不大

“鹰鸽博弈”的一个重要前提是父母应该将子女看成是一个平等的对象来对待，但大部分中国的家庭却很难达到这样的状态。在“鹰鸽博弈”的过程中，基本上父母总喜欢扮演鹰的角色。这样的博弈很难达到一个均衡结果。从博弈模型中我们可以看出，如果父母扮演鹰，那么孩子大概率也会采取鹰的策略与之对抗。在中西方的文化中，这一点有着很大的不同，我们可以从子女和父母的称呼中发现。在西方国家，无论是父母对子女的称呼，还是子女对父母的称呼（常见于岳父岳母或者公公婆婆），基本上都是直呼其名。尤其在父母与子女的沟通交流上，无论子女年龄大小，父母都会把他们放在一个平等的位置上进行沟通。

会给子女道歉，会对子女说感谢，甚至父亲对儿子有时会称呼“Buddy”，翻译过来就是大兄弟，这在中国都是很少见的。因此，无论在人生的哪一个阶段，我们应该尝试将父母或者子女拉到一个更为平等的位置上进行沟通交流。无论父母在社会、事业上多么有成就，回到家中，他（她）就是一个父亲、一个母亲。

法国哲学家蒙田在《随笔集》中说道："世界将某人敬奉为神，但在他的妻子和仆人眼中，却看不出他有丝毫值得被关注的地方。很少有人会引起自己仆人的赞叹。"如被黑格尔称为"骑在马背上的世界精神"的拿破仑，或者被称为"太阳之子"的马其顿国王安提柯二世，他们在仆人的眼中都是平凡的普通人，这也就是人们常说的"仆人眼中无伟人"。

三、讨价还价模型——敢于和父母"叫板"

俗话说："男人50岁之前比拼自己，50岁之后比拼孩子。"在三十而立、四十而不惑之后，50岁的男人基本已经完成了一生的事业发展路径。而在男人50岁时，子女的年龄大多在25～30岁，这正是下一代人事业起步的时间点。如果子女不成器，父辈奋斗一生的财富可能都会被挥霍一空，更有甚者会给家庭带来巨大的精神伤害。比如，最早的"我爸是李刚"，某知名演员"皇帝专业户"的儿子等。而如果子女成器，不但可以继承家业，还可以让父母安度晚年。比如，北宋年间的杨家将的故事，完美诠释了"打虎亲兄弟，上阵父子兵"。杨业是杨家将的第一代，杨家第二代共有"七郎八虎"，个个骁勇善战，勇猛无敌。尤其是长子杨延昭，在与辽军的战斗中，鲜有败绩，辽国人甚至认为他就是北斗七星中的第六颗天狼星转世，镇守北方，由此得到了

“杨六郎”的绰号。杨家第三代中，青史留名的是杨延昭的三子杨文广。他得到了范仲淹的赏识，最后官至防御使。

在现实生活中，我们经常看到有这样两类不太合格的父母。第一类：不管不问。第二类：一切安排好。第一类父母，他们在子女成长的过程当中并没有花时间去教育、去陪伴，等子女长大了又有“恨铁不成钢”的心态。第二类父母，他们恨不得从子女出生到进坟墓都给他们安排好，比如上学、工作、结婚等。无论两类中的哪一类，都会让子女失去了独立思考和独立决策的能力，使之要么成为“纨绔子弟”，要么成为“傻白甜”。父母应该在子女成长的过程中多给予他们与自己“讨价还价”的机会，子女也应该敢于和父母叫叫板。在“讨价还价”的过程中，子女才可以有所学，有所悟，而父母也可以把自己的人生智慧传授给子女。

四、消耗品与耐用品——养娃是一项风险投资

随着中国经济的腾飞，社会发展节奏的加快，不可否认，我们的家庭传统理念也在经受着来自各方面的冲击。但是重视教育历来是中国家庭的核心职能。《论语·为政》曾就这样阐述了孔子一生的轨迹。子曰：“吾十有五而志于学，三十而立，四十而不惑，五十而知天命，六十而耳顺，七十而从心所欲，不逾矩。”可见，“学”是人生要经历的第一阶段。作为父母，应

该在孩子青少年时期陪子女“学”，培养兴趣爱好。在“三十”时，凭借自己的人生经验，帮助子女“立”。在“四十”时，为子女答疑解惑。这样，子女才能在五十而知天命，六十而耳顺，七十而从心所欲，不逾矩。一代传一代，生生不息。

但是教育不是一朝一夕的事，而是相伴一生的。就像我们上文所说的企业投后管理，作为投资方不仅仅是给予公司资金方面的支持，更重要的是在战略方向、客户导入等各个方面的帮助。扶上马，还要送一程，这才是一个优秀投资人的特质。在金融股票市场中，一般有两类投资人。第一类是坚持长期价值投资者。这类投资人关心的是上市公司本身，如财务状况、业务状况、行业状况等，而并不关心短期内股票的价格走势。这类投资人以“股神”巴菲特为代表。第二类是短期的投机者。他们更关心一只股票短期内的投机机会，不太关心公司的基本面。从历史数据来看，往往第一类投资者的业绩要优于第二类。同样的道理，子女的教育要发挥出“耐用品”的价值，也应该坚持价值投资的理念。

不能一味地去迎合市场。比如，很多父母当前都很希望子女去学经济、金融、管理、会计等热门专业，或者在孩子很小的时候去上各种兴趣班。却都忽略了子女本身真正的价值体现，是本末倒置的做法，最后也只能让教育沦为“消耗品”，无法体现出时间的价值。只有放平心态，对子女进行长期投资，才可能提高投资成功的可能性。

五、委托-代理模型——层层递进与“防火墙”制度

在委托-代理模型中，我们一共介绍了四个模型：声誉模型、代理模型、棘轮效应模型和强制退休模型。下面我们来介绍一下具体的使用指南。第一步，婆婆方应该首先使用声誉模型对未来的儿媳妇进行全面的“尽职调查”。调查的对象可以是女方的家庭、同事、朋友、领导等。当然，这个调查不是官方意义上的调查，而是对女方的社交圈进行了解。母亲一般是比较了解儿子的，在了解之后，可以和儿子进行沟通，提出自己的意见和建议。第二步，婆婆方使用代理模型，采取“抓大放小”的策略，关注两口子长期的幸福生活，而不执着于眼下鸡毛蒜皮的小事。第三步，儿媳方使用棘轮效应模型，降低自己在婆婆心中的预期值。对婚姻生活中的琐事有选择地告知婆婆，多表扬少批评，不要一味地去吐槽自己的老公。第四步，婆婆方使用强制退休模型。一旦儿子和儿媳妇的婚姻生活步入了正轨，选择“急流勇退”，强制自己退出小两口的生活。当然，这一点在现实生活中很难做到，但是可以退一步，做一位“顾问”，只享有建议权，并没有决策权。此外，在婆媳关系中，儿子（丈夫）必须充当起“防火墙”的作用。术语“防火墙”起源于计算机领域，是通过安全管理与筛选的软件和硬件设备，帮助计算机网络在内网和外网之间构建起一道保护屏障，以保护用户资料与信息安全的一种技术。在婆媳关系中“防火墙”的核

心内容就是，物理层面上一定程度地阻隔婆媳长时间在一个空间内。俗话说“远香近臭”，母子长时间待在一起尚且会爆发矛盾，更何况本就是视彼此为“外人”的婆媳。虚拟层面上就是阻断信息的自由流通，一方面，在母亲面前多传达儿媳妇对自己的好；另一方面，在妻子面前传达母亲对他们的关心。焦仲卿和陆游显然没有起到“防火墙”的作用，反而是“和稀泥”，一味地听从母亲的安排，最后只能损害到妻子的利益，最终也是“杀敌一千，自损八百”。

六、金融与孝道文化——社会主义新时代的新孝道

习近平总书记在庆祝中国共产党成立95周年大会上提出了“四个自信”，即中国特色社会主义道路自信、理论自信、制度自信、文化自信。其中，文化自信就是要激发党和人民对中华优秀传统文化的历史自豪感，在全社会形成对社会主义核心价值观的普遍共识和价值认同。一方面，我们不能忘记优秀的传统中华文化；另一方面，我们只有摒弃那些不符合时代发展的元素，才能让传统文化再次释放出他的光辉。在新时代背景下，尊老的“孝”依然是我们要坚持和相信的，关键是如何“孝”？

首先，“好男儿志在四方”，能够实现自己的人生价值，也是对父母最大的孝。物质生活的极大丰富，让我们无须在父母

身边奉养；金融保险的发展，让我们无须在父母患病时散尽家财。相信大部分父母的心态都是想让子女“海阔凭鱼跃，天高任鸟飞”，并不想拖累自己的子女。幸运的是，市场的发达也可以让子女有更多的选择空间。很多人都说，“父母在，不远游”，希望子女留在父母的身边，但是“父母在，不远游”还有后面一句，“游必有方”。意思是，子女要远行，只要他有自己的想法和主见，是没有问题的。怕就怕愣头青一样什么都不知道就要往外面闯，在这种情况下，父母自然需要阻拦的。

其次，孝，并不是一定要生活在同一个屋檐下。中国向来有大家族或者大家庭生活居住在一起的传统。“四世同堂”可能是大部分中国人所向往的老年生活。目前，在北上广深打拼的外地人安家落户后，有些父母也会跟随子女的步伐，迁居到大城市。但是，社会的发展也在影响着我们的居住习惯，没有足够的私人空间已经会影响到现在年轻人的生活质量。对比西方子女和父母相对独立而言，我们需要更多的人情味。有人说，子女和父母应该是住在“一碗汤”的距离，彼此睡在不同的房子，但是又很近，父母做好的一碗汤端过来还不会冷。父母有点小病小灾，子女也能够及时赶到。这样既享受到了私人空间的祥和，又能感受到大家庭的温暖。

最后，孝不是物质的供给，而是精神的共鸣。很多人认为孝就是给父母打钱，多给父母打打电话，报报平安。目前，我们的生活条件早就过了温饱的需求，父母其实更需要精神层面的关心和关爱。尤其是退休后的老年生活。与社会脱轨，会给父母造成巨大的精神落差。作为子女，不仅要多花时间陪父母，更要让父母学会“玩转”退休后的世界，如教父母唱歌、跳舞，带父母旅游、健身等。我们上文也介绍了“色难”的观点，孝最难做到的是给父母好脸色。如果是被强迫的或者是社会舆论所要求的，我们很难做到“色好看”，只有心甘情愿地服侍老人才会有好脸色。家庭会由金融属性转向情感属性，形式不是重点，内容才是关键。

5

第5章 CHAPTER

友 谊

凡是尚未憎恶人类的人，凡相信人群中还散处着若干伟大的灵魂、若干领袖的人才、若干可爱的心灵，而孜孜不倦地去寻访，且在寻访之前便已爱着这些人的人，才配享受友谊。

——《人生五大问题》

人这一生除了父母、伴侣，还会拥有形形色色的朋友、伙伴、知己。在中国传统文化中，描述各种友谊的成语数不胜数。患难之交，兄弟之间只有一起经历过磨难和苦难才能称为兄弟；八拜之交，不是亲兄弟，胜似亲兄弟；忘年之交，友谊可以跨越年龄的鸿沟，“老腊肉”也可以和“小鲜肉”做兄弟；刎颈之交、生死之交，更说明了磨难和苦难不算什么，命都可以托付给对方。诗句有云：“海内存知己，天涯若比邻。”只要大家彼此心中有对方，距离再远也近在咫尺（当然了，现在一个电话、一个微信就可以与对方的联系）；“桃花潭水深千尺，不及汪伦送我情。”李白和汪伦这两位大酒量的友人喝嗨了之后，情谊会更深更浓，哪怕“深千尺”的潭水都比不上，也印证了“酒逢知己千杯少，话不投机半句多”。

当然，除了这些正面的友谊故事，也有不少负面的事例。塑料姐妹花、塑料兄弟情成为现代年轻人之间的戏谑之词。无论是在工作还是生活中，我们都会经常碰到这样的情况。企业创始团队在公司发展路线上闹得不可开交；某自媒体的两位股东也为股权争得不亦乐乎；互联网概念的某餐饮创始人也从昔日的战友变成了敌人。现在的“塑料情”无非就是大家不再联系，你走你的阳关道，我过我的独木桥。但是在古代，搞不好就会死在自己的兄弟手上。比如，唐太宗李世民的“玄武门之变”，杀死自己的兄弟李建成和李元吉成为一代帝王；曹丕令曹植七步作诗，其虽作出“本是同根生，相煎何太急”的名句而免于死罪。

友谊无论是好是坏，我们每个人都脱离不了它，毕竟人类都是群居动物。如果没有朋友的存在，孤身一人生活在地球上，估计不死也得疯。《人生五大问题》中是这样描述友谊的：“在家庭里，成员之间彼此血肉相连，人们爱我们非常容易。在爱情里，两个相爱的人只是互相扮演着戏剧，各人所扮的角色太美满了，不容真理的倾吐。这样，儿童、父母、丈夫、妻子、爱人、情妇，都在他们的心灵深处隐藏着多少不说出来的事情，尤其蕴藏着对家庭、对婚姻、对父母、对儿女的怨艾。友谊的目的之一就是把隐藏在心灵深处的情感在社会生活中恢复原状。”对中国人来说，友谊显得格外重要。中国人性格含蓄、内敛，总是习惯于把真正想说的话藏在心中，而不是直接表达出来。我们寄希望于别人懂我们，而不是主动去倾诉。所以我们才会有“知己”一词，我们才会有“好基友”“好闺蜜”这样的新词。在西方文化中，也有“Soulmate”的说法。西方人信仰宗教，心中有了孤独感、罪恶感可以在神龛中向神父进行倾诉，有了这样一个出口后，人与人之间的距离与中国人相比就更远了。中国人一般有了喜悦、痛苦、压力都喜欢与三五好友把酒言欢，好不痛快。

与父母一章中类似，家庭中有父子、父女、母子、母女四对关系。在友谊中也有男人与男人、女人与女人和男人与女人这三对关系，下面我们来一一分析。

（一）男男友谊——好基友

什么是好基友？好基友就是：你摔倒了我会扶你，但要先让我笑完。男人无论年纪多大，心中都住着一个小孩。而这种童趣只有和一群“臭味相投”的兄弟在一起时，才会更加明显。柏拉图早在《会饮篇》中就描述了男子与男子之间的爱情。希腊学者认为只有同性之间的爱情才是真正的爱情，而男女之间的爱情只不过是为了符合社会的道德和规则。这是因为在那个时代，只有男性才能获得知识，所以彼此之间能够产生精神共鸣，进而产生爱情。当代社会，“朋友易得，知己难寻”。男人之间“狐朋狗友”的情况居多，而真正能够做到两肋插刀的很少。一个真正的知己，就像是一个自己的克隆版，知道自己想什么，知道自己要做什么，更知道自己要什么。这种感情可以铮铮铁骨，可以饱含热泪，可以舍生取义。如果在这感情上再加上一个宏伟的目标，那就再完美不过。如《亮剑》中的李云龙和赵刚，为了民族大义而浴血沙场；比如管仲与鲍叔牙一起辅佐齐桓公成就春秋霸业，也难怪管仲说“生我者父母，知我者鲍子也”；比如马克思与恩格斯，为人类的未来和前进的方向指明了道路。好基友，一辈子！兄弟之间可以两肋插刀，兄弟之间也可以反目成仇。男人与男人之间能够产生最大分歧的原因便是竞争，并且双方都想在竞争中获胜。人类学家霍姆伯格在玻利维亚东部的西里奥诺地区做田野调查时发现了这样的现象：西里奥诺地区是一个还处在原始时代的部落。有一位男性猎人在相当长的时间内狩猎并不成功，他的妻子便很快抛弃了他并且向另外一位狩猎技术卓越的男猎人投怀送抱。不仅如此，被妻子抛弃的男猎人在部落中的社会地位也逐渐降低，人人唾弃。后来，霍姆伯格跟随这位男猎人一起打猎，并且教他如何利用猎枪来捕获猎物。有了先进工具的加持，这位男猎人很快就蹿升到部落猎杀榜的第一名。由于狩猎的成功，这位男猎人不仅在部落中地位得到了显著的提升，同时多位女朋友主动献身。有了地位，有了女人，男猎人也转而开始羞辱并唾弃其他不成功的猎人。这就是男人，争胜好强，为了获得更多的生存资源，就不得不和其他男性展开竞争，并且在竞争中力求获胜。有时候这种争胜可能不择手段，甚至不顾兄弟情面。春秋战国时期，孙膑和庞涓同是兵法大师鬼谷子的学生，并且两人感情深厚，并结拜为兄弟。庞涓出师后为魏国效力，并且邀请孙膑一起来魏国建功立业。孙膑来魏国之后，魏王逐渐发现其才能远在庞涓之上，便逐渐冷落了庞涓。这时男人之间可怕的好胜心就冲昏了庞涓的头脑。他在魏王面前诋毁并污蔑孙膑，后面的故事就广为人知了。孙膑被挖掉膝盖骨，在魏国装疯卖傻才苟延残喘地活了下来。最终孙膑投奔了齐国，并在马陵之战中亲自结果了庞涓。

（二）女女友谊——姐妹花

男男之间的友谊总体来说简单一些，而女女之间的友谊就会更为复杂。男人在觥筹交错、并肩奋战之中能够快速地建立友谊。而对女人来说，姐妹花处理好了是“钢铁姐妹花”，处理不好很有可能变成“塑料姐妹花”，女性之间的友谊更多地需要时间和经历的沉淀。男人需要的是对方看得见、摸得着的帮助与支持，而女人可能仅仅只需要陪伴与倾诉就足够了。我们常常把女性之间的好友称为“闺蜜”，所谓“闺”，是闺房，在最私密的场合下分享彼此最私密的心里话；所谓“蜜”，则是在这种分享之中感受到无比的甜蜜与满足。最高境界的男男友谊是带着些许女人之间的柔情（所以叫“好基友”），而最高境界的女女友谊也会透露出刚强与坚韧（所以叫“钢铁姐妹花”）。如果说男男友谊之间最大的威胁是在竞争中争胜，那么女女友谊最大的威胁就是嫉妒。无论是童话故事中的白雪公主还是灰姑娘，都充满女人之间的嫉妒。其中最让人心惊胆战的故事就非吕后和戚夫人莫属了。吕后是汉高祖刘邦的原配夫人，戚夫人则是刘邦最宠爱的妃子。吕后在刘邦最落魄的时候陪伴并支持他，最终帮助刘邦成就霸业。而戚夫人凭借着年轻美貌坐享其成，获得了刘邦的怜爱。刘邦死后，吕后直接把戚夫人的手掌和脚掌剁掉，挖掉眼珠，用铜水注入耳朵，用喑药灌进喉咙，割去舌头，破坏声带，然后扔到厕所里。在《史记》中被称为“人彘”，手段之残忍，令人发指。究其本质，男人竞争的是资源的所有权，而女人需要获取的是资源的分配权。

（三）男女友谊——捅破或者不捅破的那一层窗户纸

男女之间是否有真正的友谊，这是我们平时常常引起讨论甚至争论的话题。莫罗阿在《人生五大问题》中列举了异性之间友谊的三种情形：第一，一方单恋而另一方容忍；第二，一方或双方是过了恋爱年龄的老人；第三，原来的恋人转变为朋友。我们可以发现，无论是这三种情形中的哪一种，都绕不过性在其中所扮演的角色。拜伦曾说：“毫无异议，性的神秘力量在其中就犹如血缘关系一般占据着天然的优越地位……如果能摆脱一切友谊所防止的那种激情，又充分明白自己的真情实感，世间就没有什么能比得上做女人的朋友了。”

所以，问题的关键就在于男女之间的友谊能否有性的成分。

这取决于男女双方对彼此的心理认知和感知。如果性被限制在一个对双方都有益无害的定位，这种友谊也会产生温馨与愉悦。正如许多名人就曾拥有这种说不清道不明的男女友谊，而这对他们的成就有所帮助。如贝蒂娜与歌德，梅森堡夫人与瓦格纳，莎乐美与尼采等。判定有益无害的关键在于双方的心理是否会产生占有欲，如果产生了占有欲就产生了爱情。这种爱情是排他的，而友谊是不会排他的。

无论是在男男友谊、女女友谊还是男女友谊之中，我们总会碰到这样或者那样的问题。这个人值不值得交往，这个人值不值得信任，这个人值不值得合作……都是我们需要在友谊中面对的实际问题。朋友之间关系的处理也是一门技术活，毕竟友谊的小船说翻就翻。无论是古代的小船，还是现在的小船，处理不当，该翻还是翻。如果是艘大船，翻了可能就沉入海底，如果是艘皮划艇，还可以翻转一下接着激流勇进。所以，我们不仅需要开好车，还要学会开好船。不仅要成为一名老司机，还要成为一名老船长。在本章中，例子一引入《三国演义》中的两个经典故事：空城计和蒋干盗书，以及战国时期的廉颇与蔺相如的故事，说明友谊中的博弈对象和如何互动这两个主题。我们在序言中提及了博弈论的分析框架：局中人、决策策略和报酬机制。在婚姻和父母两章中，由于局中人的单一（仅有爱人和父母或者子女），所以没有对局中人、决策策略详细说明。但是在友谊中，朋友千人千面，所以我们有必要对其进行详细的讨论。在互动方式上，认清和对方是合作关系还是竞争关系，这对我们采取什么样的策略来说至关重要。例子二通过“战国四君子”的故事引出“人脉”这一主题，尝试从网络科学的角度来分析到底什么是人脉。接下来，我们将介绍社交场上最常见的三种消费品：烟、酒、茶，并用信号传递模型来揭示这三种消费品背后所蕴含的信号和这些信号中所蕴含的巨大能量。最后，我们通过某地产大佬的例子，来说明声誉机制与间接互惠在社交网络中的重要作用。

第一节　局中人的名、利、情

一、举个例子：空城计、负荆请罪与蒋干盗书

（1）《三国演义》中“空城计”的故事广为人知。诸葛亮派大将马谡驻守交通要塞街亭。结果马谡刚愎自用，不听副将王平的建议，执意将部队驻守在山上，结果被魏军断了水源，孤立无援而惨遭失败。丢了街亭后，司马懿乘胜追击，直逼西城。此时诸葛亮已无兵可用，就在司马懿大军围城之时，诸葛亮心生一

计，城门大开，在城楼上开启了古琴独奏会。弹罢后，朝着司马懿来回勾了勾食指，大喊“你过来啊”。司马懿怀疑诸葛亮设有埋伏，引兵而退。

（2）战国时期，赵国蔺相如与廉颇的故事也颇为有名。蔺相如凭借其非凡的勇气和智慧将赵国的镇国之宝和氏璧在秦王眼皮底下转了一圈后成功地带回赵国，秦王也只能作罢（成语“完璧归赵”的来源）。之后，在秦赵两国的渑池之会上，蔺相如又凭借着惊人的口才让赵王摆脱了受辱的尴尬困境，维护了国家尊严与领土完整。回国后，蔺相如连升三级，超过了战功赫赫的廉颇。廉颇生性刚直粗犷，很不服气，一言不合就开撕，扬言要羞辱蔺相如。蔺相如却总是回避廉颇，上朝避开他，在路上的马车也避开他。蔺相如手下门客看不过去，问蔺相如为何如此胆小。蔺相如却说：“我秦王都不怕，怎么会怕廉颇。赵国正是因为有我和廉颇，秦王才不敢轻举妄动。如果我们二人闹矛盾，肯定会给秦王有可乘之机。”廉颇听后，觉得是自己格局太小，羞愧难当，亲自上门负荆请罪。

（3）同样在《三国演义》中，“蒋干盗书”的故事也十分有名，曹操亲率大军百万，挥师南下，在赤壁与东吴水军对峙。东吴水军都督周瑜与曹军隔江相望，剑拔弩张。曹操手下有一位谋士叫蒋干，从小就和周瑜在一个幼儿园、小学读书，于是向曹操毛遂自荐，想去劝降“同桌的你”——周瑜。周瑜热情地迎接了老同学，并特意安排他和自己睡一个屋子。蒋干在周瑜熟睡之后，偷看周瑜的若干书信，发现其中有曹操水军都督蔡瑁、张允的降书，回去便告诉了曹操。其实，这都是周瑜伪造的，目的是除去曹操军中懂得水战这两员大将。结果曹操中计，斩了二人。

二、提个问题：来者何人？

那么，问题来了。诸葛亮足智多谋，司马懿生性多疑，蔺相如胸怀宽广，曹操果敢狡诈，廉颇刚毅粗犷……在友谊中，我们会面对诸多形形色色、性格各异的人，那么我们要如何分析、判断他们呢？空城计中诸葛亮敞开城门是真是假？蒋干盗的书到底可不可信？对于这些事，我们又该如何分析判断呢？面对廉颇的步步紧逼，蔺相如是该与之争锋还是退避三舍呢？

三、模型1：认清局中人（名、利、情）（Players: Reputation、Benefits、Affection）

面对与朋友（当然也包括敌人）的博弈，我们只有搞清楚自己博弈对象的诉求到底是什么，才能更好地制订出合适的行动策略。总结来看，每个局中人都逃脱不了对名、利、情

的追求。名，就是声名、声誉，外人对自己的评价；利，就是利益，任意一种可货币化的资源；情，就是感情，自己对他人或他人对自己的一种情感诉求。无论历史上还是现代社会，我们都可以发现有人重名，有人重利，有人一生为情所困。无论是重名、重利还是重情，友谊都没有对错，只要不损害国家或他人利益，就只是个人追求的目标不同而已。不爱江山只爱美人的清朝顺治皇帝、独宠杨贵妃的唐玄宗、烽火戏诸侯的周幽王、对小乔一往情深的周瑜、司马相如与卓文君、欧洲的罗密欧与朱丽叶等，这是重情。这个情可以是爱情，也可以是兄弟之情。“人生自古谁无死，留取丹心照汗青”的文天祥，抵抗清兵死于扬州城的史可法，“不为五斗米折腰”的陶渊明，为继承刘备遗志恢复汉室天下的诸葛亮，这是重名。而对于老谋深算的司马懿来说，自己家族的利益是首要考虑要素，曹家的事先放一放，这是重利。因此，我们在与他人相处时，一定要分清对方是何种诉求，才好“对症下药”。

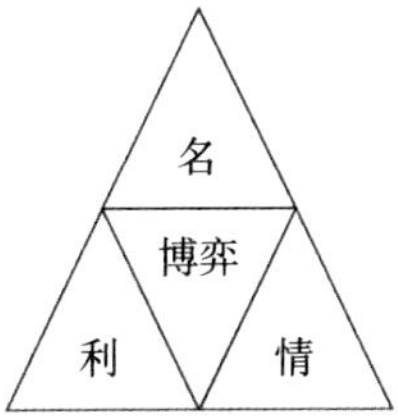

图5-1　博弈局中人的诉求

能诠释这一点的最好例子便是孔子“三季人”的故事了。孔子的学生子贡在门口扫地，有人问到“一年有几季？”，子贡答“四季”。其回复“不对，一年有三季”。两人争辩了很久，子贡请老师孔子来做评判，孔子观察一阵后，说“一年只有三季”。子贡大为不解。孔子便说：“那人一身绿衣，分明是田间的蚱蜢。蚱蜢，春天生，秋天亡，一生只经历过春、夏、秋三季，哪里见过冬天？所以在他的思维里，根本就没有‘冬季’这个概念。你跟这样的‘蚱蜢’争论，那就是争上三天三夜也不会有结果的。”世间本应该有四季，但是面对一身绿衣的“蚱蜢人”却只有三季。如果执意去争论，那么冲突、争吵是无可避免的。庄子所说的“夏虫不可语冰”也是相同的道理。所以，如果对方是一个视金钱如粪土而在乎名的人，那么一定要给足对方面子，将功劳、名声尽可能多地给予对方，和他谈利益无异于是侮辱他；如果对方是一个唯利是图的人，那么对于他来说，没有永远的朋友，只有永远的利益，跟他讲感情无异于对牛弹琴；如果对方是一个性情中人，与他说名道利无异于缘木求鱼。此外，名、利、情也意味着不同类型的博弈局面。名，多是一种零和博弈，有他没我，有我没他，一个萝卜一个坑，这种情况多见于仕途官场之上。利，多是一种正和博弈或者负和博弈，合作成功了，大家一起赚钱，合作失败了，大家一起亏钱。情，大多也是一种正和博弈或者负和博弈，要么双方一起开心幸福，要么互相伤害。

在金融政策中，资本自由流动、固定汇率和货币政策独立三者不可兼得，只能取得其中一项或一边的目标，这称之为“不可能三角”（Impossible Trinity）。资本的自由流动是指资金可以在国与国之间自由流动，以寻求较高的回报率。汇率是指国与国之间货币的兑换比率，如人民币兑美元或者美元兑人民币。而货币政策是指国家对货币供应总量的控制。如果一个国家保持资本的自由流动和货币政策的独立，那么就必须牺牲固定汇率，而采取浮动汇率。以中美贸易为例，如果中美之间的资金可以自由进出，中国也可以控制货币的供应量，那么你要固定人民币兑换美元的比率肯定是无法做到的。如果一个国家保持汇率的稳定和货币政策的独立，那么资本自由流动就很难做到，必须限制资本的流动。同样，我们保持人民币兑换美元是一个固定值，中国仍然可以控制人民币的供应量，那么美元必定不能在中国随意流动。同样的道理，如果一个国家保持资本自由流动和汇率稳定，那么就必须放弃独立的货币政策，如欧盟（见图5-2）。

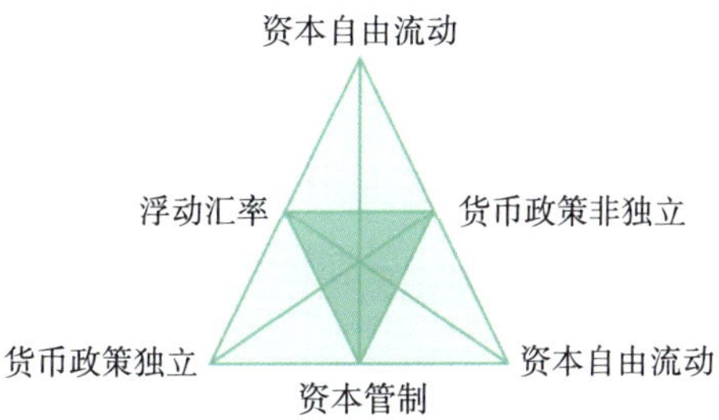

图5-2 不可能三角

名、利、情也面临着相似的情况。“上帝为你关上了一道门，也会为你打开一扇窗。”一个人可以单纯地只为名、为利或者为情，也可以包含其中两种，如为名和利、为名和情或者为情和利。但是理论上不可能三者皆顾。获得其中之一，必然要以损害其他两种为前提（如果这三样都让你占了，你就不是人，而是神）。当官不要想发财，想发财也不要当官，说的就是这个道理。所以，首先我们要弄清自己是什么样的人，只有明白了自己的诉求，才能让我们收获更多的满足感与幸福感。在此基础上，再弄清对方的诉求才能让我们事半功倍。司马懿正是看透了诸葛亮求“名”的心理，才能在最终的竞争中获胜。诸葛亮十分想在自己的有生之年完成刘备匡扶汉室的遗愿。所以，每次诸葛亮带兵北伐，司马懿总是不和其正面交锋，而是高挂免战牌，就算诸葛亮送来女人的衣服羞辱他，他也不为所动。司马懿的策略就是“不战而屈人之兵”，拖死诸葛亮。就算“最强大脑”的诸葛亮发明了木牛流马运送粮草也无济于事，“六出祁山”也无功而返，最后还命丧五丈原。同样，诸葛亮也抓住了周瑜求“名”的心理，在喊出“周郎妙计安天下，赔了夫人又折兵”之后，把周瑜活活气死，使得周瑜临死前也只能发出“既生瑜，何生亮”的哀叹，真是一物降一物。反观蔺相如，他抓住了秦王贪图和氏璧“利”的心理，玩弄秦王于股掌之间。而后，他又抓住了廉颇为人耿直，跟自己过不去并不是私人恩怨，而是其觉得自己的战功更大，重“名”的想法，因此屡屡退让，以退为进，把“名”让给廉颇，不争锋，不争功，最终让廉颇亲自登门负荆请罪。蔺相如可谓是博弈中识人的高手。

此外，除了弄清楚是为名、为利还是为情后，我们还需要分清对方的价值取向。沃顿商学院教授亚当·格兰特研究过付出与成功的关系。他发现人们有三种价值取向：第一，付出者，寻找机会帮助别人而不求任何形式回报的人；第二，获取者，聚集资源并且想办法让别人帮助自己的人；第三，折中者，既喜欢付出又喜欢获取的人。他发现，最成功的人往往是获取者。乍一听，好像是最自私的人容易获得成功，但是事实是这个自私是有前提的。获取者在帮助他人时很有讲究：第一，被帮助者首先满足自己社交圈的人。集中力量办大事，不分散自己的注意力和精力。第二，集中在自己的非主要时间。打铁必须自身硬，先把自己的事处理好了再去处理别人的事。第三，选择那些自己能够快速完成的事情，讲求效率，不做那些吃力不讨好的事。他们往往会造成“全世界好像都欠他们的人情”的局面，自然当自己需要帮助时，他人也会伸出援手。成功人士套路多，这样的方法可能略显“势利”，但却是最有效率的。

四、模型 2：竞争与合作（Competition and Cooperation）

在分清了局中人的诉求后，我们再来研究博弈中的互动方式。竞争与合作是我们对待朋友的两种最基本的互动方式。要么你死，要么我亡，这是竞争。握握手，大家还是好朋友，这是合作。竞争是动物的一种本能，也是我们与生俱来的一种能力。竞争是为了活下来或者活得更好。我们从竞争食物、女人，到竞争权力，虽然竞争的东西在变化，但是竞争这一趋势却从来没有变过。历史学家杜兰特在《历史的教训》一书中说道：“在历史进程中，人类的本性并没有发生实质性的改变，所有的技术成就,都不得不被看成是用新方法完成旧目标——取得财货，追求异性，在竞争中取胜，发动战争。”竞争一方面让我们更高、更快、更强，正如达尔文进化论所描述的“物竞天择，适者生存”；另一方面竞争也是个“此消彼长”的过程，“得”此则失“彼”。正如美国哲学家桑塔亚那所说：“竞争的本能是一种野性的激励，一个人的优点通过它从另一个人的缺点上显示出来。”

虽说竞争是动物的一种本能，但是合作却是只有人类才具备的高级技能。竞争Competition一词来源于拉丁文，其中词根“Com-”，就有一起、一同的意思。所以，竞争的本意是一起努力或一起寻找某些共同的兴趣。这本身就是一种合作精神。《人类简史》一书曾论述，我们人类（书中称为智人）无论从身形、体力都不及已经消亡的尼安德特人，但是正是凭借人类大规模有组织的合作，才爆发出了巨大的战斗力，继而成为地球上食物链的顶端。竞争从本质上说是一种关注个人短期利益的零和博弈，如果说这是一个分蛋糕的过程，那么就是你有我无，而合作的本质则是一种关注长期集体利益的正和博弈，这是做大蛋糕的过程，你有我也有。

《超级合作者》一书中作者也曾说，合作是继突变和自然选择之后的第三个进化原则。那么我们什么时候选择竞争，什么时候选择合作呢？博弈论中的鹰鸽博弈和智猪博弈可以给我们一些启示。

竞争——鹰鸽博弈

我们在父母一章中，用鹰鸽博弈刻画了父母与青春期的子女应该如何博弈的场景。同样的模型我们也可以用在竞争之中，鸽派表示合作（握握手，大家还是好朋友），而鹰派表示竞争（不是你死，就是我亡）。我们用蔺相如与廉颇的例子构建如下的博弈模型，蔺相如可以采取“鹰派”或“鸽派”的策略，廉颇亦然。如果蔺相如和廉颇都采用鸽派的策略，大家相安无事，赵国利好，则收益各为3。如果一方采用鹰派，一方采用鸽派，则采用鹰派策略的一方明显占优，可获得4的收益，而采用鸽派的一方只能获得1的收益。如果蔺相如和廉颇都采用鹰派，硬碰硬，两败俱伤，则收益各为0。双方收益矩阵如表5-1所示：

表5-1　廉颇与蔺相如的鹰鸽博弈

	蔺相如—鸽派	蔺相如—鹰派
廉颇—鸽派	3,3	1,4
廉颇—鹰派	4,1	0,0

从中我们可以得出这个博弈存在两个纳什均衡，即（蔺相如鸽派，廉颇鹰派）和（蔺相如鹰派，廉颇鸽派）。与父母一章类似，如果考虑是多次重复博弈（并非单次）则有两种策略模式：一为固定策略，二为触发策略。固定策略为双方都采取轮换的纳什均衡策略，即一方选鸽，则另一方选鹰；下一轮中，一方选鹰，则另一方选鸽，路径为（鹰、鸽）、（鸽、鹰）、（鹰、鸽）……触发策略是指一开始选择某种策略，而根据对方的策略在之后的博弈中进行不同的应对。在此博弈中较优的触发策略为：第一阶段大家都选择（鸽、鸽）和平共处（因为3+3=6，优于4+1=5）。如果发现对方采取鹰派策略，则第二阶段也采取不合作的鹰派策略惩罚对方。第三阶段无条件采取鹰派策略。

我们发现，当廉颇选择鹰派处处刁难蔺相如的时候，蔺相如冷静分析局势，看出了如果自己也选择鹰派则会两败俱伤，秦国就会乘虚而入，并对赵国产生威胁。所以，蔺相如选择了鸽派，主动躲避廉颇，避免产生冲突。而廉颇虽然性格刚毅，确也是个明大理的人，他发现蔺相如采用鸽派的策略的原因后（我秦王都不怕，怎么会怕你廉颇=我本可以采取鹰派，但是为了国家，我选择了鸽派），国家的“威胁”在一定程度上让廉颇没有步步相逼，而是从鹰派转向了鸽派，二人就又回到了（鸽派、鸽派）的最优局面。

这告诉我们：在与人相处的时候，如果对方是知书达理的人，那就各退一步，海阔天空。但是面对某些人也不能处处相让，处处妥协。否则只能落得“人善被人欺，马善被人骑”的境地。如“东郭先生和狼”的故事，狼是不可能采用鸽派策略的，所以东郭先生的善良，只会使他命丧九泉。那么我们应该在什么时候强硬、什么时候又妥协呢？我们介绍的鹰鸽博弈有两个均衡策略，第二个均衡策略是触发策略，即大家都先和平相处，一旦对方强硬，侵害了我们的利益，则我们也要强硬起来，并且一直保持强硬。这也叫“赢定输移（Win-stay，Loss-shift）”策略。也就是说，如果大家都能得到自己应得的利益，我们就保持原定的策略不变，一旦对方耍心眼儿，侵害了我们的利益，我们就要采取“以牙还牙，以眼还眼”的策略。曾国藩虽然一世英明，但是在给女儿找女婿的问题上却翻了跟头。曾国藩在日记中记载他的女婿袁婿“强封民房，娼妓多人”，“闻袁婿于昨夕吞鸦片烟服毒……”曾国藩再三忍让劝诫，但是袁婿却本性难移，最终与其一刀两断，写道“吾亦永远绝之可也”。如果曾国藩知道赢定输移的策略，那么当袁婿第一次“上房揭瓦”，给脸不要脸的时候就给他些颜色看看，可能也不会落得绝交的下场。

“以牙还牙，以眼还眼”的策略是说大家初期都采取鸽派的策略和平相处，这样收益最大化。可是如果对方一旦采取鹰派的策略，自己也要马上调整为鹰派的策略，以暴制暴。《超级和作者》一书的作者构建了一个数学模型，发现另外有一种策略具有明显的优势，叫作“宽宏的以牙还牙，以眼还眼”策略。这个策略的意思是说，如果对方采取鹰派的策略，我下次还是以一定的概率采取鸽派的策略。注意，这里的重点是以一定的概率，不一定绝对的采取鹰派或者鸽派。这样长期来看，双方也很容易再回到（鸽派，鸽派）的合作状态。因为长期来看，对于双方这也是一种最优选择。春秋时期的齐桓公就采取了“宽宏的以牙还牙，以眼还眼”策略赢得了管仲的帮助，成就霸业。当齐桓公在与公子纠争夺王位时，管仲当时效力于公子纠麾下，并参与了暗杀齐桓公的行动，一箭差点要了齐桓公的性命。齐桓公继承王位后，欣赏管仲的经天纬地之才，也在鲍叔牙的劝说下（成语“管鲍之交”的来源），原谅了管仲。这让管仲十分感动，并为齐国的国事鞠躬尽瘁，死而后已。最终在管仲的帮助下齐桓公率先登上春秋霸主之位，历史留名。“宽宏的以牙还牙，以眼还眼”也就是我们经常说的以德报怨。《论语·宪问》中就记载：“以德报怨何如？子曰：何以报德？以直报怨，以德报德。”

合作——智猪博弈

合作这一主题广泛地存在于人与人的互动中，也存在于国与国之间。大卫·李嘉图在其代表作《政治经济学及赋税原理》中提出了比较成本贸易理论（后人称为“比较优势贸易理论”）。

比较优势理论认为，国际贸易的基础是生产技术的相对差别（而非绝对差别），以及由此产生的相对成本的差别。每个国家都应根据“两利相权取其重，两弊相权取其轻”的原则，集中生产并出口其具有“比较优势”的产品，进口其具有“比较劣势”的产品。比如，一个国家的自然资源有生产葡萄酒的优势，但是没有生产面包的优势，那么这个国家就应该生产葡萄酒，进口面包。比较优势贸易理论在更普遍的基础上解释了贸易产生的基础和贸易利得，大大发展了绝对优势贸易理论。通俗来说，比较优势就是差异化竞争，如小品台词“跟陈佩斯比美发，跟帕瓦罗蒂比劈叉，跟美国总统布什比说中国话”，这就是一种比较优势。

博弈论中的智猪模型在这方面给了我们些许启示。智猪博弈由诺贝尔经济学奖获得者约翰·纳什于1950年提出。假设猪圈里有一头大猪、一头小猪。猪圈的一边有猪食槽，另一边安装着控制猪食供应的按钮。但是谁按按钮就会首先付出2个单位的成本。在大猪选择行动的前提下，小猪选择等待的话，小猪可得到4个单位的纯收益，大猪得到6个单位，但付出了2个单位的成本，实际上得到了4个单位的收益；而小猪和大猪同时行动的话，则它们同时到达食槽，分别得到1个单位和5个单位的纯收益（付出4个单位的成本）；在大猪选择等待的前提下，小猪如果行动的话，小猪只能得到1个单位，则小猪的收入将不抵成本，纯收益为-1个单位；如果大猪也选择等待的话，那么小猪的收益为零，成本也为零。

用博弈论中的报酬矩阵可以更清晰地刻画出小猪的选择（见表5-2）：

表5-2　智猪博弈

	小猪行动	小猪等待
大猪行动	5，1	4，4
大猪等待	9，-1	0，0

我们用画线法可以看出，如果大猪选择行动，则小猪会选择等待（4＞1）；如果大猪选择等待，则小猪也会选择等待（0＞-1），所以小猪选择等待是最佳策略。知道小猪选择等待，大猪则会选择行动（5＞4），所以（大猪行动，小猪等待）是一个纳什均衡。这其实印证了电影《蜘蛛侠》中的一句经典台词："能力越大，责任越大。"为了集体的利益最大化，能力强的人必然要多出力，而能力弱的人必然会出现"搭便车"的情况。所

以，能力强的人更多的是需要放平心态，专注自己的目标，忽略这些“搭便车”的人。就像2020年春晚小品《快乐其实很简单》中闫总向洗车工抱怨，为什么最累的是自己，为什么压力最大的是自己，为什么只有自己承担了大部分的工作，而洗车工就弱弱地问了一句“钱拿得最多的是谁”，之后闫总便一声不吭了。

竞争与合作是生物演化的两个主题。但是随着世界的进一步开放，交流进一步加深，竞争与合作的相互交替、相互融合将会成为主旋律，一种新型的竞合关系将会越来越多地出现在我们的生活和工作中。首先提出这一概念的是VISA信用卡的创始人霍克，他在《隐形的VISA》中曾阐述了各银行之间的信用卡业务就是一种既竞争又合作的关系。而亚当·斯密除了其成名作《国富论》被奉为圭臬之外，其《道德情操论》也造诣颇深。《国富论》从利己的角度出发建立了“理性人”“效用最大化”和“社会分工”等基本经济理论的雏形，而《道德情操论》则是从利他的角度阐述了利己的缺陷所在。最终我们可以从两本著作中知道，竞争和合作可以共存，利他也是为了更好地利己。二者相互促进，竞争是为了合作，而合作也会激发竞争。在友谊中也是如此，竞争让我们提高自身的能力，而合作能够让我们有更大的收益。

第二节　经营人脉

一、举个例子：鸡鸣狗盗

战国末期，秦国的势力越来越强大。各个诸侯国为了对抗秦国，纷纷在全国各地网罗人才，以扩大自己的影响力。所谓“礼贤下士”中的“下士”就是在家中养着各式各样的人才，有学士、方士（从事医、卜、星、相类职业的人）、策士（出计策、献谋略的人）、术士（指儒生、道教之士）及食客（没有固定工作，叫干嘛干嘛，只要管吃饭的人）。当时，以“养士”著称的有魏国的信陵君魏无忌、赵国的平原君赵胜、楚国的春申君黄歇、齐国的孟尝君田文，他们每个人都是门客上千，风光无限。江湖人称“战国四君子”。

其中，齐国的孟尝君喜欢招纳各式各样的人做门客。弹琴的、说唱的、耍猴的，应有尽有，号称“宾客三千”，来者不拒。孟尝君被齐王免官之后，被秦王邀请去做宰相。等孟尝君到达秦国之后，秦王突然又改变了主意，把孟尝君软禁起来并起了杀心。孟尝君知道后，匆忙地找到了秦王的宠妃燕姬说情。燕姬说帮忙可以，但是她要那件举世无双的白狐裘（估计是那个年代的爱马仕铂金包），可是这件白狐裘在孟尝君来秦国时就已经献给了秦王。就在孟尝君一筹莫展之时，有一个善于飞檐走壁的门客趁着夜色把这件白狐裘偷出来，最终让秦王放弃了杀害孟尝君。

随后，孟尝君趁机出逃，但到了函谷关天色仍未明，守城官不放行。因为根据秦国法律，只有鸡鸣之时才可以开门。没想到孟尝君的另一个门客居然会口技，学起了鸡叫，引得全城的鸡都跟着叫起来了，守城官只得打开城门放行。孟尝君也顺利地逃回了齐国。这也是成语“鸡鸣狗盗”的由来。

二、提个问题：什么是人脉？

那么，问题来了。战国四君子无一不是门客上千，想必养人的成本也不会少。在众多智慧与美貌并存、英雄与侠义的化身的优秀门客背后，却是一个不起眼的门客救了孟尝君。除了问孟尝君本人“惊不惊喜，意不意外”背后，有人可能忍不住想问：门客，也可以理解为我们现在所说的朋友，是越多越好吗？这些门客都是四大君子的人脉，现代人奔波于无数的“局”去结识更多的人，想要积累所谓的“人脉”，那么什么是“人脉”，又该怎么去利用好人脉呢？

三、模型：社交网络（Social Networking）

全球知名的咨询家和组织理论家玛格丽特·惠特利说过，“联系无处不在”。能够产生联系的基础就是有网络的存在。人类从古至今都是有组织地生活在网络之中。古代的网络是一种实体网络，一个村寨是一个网络，一个国家也是一个网络。但是彼此隔绝，没有实现互联互通。而现在的网络是一种实体网络和虚拟网络的结体。彼此相连，你中有我，我中有你。随着互联网、通信技术的进步，我们的网络发生了两点变化：第一，地理范围的扩大。从原先“鸡犬相闻，老死不相往来”的状态到“互联互通”。第二，传输速率与频率增大。电话、邮件、通信软件的发明，使人与人之间的交流及反馈都是以毫秒级计算。我们所说的人脉，从本质来说也是一种网络。

“网络”一词来源于互联网，网络的架构由节点和连线构成，他们可以表示对象之间的相互关系。我们用节点表示“人”，用连线表示人与人之间的连接，就可以得出一幅社交网络图。社交网络庞大而繁杂，但是其中又有着千丝万缕的关系。下面，我们就对社交网络图中所蕴含的一些规律和大家解释一下什么是人脉以及如何更有效率地利用好人脉（见图5-3）。

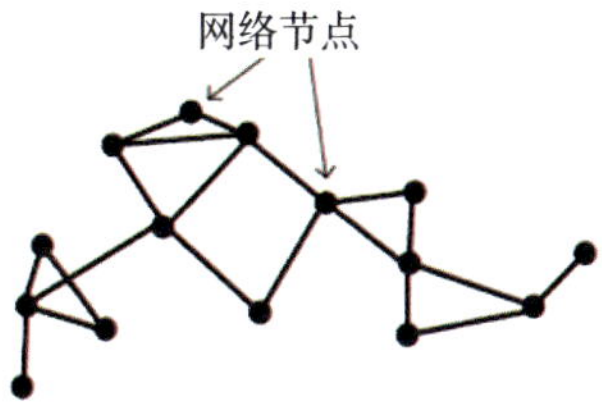

图5-3　社交网络节点图

（一）六度分割

六度分割是社交网络中最基本的一个定律。20世纪60年代，耶鲁大学的社会心理学家米尔·格兰姆设计了一个连锁信件实验。他将一套信件随机发送给居住在内布拉斯加州奥马哈的160个人。信中放了一个波士顿股票经纪人的名字，信中要求每个收信人将这套信寄给自己认为是比较接近那个股票经纪人的朋友，朋友收信后也同样按照这样的规则办理。最终的实验结果说明，所有的信都在经过六个左右的步骤后到达了该股票经纪人手里。六度分割（也叫“六度空间”）的概念由此而来（见图5-4）。

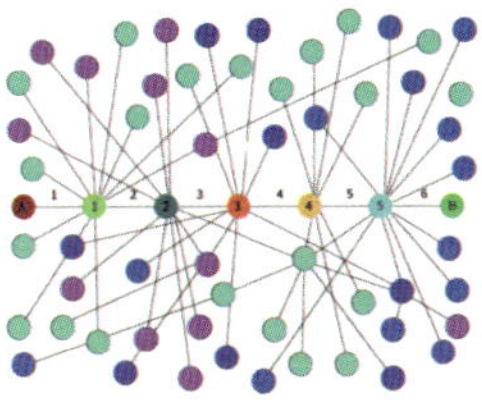

图5-4　六度分隔

六度分割的理论说明了在社交网络中任意孤立的两点是不存在的。我们在大千世界中要想取得和任意一个人的联系，只要通过不超过6个人的传递，就能达到。随着通信的进步，“6”这个数字应该偏大了。因为米尔格·拉姆做实验时用的是信件，而现在微博、微信、脸书、推特等社交软件，让人与人产生联系的路径能够大大缩短，真正地实现了“海内存知己，天涯若比邻”的“小世界”。六度分割带来了两个结果：第一，人与人的连接成本和搜寻成本将大大降低，为更广泛的合作打下基础。第二，聚集性。在连接成本和搜寻成本降低后，人群将会形成某种“人以群分”的聚集性。这是一把“双刃剑”，一方面可以把相关的人群快速聚集起来，另一方面又让这聚集起来的人群“深陷其中”，不愿意到其他群体中看一看。比如，在互联网时代，我们可以只看到自己想看的内容，只认识自己想认识的朋友。这给我们的思维和思想带来了很多的局限性，也很容易造成社会的割裂，而从不同的角度，不同的社群去审视社会，会给我们带来更加全面的理解。

（二）邓巴数字

另一个社交网络的关键数字是“150”，也叫邓巴数字或者150定律（Rule of 150），由英国牛津大学的人类学家罗宾·邓巴（Robin Dunbar）在20世纪90年代提出。该定律根据猿猴的智力与社交网络推断出：人类智力（准确来说是大脑皮层的信息处理能力）将允许人类拥有稳定社交网络的人数大约是150人。经历史学家研究发现，古代蒙古部落之所以在冷兵器时代横行天下就在于其骑兵的高机动性，而为了保持高机动性必须有很好的组织机制。为了支持这种组织机制，每个部落的人数基本上也就是在150人左右。当人数多于这个数时，又会自动分化成其他的小部落，以此来维持其快速灵活的运作机制。

“150”这个数字就回答了“朋友是不是越多越好”这个问题，尽管四大君子的门客众多，但是真正有可能被主人了解的，也就150人左右。我们的精力是有限的，通讯录中的人数动辄上千上万，有时可能并没有提高我们的效率，相反我们还会被无效、无用的信息所充斥。邓巴数字告诉我们认识的人多并没有用，关键是如何在150人的限定内提高社交效率。另外，邓巴教授还提出最佳的交流人数是4个。交流是一种双向的沟通机制，不仅需要听取并吸收对方的话语，还需要整理自己的语言进行答复。交流取决于我们的听力接受水平，与3个人同时交流是我们的上限。所以，小范围的沟通在效率上远胜于大范围的聚会。美国杰出的商业哲学家吉姆·罗恩提出的“密友五次元理论”认为：一个人的财富和智慧，基本就是5个与之亲密交往朋友的平均值。孟尝君门客上千，关键时刻真正起作用的，也就那么几个“鸡鸣狗盗”之人。六度分割和邓巴数字告诉我们，朋友并不是越多越好。如果孟尝君知道了这个道理，那么他在秦国这一劫之后，又应该吸取什么样的经验呢？

（三）网络价值

我们在上一节说到了朋友的数量不是越多越好。但是我们需要强调的是：朋友的种类应该是越多越好。所谓种类，就是朋友所从事的行业、性格、背景等。设想孟尝君如果只是吸纳文人骚客，而没有“鸡鸣狗盗”之辈，想必他早已命丧秦国。一个社交网络的价值该如何进行评估呢？梅特卡夫定律（Metcalfe’s law）给了我们答案。梅特卡夫定律说明了一个网络的价值等于该网络内的节点数的平方，而且该网络的价值与联网的用户数的平方成正比。即：

网络的价值$V=K \cdot N^2$（N为网络内的节点数）

如果我们把社交网络划分成不同的圈子，彼此不连接。如下图5-5所示，则整个网络的价值$V=K \cdot N_1^2+K \cdot N_2^2+K \cdot N_3^2$。

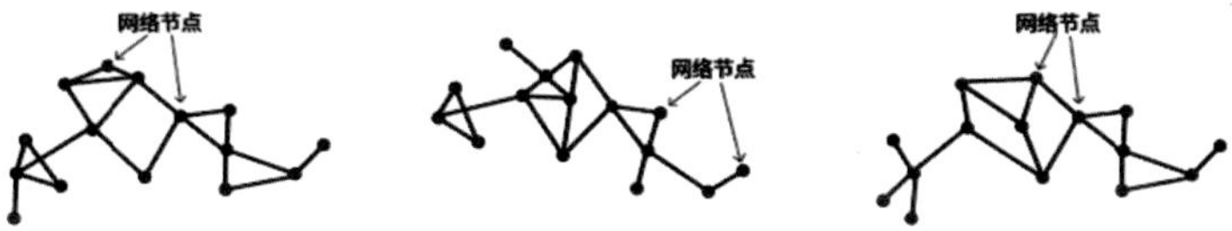

图5-5　社交网络中的三个社交圈

不同的圈子就是不同的朋友种类。所以，在社交网络中，如果朋友的种类过于单一，则整个网络的价值无法达到最大化。况且，我们受到“邓巴数字”的限制，只有在种类上而不是数量上下功夫，才可以最大化一个社交网络的价值。我们以认识人的数量为横坐标，以认识人的种类为纵坐标，可以绘出一幅“人脉坐标图”（见图5-6）。

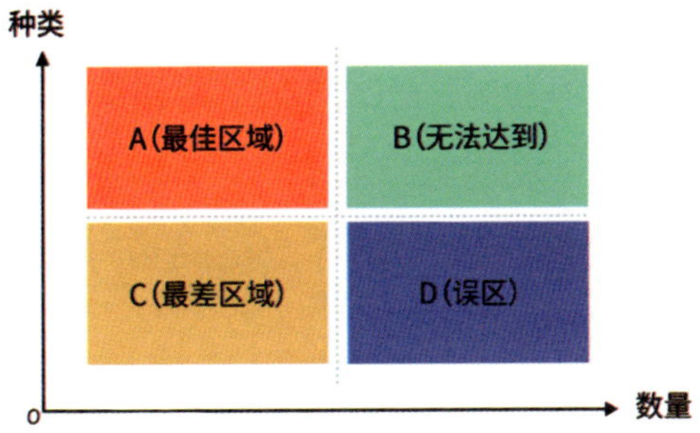

图5-6　人脉坐标图

我们将坐标图划分为A、B、C、D四个区域来逐一分析。毋庸置疑，C区域是人脉的最差区域。无论是从数量上还是种类上来说都非常少。D区域是我们在人脉问题上的一个最大误区，我们往往认为认识的人“多多益善”，但是由于第一节所述的“聚集性”问题，我们基本认识的都是同行业的人，或者我们的玩伴也是固定的一类人，这就很容易让圈子固化。人的思想就像水一样，一旦固化就成为一潭死水。只有以开放的心态跳出圈子，多吸收别的圈子的“活水”，才能形成一种健康的流动机制。所谓“横看成岭侧成峰，远近高低各不同”，只有从不同的角度来看问题，我们才能得出更全面和更科学的结果，才能让我们在判断事物时，有着更为宏观的制高点。如果只在同一个圈子里面探讨，很容易陷入大脑“自我认知平衡”的怪圈，即人总会为自己找理由证明自己是对的（自己最牛）。B区域自然是最理想的状态，但是很可惜，由于“邓巴数字”的限制，我们无法达到，只有A区域是我们的最佳状态，在控制朋友数量的前提下，尽可能地去认识不同种类的人。因此，回答我们的问题，孟尝君应该吸取什么经验呢？那就是从“门客众多”转化为“什么样的门客都有”，必定能更加提高自己社交网络的价值。

（四）弱关系

斯坦福大学教授马克·格拉诺维特在1973年指出：强关系是一种十分稳定且范围有限的社会关系，如家人、好友；而弱关系是一种更为广泛的社会关系，如我们不常联系的点头之交。格拉诺维特研究发现：强关系虽然稳固，但是提供的资源、信息却很有限。而弱关系却有着速度快、成本低、效率高的信息传播效率，更容易帮助我们的事业和工作。比如，两位“鸡鸣狗盗”的门客与孟尝君就是一种弱关系。想必孟尝君在家中也与这二位不熟，只是一直对他们进行着“爱的供养”，保持着这种弱关系的连接。谁曾料想这看似不起眼的弱关系在关键时候起了大作用，救了孟尝君一命。

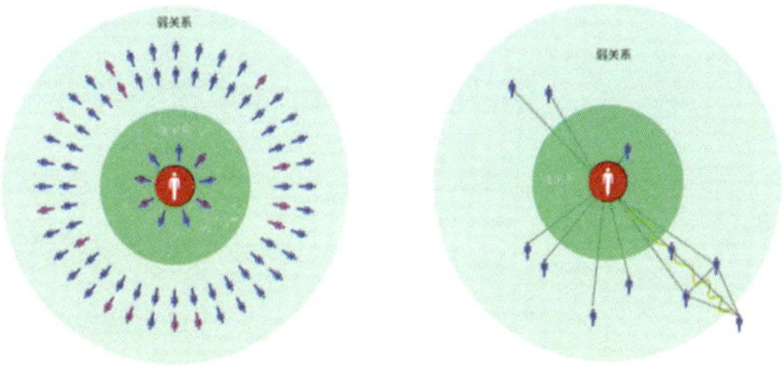

图5-7　强关系与弱关系

我们在生活中也经常看到这样的现象。我们发现，无论是找工作还是介绍对象，往往介绍人都不是自己熟识的人，而是普通朋友。道理也很简单，强关系往往表明人与人之间关系亲密，互动较为频繁，该挖的信息早就挖完了。因此，通过强关系所获取的信息往往是重复的，很容易形成一个信息封闭的系统。弱关系由于圈子没有重合，所以我们可以得到不同的信息。只有信息的流动才能让资源随之产生流动，继而对我们产生帮助。有时候强关系所达不到的，也许弱关系更容易达到（见表5-3）。

表5-3　强关系和弱关系的特点

	强关系	弱关系
覆盖范围	窄	宽
适用范围	合作等需要信任机制的活动，如创业	重要但不紧急的活动如工作、相亲
接触频率	高频	低频
	紧急	非紧急

我们沿着强弱关系的思路，绘制出如下的坐标图（见图5-8），得到四类人群。依次是依赖利益导向的“有人好办事”和“合作伙伴/同事”，依赖情感导向的“君子之交淡如水”和“亲人”。我们发现搞砸友谊的原因往往就是将利益和情感混淆，将强关系和弱关系混淆。比如，如果孟尝君和燕姬本身就是一种重利益的弱关系。如果孟尝君和燕姬去谈感情，估计秦王当场就杀了他（我的女人你都敢碰？）。燕姬要的只是铂金爱马仕，别的一概不谈。如果是要求仅仅有弱关系的朋友去为自己办一件惊天地、泣鬼神的大事，想必他也很难做到。

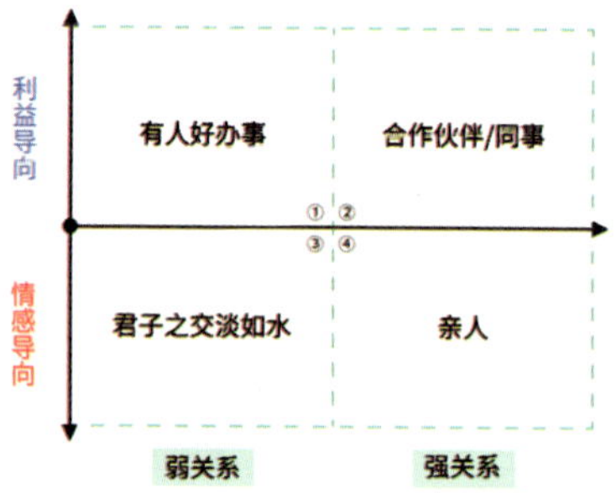

图5-8　根据强弱关系得到的四类人群

①和②的关键词是“唯利是图”，人际关系是以利益为导向。随着商业的发展，社会节奏的加快，人与人之间的协作往往是建立在利益导向之上的，无论是“有人好办事”还是“合作伙伴”，如果我们付诸太多的情感需求，往往就会觉得对方唯利是图，不关心

自己的感受。其实建立在利益之上的关系，无论强弱，对方都没有必要或者义务来关心你的感受，奢求太多只能自寻烦恼。

③和④的关键词是“六亲不认”，人际关系是以情感为导向的。人除了物质需求，其实更重要的是精神和情感的需求。如君子，这是志趣相投的人；如亲人，这是最了解你的人。我们和君子相交、亲人相处往往都希望简单、单纯。当我们一味地想让亲人、君子给予我们过多的物质帮助而忽略了情感诉求后，我们往往还会指责对方“六亲不认”，最后只会得不偿失。所以与人相处时，一定要分清楚公和私，是以利益为导向还是以情感为导向。电影《中国式合伙人》里有一句经典台词是“永远不要和兄弟一起创业”，其实质就是混淆了利益需求和情感需求。用情感需求去绑架利益需求，强人所难；用利益需求绑架情感需求，虚伪而又做作。吴从先先生在《小窗自纪》中就说：“赏花须结豪友，观妓须结淡友，登山须结逸友，泛舟须结旷友，对月须结冷友，待雪须结艳友，捉酒须结韵友。”说的就是这个道理。在日常生活中，家人、好朋友就多是以情感为导向的，而领导、同事、合作伙伴，则多是以利益为导向。与不同的朋友交往，认清不同的导向，才不会徒增烦恼。

（五）贝肯数

我们引入另一个社交网络中的概念——贝肯数。贝肯数是用来衡量社交网络中关键节点链接数量的指标。它是基于“六度分割”理论演进而来的。贝肯是好莱坞的一名普通演员。他和好莱坞明星发生联系所需要的中间人数量即为“贝肯数”。研究发现无论是明星还是无名小卒，他们的贝肯数都在2.6～3，并且相差十分微小。贝肯只是好莱坞的一名配角演员，一个“小人物”，自己都没有想到自己竟然连接着这么多的大明星、大导演。这意味着，只要你找对了人，你离网络中心的距离其实并没有那么远。这样的“小人物”分为两类：一类是大人物身边的人，如秦王的宠妃燕姬，没有她持续地为秦王吹“枕边风”，秦王也许也不会改变主意。另一类是社交达人，KOL或者KOC。这种人我们称为“超级引荐人”，这样的“超级引荐人”不仅关键节点链接数多，还需要链接的社群组多，如图5-9所示。我们在生活中会碰到“你说谁，他都认识”这样的人，他们就是“超级引荐人”。但是我们首先需要考虑其链接的真实性与有效性，这样的人的职业通常为餐厅老板、猎头、记者、主持人或者作家、博主和专家。所以，一个“永不退场”的配角有时候甚至比C位更有优势。贝肯数告诉我们：第一，找准自己的定位。有些人天生适合当“红花”，有些人天生适合当“绿叶”，绿叶不一定没有红花重要，红花没有绿叶的陪衬也无法突出其美。第二，注意保持与关键节点的链接。所谓关键节点就是链接数量较多的节点。这样的节点一般是资源、信息的集中地，往往能够“以一敌百”。很多人都想认识名人、大佬，其实我们可以把注意力放在这些名人、大佬周边的人身上。

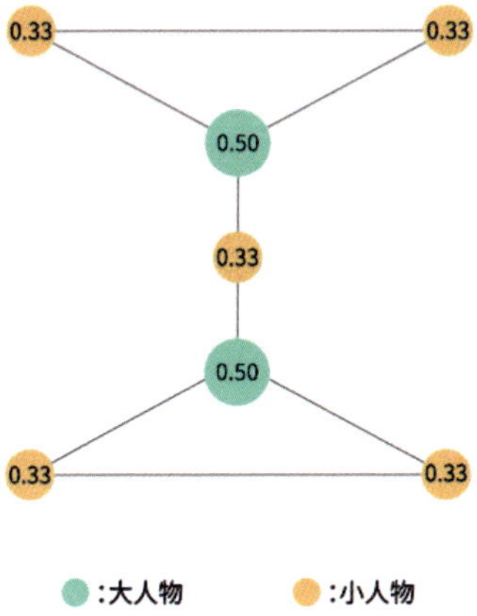

图5-9　贝肯数

结合孟尝君的例子解释了社交网络的一些基本概念和规律后，我们再来分析人们经常说的“人脉”。很多外国朋友来中国后，都会很快学会“关系”这个中文词。在日常生活中，我们也会经常听到“搞关系”“攀关系”等，可见关系在中国的重要性。其实无论中外，关系都非常重要，没有老布什的帮助，小布什也做不了总统，没有老特朗普的原始积累，特朗普也无法“指点江山，激扬推特”。那么，到底什么是“关系”“人脉”呢？简言之，人脉就是你所能触达并利用的社交网络。人脉就隐藏在这庞杂的社交网络中，需要我们用六度分割、贝肯数、弱联系等理论慢慢挖掘。更深一层来说，人脉是基于社交网络而实现人与人之间资源共享的一种合作机制。资源包括信息、人才等一切可以资产化的资源。“关系”“人脉”本身没有对错，关键是看其能否在法律、制度的框架下进行。改革开放初期，“倒爷”的关系涉及腐败的政商关系，都是不可持续的。而现在的校友会、企业家协会等提供了一个“关系”平台，让成员之间互通有无，创造更大的个人价值、企业价值和社会价值。只有这种在阳光下的关系人脉才是可靠长久的，那么人脉到底有什么作用呢？

人脉的第一个作用是解决信息不对称。从我们出生之日起，“信息不对称”就广泛地存在我们的生活和工作之中。我们在爱情和婚姻中介绍了信息不对称，由此引出了逆向选择和道德风险的问题。

从生活方面来说，我们喝什么奶粉、上哪个学校、出国读大学还是留在国内、买房还是买股票；从工作方面来说，我们应该从事什么职业、某家公司在行业内地位如何、某个项目值不值得投资等，都涉及信息的是否对称的问题。随着互联网的发展，大多数问题我们可以在网上解决，但是互联网只可以解决有标准答案的问题，如中国有多大、赤道有多长，却无法解决非标准化、个性化的问题。其中最大的原因就是信任，我不知道这些答案适不适合我，或者能不能被相信。这些问题就只有在身边有过相似经历、能够被信任的朋友的帮助下解决了。另外，信息越充分决策就越正确，不同的人从不同角度帮我们作出分析，也非常有利于我们作出正确的决策。人脉的第二个作用是在合理、合规、合法的前提下让事情更好、更快地完成。俗话说“一个好汉三个帮”，单打独斗的年代已经过去了，合作共赢才是趋势。我们在“竞争与合作”中也曾介绍过，原来我们奉行“木桶理论”，即一个木桶能盛多少水是由它最短的木板决定的。所以我们要补齐短板，全面发展。但是在互联网时代下，协同工作、远程办公、通信已经大大缩短了人与人之间的空间距离，所以我们应该推行“长板理论”，即每个人都发挥自己的最长板优势，然后找其他的长板组合起来形成一个更大的木桶。那么能找到多少块长板，板有多长、质量有多好，在多长时间内能够找到，这些就需要“人脉”来发挥作用了。比如马云的“十八罗汉”，携程“四君子”等。

既然说人脉是一种资源、信息共享的合作机制，那么合作的前提就是要平等。这是人脉的一个重要前提条件。我们在酒桌、饭局上经常听到某人吹嘘认识某某领导、某某富豪，其实“认识”永远不等于人脉。你认识人家，人家不认识你，没什么用。认识只是单向的，只有平等才是双向的。平等的核心在于大家能够进行资源的交换，人脉的核心也就在于资源能够实现交换。而交换的基础是大家同处于一个圈层。一个圈层的人和一个圈层的人合作，而不同圈层的人很难实现资源共享，合作共赢。差距太大，大家不在一个世界、一个圈子，人脉根本无从谈起。当他人大谈资本运作时，你还食不果腹，认识他没有用；当他人在商量是买法拉利还是兰博基尼时，你开着五菱宏光，认识他也没有用。当然，地位不平等的相处是存在的，但这不是人脉，这是以牺牲自主性甚至人格、自尊为前提的一种依附关系。比如说主人和佣人、领导和员工。举例来说，在商界京东接受腾讯的投资，发挥社交在电商中的价值，而腾讯战略性放弃自己做电商，京东和腾讯基本是在一个层级实现资源互换，这是人脉的价值。当如日中天的企业主去和不同VC、PE合作时，这是人脉的价值。但是，当没落的企业主再想去寻求投资人投资时，就无法再体现出人脉的价值了。“人生而平等”这句话没有错，但是这应该是从法律、人权的角度去理解。有些人生来就含着金钥匙，已经在比较高的圈层，而有些人生来就含着草，在比较低的圈层，这是客观事实，我们没必要妄自尊大，也没必要妄自菲薄。我们没有办法改变出身，但是我们可以培养自己向上攀登的能力。“地位不足，态度来补”，态度是一种持续学习、充实自己的态度，是一种面对圈层高的人不卑不亢的态度，是一种面对圈层低的人也不会颐指气使的态度，是一种面对一时的无助而又从容坦荡的态度。

圈层的高低也是一时的，而不是一世的。“皇帝轮流做，明年到我家”“王侯将相焉有种乎”“十年河东，十年河西”说的都是这个道理。我们在日常生活中也会时常听到“富不过三代”的说法。为什么会出现这些现象？其核心原因就在于人脉传承的断裂。第一代政治家、企业家开创丰功伟绩的时候建立起庞大的人脉网，众人拾柴火焰高，靠着元老的打拼建立起了一番事业。第二代子辈稍有不济，也会有叔叔伯伯辈的提携与帮助。但是到了第三代孙辈，老辈逝去，无依无靠，自然也就家道中落、富不过三代了。所以，人脉如果要较好地传承下去，离不开内因和外因的作用，二者的着眼点都在于教育。“授人以鱼不如授人以渔”，内因在家庭，外因在学校。父母是子女第一任也是一辈子的老师。父母的为人处世、言谈举止都会潜移默化地影响着子女。而学校除了传道解惑之外，也是让子女与同辈之间在不涉及利益的前提下建立信任的场合。俗话说，最亲密的关系无外乎“同过窗，扛过枪”。我们这一辈人再去当兵的机会是变少了，所以同窗便成了更为可能的选择。香港的四大家族之所以能够一代一代地传下去，一个很重要的原因就在于他们的子孙都在同一个学校，同一个圈子，从小就结下了深厚的友谊，形成了一张牢固的社交网络，而这些对日后家族生意的经营与合作是大有裨益的。

很多人把人脉看作一种封闭性的资源，具有排他性，有你没我，有我没你。他们认为人脉就像一块自己享用的蛋糕一样，别人吃了一块，自己就会少一块。其实人脉不是蛋糕，而更像是肌肉，大家互相使用得越频繁，它就越健壮。将人脉看作封闭性资源的人实质上是将人与人的关系看作竞争型关系。我的人脉越强，我就会战胜他人，而他人有了我的人脉资源，就会削弱我的优势。人脉就是一个社交网络，只有社交网络的价值越大，我们的人脉价值才会越大。封闭的人脉就是一个封闭的网络，故步自封只会自取灭亡。开放的人脉就是一个开放的网络，并且是不断升级迭代的网络，它会不断地与其他网络产生连接，连接得越多，价值越大。其实，由于法制制度的完善及信任机制的成熟，人类社会已经由竞争慢慢走向合作，就像鹰鸽博弈的结论一样，合作所获得的收益远远大于竞争。所以，我们不能总是抱有“你能给我提供什么帮助”的心态去接触他人，而应该换为“我能给你提供什么帮助”。开放优于封闭，合作优于竞争。

第三节　烟、酒、茶

一、举个例子：烟、酒、茶

（1）2021年年初，“国酒”贵州茅台（600519.SH）股价再度创出历史新高，一度涨至2565元/股，总市值超过2万亿元，而整个贵州省的GDP才有1.6万亿元。可以说，一个茅台顶上了一个贵州省。虽然经过了一系列市场调整，2022年年底茅台的股价也依旧在1700元/股左右徘徊。多家金融机构凭借消费市场对茅台旺盛的需求，对其未来看好，维持“买入”的评级。其中，茅台的系列产品中，飞天茅台最受欢迎。目前，其出厂价虽然维持为1499元，但是终端市场的零售价始终维持在2600元左右，有些地区甚至突破了3000元。2019年以后，茅台集团也加快了渠道建设。2019年8月3日，茅台进入物美超市，售价1499元，但是每个人限购。除去物美，华润万家、大润发也成为茅台的首批商超经销商。2019年9月11日，茅台入驻Costco上海店，两天投放量5吨，消费者不惜彻夜排队进行购买。随后，茅台又在天猫、拼多多等线上电商平台进行投放，仍然“一瓶难求”。

据专家判定，酒的历史可能还早于人类社会的出现。学界就有“猿猴造酒”之说。在远古时代，古猿将采摘的多余的野果贮藏在自己的洞穴之中。久而久之，果实发生了腐烂，含有糖分的野果就会经过自然地发酵产生乙醇，也就是酒精和酒浆，因而也有“猿猴善采，百花酿酒”“尝于石岩深处得猿酒”等传说。一方面，酒所能提供的热量更高，利于人类生存；另一方面，饮酒后所产生的欢愉感和兴奋感，更是让人类欲罢不能。

（2）2017年，我国普洱茶市场整体行业规模在120亿元左右，2012—2017年五年产销量与产值增速均达到20%。2022年，普洱茶的市场规模已经超过300亿元。目前我国人均消费茶叶量为

1.3千克，大约有4000万人喝普洱茶。经临床医学实验证明，普洱茶具有降血脂、减肥、抑菌、助消化、暖胃、生津、止咳、醒酒和解毒等多重功效。由于普洱茶属于后发酵茶，因此可以长期储存，且有越陈越香的特点。2007年和2014年，普洱茶的价格经历了两轮高峰，高端生茶甚至被炒到了百万元一饼。随着经济的增长、人均可支配收入的提高，消费者对普洱茶的接受度及消费量将逐渐增高。中国是茶树的原产地，更是茶的故乡。据记载，神农尝百草时就已经将茶叶通过烹煮的方式来饮用，其也将茶叶作为一味药来使用。自唐朝以来，中国“茶道”大行，甚至传播至日本等周边国家。宋朝“茶圣”陆羽也著有《茶经》一书，记载了有关中国茶叶的专业知识。

（3）“玉溪”“红塔山”“大重九”“红河”“翡翠”“中华”“黄金叶”“黄鹤楼”……如果再加上“万宝路”这样的外国牌子，可以说烟草已经成为人类生活中的必需品。在众多烟草品牌中，云南出品的“云烟”可以说技冠群雄。由云南红塔集团生产的“玉溪”翡翠烟，采用了微生物调香技术的高端产品概念，是“烟草+微生物技术”的一个跨界融合尝试。玉溪翡翠一经问世就广受好评，在市场上，更是“一条难求”，而在某些地区，价格甚至炒到了上万元一条。目前，玉溪翡翠的市场价为100元/包（根据国家烟草专卖《关于加强对高价位卷烟生产经营和价格管理的意见》中的规定：所有卷烟品牌规格的零售指导价均不得超过1000元/200支，一包香烟有20支，也就是说，一包香烟的最高价位就是100元）。从历史上看，人类吸烟大约已经有1500年。在一座玛雅的神庙中，出现了一块玛雅人在宗教仪式上用管状烟斗吸烟的浮雕。中国烟草一直保持了七个“世界第一”：烟叶种植面积第一；烟叶收购量第一；卷烟产量第一；卷烟消费量第一；吸烟人数世界第一；烟草利税第一；死于吸烟相关疾病的人数第一。

二、提个问题：烟、酒、茶的价值在哪里？

那么，问题来了。烟、酒、茶向来不分家。从历史的发展来看，烟、酒、茶也一直存在于人类的生活之中，是人类除了食物之外非常重要的消费品。除了自己消费，烟、酒、茶更重要的是能与朋友一起分享抽烟、喝酒、饮茶的快乐，所以我们有“烟友”“酒友”和“茶友”这样的称呼，但是，这些价格高昂的产品背后，友谊却是极低的成本。茅台的利润率达到50%以上，茶叶和烟草的利润率甚至超过了100%。即便如此，人们对茅台、普洱、高档香烟仍然趋之若鹜，那么，烟、酒、茶在友谊中究竟有什么价值呢？

三、模型：信号传递（Signaling Model）

为什么小孩不喜欢喝酒、饮茶、抽烟，而只有成年人才会去做？这说明烟、酒、茶具备某种价值属性，只对成年人产生效用值，而对小孩却没有。这是什么价值属性呢？——社交价值。回想一下，我们第一次喝酒、饮茶、抽烟是不是都是和他人一起，而非自己独自享用。喝酒一般是从饭桌上开始的，抽烟是从一群“狐朋狗友”开始的，饮茶也是从他人的茶桌上开始的。而对小孩来说，撒尿和稀泥、搭积木过家家，这才是他们想要一起做的。除了社交价值，烟、酒、茶都具有一定的精神成瘾性，一旦喜欢上就很难戒掉。一杯酒下肚，血液加速循环，一种兴奋感油然而生。一天不喝茶，总觉得少了点什么。“饭后一支烟，快乐似神仙”，这些都是烟、酒、茶的消费价值。所以，如果将烟、酒、茶的价值进行分解，可以得出公式如下：

烟、酒、茶的价值=消费价值＋社交价值

林语堂先生曾说过：“从人类文化快乐的观点看来，我想在人类历史上没有一件发明比吸烟、饮酒、喝茶的发明更有意义，更重要的了，对于线下，友谊，交际，谈心的享受上有更直接的贡献了。”在成人的世界里，酒、烟、茶已经不单单是一种消费品，他们不仅拥有消费价值，还具有某种社交价值。消费价值是指消费者自身从消费烟、酒、茶当中所获得的快感、满足感，用经济学术语来说就是效用值。而社交价值是在与他人一起消费中所获得的除消费品之外的快感和满足感。更进一步说，烟、酒、茶在社交价值中充当了“社交货币”的功能。一个人喝茶是为了解渴，一个人喝酒是为了解愁，一个人抽烟是为了解惑，虽然都有一“解”字，但是缺了几分与人分享的乐趣与畅快。作为大烟枪、好酒喜茶的林语堂先生又说了：“在同类相引的气氛中，我们方能满足色、香、声的享受，吸烟、喝酒、饮茶也在这个时候最相宜。”所谓“清茶好酒，以适幽趣”。

从中可以看出，烟、酒、茶在朋友之间起到了重要的维系作用。茶是公，酒是私，烟是“破冰”利器。在茶桌或者酒桌上，大家围桌而坐。二者的区别在于茶桌是谈公事，茶不仅提神，更可以成为在公事之余的一种话题，一句“这茶不错”就可以缓解尴尬也避免冷场。而酒桌上更多的是沟通私人感情，关系不到位彼此很难喝得酩酊大醉，点到即止。只要关系到位，一句“感情深，一口闷”更是加深了彼此的感情，烟无论是在茶桌上还是酒桌上都是“游刃有余”的存在。

初次会友时，在一句幸会之后相互递烟、传烟、点烟，可以马上拉近彼此的距离。下面，我们来具体说说烟、酒、茶在友谊中的作用。

（一）烟

说烟是最矛盾的一个“消费品”，一点都不为过。国家一方面通过各种行政法令禁止烟草做广告，并要求在显眼的位置处标记“吸烟有害健康”的字样；另一方面中国的烟民仍有3.5亿之众，占全国总人口数的近25%。国家一方面担心国民的身体体质，另一方面烟草税收又是国家重要的财政收入。烟民一方面深知烟草对身体的危害，另一方面又无法抵挡住其诱惑。烟的消费人群的年龄跨度非常大，从青年到老年都有很多。究其原因，除了烟本身的致瘾性外，更重要的是其圈子属性。在青少年时期，吸烟是一种叛逆、炫酷的文化代表。青少年时期是个体人格独立的过渡期，他们急于需要一种东西来将自己与儿童区别开，烟自然就得到了青少年的垂青。另外，青少年吸烟时往往都是以一个个小圈子为单位的，这其实是一种身份认同，是一种“我属于这个圈子”的认同感。成人阶段，烟成为应酬的必备物品。酒足饭饱之后，大家就进入了插科打诨的环节，手里没有根烟，总觉得缺了点什么。此时，谁给谁递烟，谁给谁点烟又成为饭桌上等级制度、关系远近的一种体现。酒是短暂的，一饮而尽，而烟是持续的。一根烟一个话题，大家吞云吐雾，坐而论道，好不快活。人到老年时，好友之间点根烟，搓轮麻将，也算颐养天年。

（二）酒

酒在中国文化中扮演了非常重要的角色。无论是《水浒传》中武松三碗酒下肚打死景阳冈的老虎，还是“劝君更尽一杯酒，西出阳关无故人”的朋友送别，抑或是“借酒浇愁愁更愁”的抒情，酒都是在中国人生活中不可或缺的一部分。酒分很多种，和不同的人在不同的场合应该喝不同的酒。喝对了增进感情，喝错了有时还会闹出笑话。应酬公务喝白酒，圆桌一摆，围圈而坐，一轮又一轮，一圈又一圈。中国的酒桌文化就讲究“打圈”（走一圈敬酒），而喝白酒用小杯，一饮而尽表示诚意，又不至于在一圈后不省人事。好友小酌，花生米配啤酒，越喝就越有。男女约会喝红酒，气氛微浓，男女之间的欣赏、爱慕之情就在指尖的酒杯中摇晃。酒吧听歌、夜店蹦迪喝洋酒，威士忌后劲足，酒劲立马上头，顿时感觉人生达到了高潮；而蓝调的爵士吧，小号与萨克斯风此起彼伏，喝一杯创意的鸡尾酒，十分有情调。

酒为什么能对人类有那么大的吸引力？从基因的角度来看，人类在进化过程中，对成熟果子落地发酵而形成的乙醇味特别敏感，因为成熟的果实能够提供更高的热量。在现代，酒的作用大致有两种：增进感情和释放感情。感情又可以分为兄弟情、男女情和同事情。在电视剧《士兵突击》中，连长高城和大队长袁朗在一次演习后相遇，高城说：“我酒量一斤，跟你喝两斤。”袁朗冷笑一声答道：“我酒量二两，跟你喝，舍命。”二人相视一笑（估计心里的台词是：别牛，到时候我喝死你）。这大概就是兄弟喝酒的最高境界。而男女在酒精的作用下会更加地暧昧、动情。在职场上，酒桌又是下属表忠心、喊口号最合适的场合。趁着酒劲儿，能说的，不能说的，统统一吐为快（反正出了这门，我就不承认）。

另一方面，中国人的性格含蓄、内向。酒就像是一种催化剂，一种媒介，可以瞬间点燃中国人的感情。中国人常常被社会赋予的角色所制约，每个人的生活都是在一种社会规则或者理性思考下进行的，而非自己本来的面目。酒过三巡后，人与人之间的隔阂开始瓦解，真性情的一面开始显现。在日本，大街小巷有许多居酒屋，上班族下班后都会到这些居酒屋喝到醉醺醺的才回家，大概也是这个原因。古时候就有诗人借酒言志、借酒抒情。现在我们时常看到有人喝酒后和喝酒前判若两人，时而大笑，时而大哭。这其实就是他们无法在日常生活中轻易表露自己的感情而正好借助酒精的力量发泄情绪。中国人往往说话比较委婉，有时候借着酒劲，可以借机对对方进行批评、指点，又不用承担责任，两全其美，这大概也是酒桌上很多项目一拍而定的原因之一。

（三）茶

茶文化是中国传统文化的重要组成部分，而茶也是唯一可以上升到“道”的高度的饮品。称之为“茶道”，很多茶馆也都会挂着“禅茶一味”的书法。何谓“道”，老子在《道德经》中阐述，“道可道，非常道”。按照数学思维的理解，道之所以“不可道”是由于其变量太多，无法分析出其决定变量到底是什么。就像茶道一样，它牵涉“茶、水、器、人”四个变量。

首先，采茶一般在天气清明的清晨，在空气清新、露水尚存叶上之时。露水是日夜交融的产物，也是道家所说的阴阳二气融合之产物。制茶的工艺也颇为讲究，以红茶为例，需经过采摘、萎凋、揉捻、发酵、干燥等过程。其次，烹茶的艺术一半在于水的选择，以山泉为上，河水次之，井水更次。如果能有《红楼梦》中妙玉珍藏多年的梅花落雪化水冲泡出来的茶，更是妙不可言。最后，茶器的选择除了外观需要给人以美的享受外，更重要的是需要与茶香相得益彰。一般而言，不同的茶器搭配不同的茶类，如白瓷配黄茶、紫砂配黑茶、玻璃配绿茶、陶器配红茶等。

茶道中最重要的部分莫过于人了。一为烹茶之人，二为饮茶之人。据《茶录》记载：“其旨归于色香味，其道归于精燥洁。”与酒不同，茶对人的内涵、修养要求更高，这种要求体现在两个方面：一是心境，二是人数。饮茶需要神清气爽，需要心气平静才能体会到茶的韵味，心烦气躁的人饮茶只能如牛饮一般，不知其中滋味。正因为如此，现代中国如需洽谈正事时，仍然是茶优于酒。也难怪有人说“茶永远是聪慧的人们的饮料”。饮茶对人数的要求也与喝酒不同，饮茶以客少为贵。客众则喧，喧则雅趣乏矣。所以说：“独啜曰幽，二客曰胜，三四曰趣，五六曰泛，七八曰施。”所以，相比烟和酒，茶就两个字：讲究！

提到茶，就不得不提另一种饮品——咖啡。如今星巴克开遍了中国的大街小巷，年轻人喝一杯喝星巴克早已经成为生活中的习惯。越来越多的新进咖啡品牌也开始陆续进入中国市场。其实，无论咖啡还是茶，他们已经不单单是一种饮品，其背后代表的更是一种文化。一个国家的强盛不仅仅在于硬实力，更在于软实力。软实力体现在对人能够产生潜移默化的影响，润物细无声。所以，咖啡之所以在中国能够爆发式增长，其实这代表了西方文化中“标准化”“流程化”“快”“品牌化”等思想。改革开放后，中国的市场与世界相接轨，自然也会受到西方思想的冲击。几百年前，欧洲贵族不也觉得喝茶是真香吗（真香定律再一次验证）？而英国红茶至今也仍然存在。习近平主席在多个场合都提及“文化自信”，我们在往外看的同时也应该多挖掘自身的文化宝库。随着物质文化的发展，我相信“慢”“个性化”“以人为本”会成为下一个趋势。林语堂先生就曾说过：“只要有一把茶壶，中国人到哪都是快乐的！”

说了那么多关于烟、酒、茶的具体细节，就是为了显示出烟、酒、茶所具备的社交价值。那么烟、酒、茶又是通过哪种方式来体现出自己的社交价值呢？答案是：信号传递。我们在婚姻一章中论述过男女关系中的匹配问题，匹配不成功往往是因为信息不对称的原因。在友谊中也是如此。朋友相交，刚开始也是互相试探的过程，为的就是消除信息不对称。由于我不知道你是什么样的人，所以我需要小心谨慎，由于你不知道我是什么样的人，所以无法信任。烟、酒、茶就是一种信号，向朋友传递着某种信息。这个信息所体现的就是烟、酒、茶的社交价值，如每个人的实力、身份、性格、品位等。

信号传递模型的推导思路：

信号传递模型是由经济学家迈克尔·斯宾塞提出的，对信息经济学做出了开创性的贡献，他也因此在2001年获得了诺贝尔经济学奖。信号传递模型在本质上是一个动态不完全信息的对策（不完全信息是指博弈参与方不知晓关于博弈局面的全部信息），一般包括信号的发送方（Sender）与信号的接收方（Receiver）。

模型分为两个阶段。第一阶段，发送方向接收方发送一个信号（Signal）；第二阶段，接收方在收到这个信号后做出一个行动。需要注意的是，在第一阶段接收方只能看到发送方发出的信号，而看不到发送方所拥有的私人信息。在行动过程当中，接收方的效用函数就与发送方所发送的这一信号相关。

第四节　经营自己的声誉

一、举个例子：不会算账的地产大佬

前几年的地产界可谓风光一时。中国某地产公司无疑是中国房地产界的明星企业。而他的领头人更是因为其风趣幽默的言语、传奇的经历和过人的胆识在众多企业家中独树一帜。阿基米德有句名言："给我一个支点，我可以撬动整个地球。"对他来说，他显然是找到了地产界的这个支点，近几年花了上千亿元的资金进行收购，成为名副其实的"收购达人"，是地产界的"扛把子"和"战斗机"。但是这位"收购达人"却在公开采访时称：自己并不会算账。

2012年，该公司仅仅花了5100万元就拿到了绿城·香樟园项目公司51%的控股权。半年后，公司又以33.72亿元作为合作的对价收购了绿城旗下上海、苏州、无锡、常州及天津5座城市9个项目50%的股权，以当时的市场价格销售计算，收购该项目的价格在450亿元左右。2014年5月22日，该公司以62.98亿港元收购绿城中国24.31%的股份。

2015年1月30日，该公司与另一地产巨头签订股份买卖协议，收购佳兆业集团控股有限公司已发行股本的49.25%，代价为45.52

亿元。根据股份买卖协议的条款，代价分三期支付，第一期款项为15.5亿元。

2017年1月，地产大佬儿在与另一位地产大佬会面后，即对该大佬儿陷入资金链断裂困局的公司伸出了援手，豪掷150亿元资金用于收购该公司的股权。

2018年7月10日，地产大佬儿又与一家实力雄厚的地产集团签约，双方达成转让协议，将该集团旗下13个文旅项目91%的股权转让给该公司，总计295.75亿元。公司将承担这些项目现有的全部贷款；此外，该公司还将以335.95亿元收购在国内其余的76个酒店。

2019年11月27日下午，该公司发布公告称，旗下集团以约152.69亿元的价格受让一家地方国企旗下房地产资产51%的股权。股权交易完成后，该公司将持有目标公司51%的股权，另外49%的股权由6名自然人股东分别持有。

从2019年开始，该地产大佬儿并没有停下“买买买”的脚步，再次选择加速并购。上半年拿地花了801亿元，超过上一年全年。年初花125亿元收购了一家公司旗下土地资产，又用40亿元接了李嘉诚的项目……

随着国家调控政策的不断出台，地产行业也进入了寒冬。

2022年，在推迟长达8个多月之后，该地产公司终于正式披露了2021年年度报告：2021年实现收入约为1983.9亿元，同比下降约14%；公司拥有人亏损约382.6亿元。截至2020年年末，该公司到期未偿还的借贷金额约685.3亿元。与此同时，该公司还发布了一则境外债重组重大进展的公告，拟将30亿美元至40亿美元债务转换为普通股。该地产大佬在财报中也致歉，并称：“集团将尽快完成债务重组和恢复稳定经营，争取在2023年回归良性健康发展轨道。”该地产公司后续何去何从，让我们拭目以待。

二、提个问题：到底会算账吗？

那么，问题来了。从第一家到另一家，从另一家到另另一家，从另另一家到另另另一家……被媒体戏称为“买买买”的地产大佬，在这些等待纾困的企业家朋友圈眼里却成了“白衣骑士”[①]。一顿操作猛如虎，在这些收购案中，有的成功，实现了资产的大幅扩充与行业地位的巩固。而有的失败，对某一项目该地产大佬儿更是在媒体见面会上亲口承认失败。操盘众多收购案后，面对媒体时，该地产大佬儿却说自己不会算账。大佬儿到底会不会算账？在刚开始收购中的磕磕碰碰，又在日后的收购中做得风生水起，这又是为什么呢？

① 公司的管理层为阻碍恶意接管的发生，去寻找一家“友好”公司进行合并，而这家“友好”公司被称为“白衣骑士”。

三、模型：声誉模型（KMRW Reputation Model）

我们在婚姻一章中介绍过囚徒困境模型。囚徒困境有一个重要的前提条件，就是博弈是在完全信息的条件下进行的，博弈双方知道对方是什么样的人。囚徒困境告诉我们，无论博弈重复多少次，只要重复的次数是有限的，那么都只会达成（坦白，坦白）的纳什均衡。也就是说，在有限次重复的情况下，参与人是不可能达成合作行为的。我们在随后也提出了解决囚徒困境的四种方法，其中有一条便是只要重复的次数是无限的，也可能达成合作。但是声誉模型却证明了：只要博弈的次数足够多，哪怕不是无限次的博弈，也会达到最优的结果。

美国博弈论专家罗伯特·阿克塞尔罗德在其著作《合作的进化》中，探索了经典囚徒困境的一个扩展情景，并把它称作“重复的囚徒困境”。他所做的实验表明，在200次有限次的重复囚徒博弈中，实验参与者并不是只选择（坦白，坦白）的理论均衡结果，合作的行为（不坦白，不坦白）频繁出现。克瑞普斯、米尔格罗姆、罗伯茨和威尔逊（Kreps，Milgrom，Roberts and Wilson）在此基础上提出了KMRW声誉模型（又称之为“四人帮模型”，以四人名字的首字母命名）。该模型表明，在不完全信息的条件下，合作行为在有限次重复博弈中也会出现，只要博弈重复的次数足够长（见表5-4）。

表5-4　囚徒困境

	甲揭发	甲不揭发
乙揭发	甲坐牢8年 乙坐牢8年	甲坐牢10年 乙获释
乙不揭发	甲获释 乙坐牢10年	甲坐牢1年 乙坐牢1年

声誉模型的推导思路：

在模型中，我们假设其中一位参与人会以p的概率选择不合作，而以$1-p$的概率选择合作。模型开始从一次博弈开始推导，分别延展至二次博弈，三次博弈……直到T次博弈为止。结果发现，在T阶段重复囚徒博弈中，如果T足够大，那么存在一个$T_0<T$，使得博弈存在一个均衡结果。也就是所有理性囚徒在$T\leqslant T_0$阶段选择合作(不坦白)，在$T>T_0$阶段选择不合作(坦白)；并且，非合作阶段的数量$T-T_0$只与p有关，而与T无关。

也就是说，一个囚徒冒着被另一个囚徒出卖的风险（一旦被出卖，就要坐牢10年。而出卖的人却逍遥法外，仅坐1年牢），铤而走险地选择合作，这是为什么呢？这是因为博弈的次数如果在有限的前提下，如果采取合作的态度，那么未来获得的收益就可以超过短期所带来的损失。也就是说，忍受初期的损失是为了未来更大的回报。假设甲、乙持续被抓，那么从长期来看，两人合作所带来的收益（双方都只坐牢1年），要远远大于不合作所带来的损失（双方都要坐牢8年），就算面临着短期内对方不合作的风险也是值得的（前提是对方是合作型）。这就是人们常说的“吃亏是福”的理论来源。“吃亏”并不是一直吃亏，如果一直吃亏，不会思考，那是真傻。聪明人是通过一时的吃亏，来获得未来的收益，而未来的收益又将超过短期内吃亏所带来的损失。用时间换空间，这才是真正的吃亏是福。

我们再来看地产大佬的故事。在公司收购某家地产公司后，地产大佬调来公司的多员大将，仅在1个月内就补充到位29名项目总经理、24名销售负责人，更是将本公司的绩效考核体系直接嫁接到被收购的项目上，并对不良项目进行剥离，从而使被收购的公司销售额大幅提升。但是在房地产限购限贷的政策全面放松后，市场逐渐转暖，被收购公司的董事长在签约5个月后决定解约。理由是该地产大佬在运营过程中，仅追求公司和股东利益，忽略了业主和合作伙伴诉求，违背了公司的品牌情怀。双方在当年年底就签订协议，同意终止。无独有偶，半年后相同的事情也发生在了另一家被收购公司的身上。团队在高效进驻公司、重金相助后，却在尽职调查的过程中与被收购公司几度剑拔弩张，最后双方也只能和平“分手”。

这两个故事从表面上看，都是地产大佬吃了亏，煮熟的鸭子就这么飞了。但是在整个过程中，公司的团队得到了充分的锻炼，铸就了地产界一支能征善战的“铁军”。公司的内功得到了强化，不断明确了方向，形成了该公司“高周转、高杠杆”的业务模式。房子不仅盖得快，而且盖得好，形成了“碧桂园+绿城”的企业模式。之后，该公司的销售规模由2015年的682.1亿元猛增至2016年的1506.3亿元，并在2017年飙升至3620亿元，连续两年实现了规模翻番式的增长。与此同时，公司的资产负债率在过去一年高达90.27%，领跑千亿房企整体负债水平。在如此高负债情况下，公司也总结出了“五个盖子盖十个碗”的财务模型，也就是调整付款和回款节奏来平衡现金流，实现公司的正常运转。当被问及如何处理如此高的负债时，地产大佬自己也说：“卖出来的。我们每个月销售回款五六百亿元，买一个东西花100亿没有什么困难。”还说：“我们不是买完之后就藏在家里了，而是马上加价卖掉。”他拿其中一个收购的案子举例：“我们付了某企业438亿元，这3年里我们卖了1600亿元，一部分是工程款，一部分是收回来的款项。”在挑选项目上，该公司也练就了一双“火眼金睛”，地产大佬并购的几乎都是拥有大量可售项目、只是资金链出现问题的优质资产。

KMRW声誉模型中的一个重要结论就是：要尽快建立自己是合作型的声誉机制。这样任何参与人都会快速选择合作的策略，实现双方的利益最大化。如果没有声誉机制，那么双方将会产生巨大的磨合成本。只有去弄清楚对方到底是什么样的人，从而才能采取合作还是不合作的策略。如囚徒困境的例子，如果有一名囚徒在江湖上树立了自己“打死不说”的声誉，那么任何一名囚徒所采取的策略可能都是不坦白，从而双方只用做1年牢。同样地，对该地产公司来说，除去公司能力的提升外，在整个“吃亏”的过程中，更重要的是在整个房地产市场上，地产大佬及其公司建立起了自己“行事果断，不怕吃亏”的声誉机制。只1个月的时间精英团队就全部进驻被收购的公司，重金资助。“高周转、高杠杆”兵贵神速式的执行力和不抱怨的人格魅力，都让该公司和地产大佬快速地在企业家圈和地产圈树立了良好的声誉，让自己初期吃亏受到的损失，在日后得到了丰厚的回报。地产大佬自己也说：“名声不是说别人怎么骂你，而是别人骂你之后，你的名声还在那里，我觉得我的名声是好听的。”大佬所说的这种名声就是一种声誉机制。在该公司收购成都某项目之后，地产大佬又笑着对媒体说：“某某（该成都项目的老板）捋了一下，在中国，他最想合作的就是我们，别人没有机会和他谈。在并购市场上，我们是有口碑的。这么多年，我们公司并购吃过那么多亏，谁听我抱怨过一句？”同样在面对收购另一家地产公司的资产包时，地产大佬也公开表示说有一次朋友在吃饭的时候跟他说该公司的资产比较敏感，别人都不敢投。地产大佬直接怒怼道：“对方根本就没给任何人机会，他第一个找我谈，我们就成了。什么敏感不敏感，你根本就没这个机会，没有机会谈。”就是在这样声誉机制背书的情况下，该公司从2017年开始了“疯狂”的并购。

2017年1月，公司用26亿把一地产中介巨头6.25%的股权收入囊中；5月，用102亿元收购天津某烂尾项目，21亿元收购某地产公司60%的股权；6月，又以32.32亿收购大连某地产项目。

在树立了“行事果断，不怕吃亏”的第一阶段声誉机制后，该公司的自身实力不断加强，业务不断拓展。之后大佬又树立了“钱多人傻，做事大气”的声誉机制。在2018年该公司的业绩发布会上，地产大佬回复了关于投资某公司的若干问题。由于错误地判断了该公司，地产大佬承认了失败，并表示投资该公司的165亿全都计提坏账了，直呼这不是壮士断腕，而是头都断了。而且自己骂自己：“我从来不在乎别人说什么，我对我的形象管理得特别好，本来我就是傻X。”所谓“大智若愚”也不过如此。面对上百亿损失的交易，地产大佬仍然能自嘲式地面对，足以证明其大气的人格魅力。凭借着强大的声誉机制，该公司于2019年实现合同销售金额约5562.1亿元，同比增长25%，销售面积约3828.5万平方米，在上市房地产企业中排名第四，业绩又上了一层楼。好的声誉可以事半功倍，但是坏的声誉却会让你事倍功半。持续透支自己的声誉，可能会让你短期内获取利益，但是从长期来看，可能会变成“过街老鼠，人人喊打”。我们从小就听过“狼来了”的故事，小孩一遍一遍地喊着狼来了，就是在透支自己的声誉。而当狼真的来了的时候，他也就没命了。

那么声誉机制是如何形成的呢？在合作过程中有直接互惠机制和间接互惠机制两种机制，声誉就是在这合作的过程中所形成的。直接互惠机制就是英语中常说的俚语：“I scratch your back, you scratch mine。”（我给你挠挠背，你给我挠挠背）。直接互惠的基础必须是大家多次合作。如果只是一次合作，你给我抓了背，我直接跑了，大家相忘于江湖，这对于我来说是收益最大的。就像囚徒困境中，如果只有一次机会，那么大家都会选择坦白，没法形成直接互惠机制。

但是间接互惠机制就不一样了。间接互惠的概念是由学者亚历山大在《道德体系生物学》一书中提出的。所谓间接互惠，就是A为B提供了帮助，但是A没有从B身上获取回报，而是从C身上获得了回报。与之相对，直接互惠就是，A为B提供了帮助，B直接回报了A。所以如果你在给别人挠背的过程中留下了手法好，技艺精的印象，那么素不相识的人也会来给你挠背，这就是间接互惠。在KMRW声誉机制模型中，模型假定的是由个体背叛行为的惩罚威胁导致了合作行为。而在间接互动的模型中，参与者可以参与多回合的博弈，但是任意两个参与者只能重复的进行一次博弈，因而利益受损的一方不能对背叛者做出惩罚。这样的模型假设更符合实际情况，两个商人不可能一直博弈，而是在企业家圈子里任意的两个企业家进行博弈。在这种背景下，只有在声誉机制的影响下，个体行为的激励与惩罚才会被团体成员的激励与惩罚代替，从而形成均衡结果。也就是说，如果一个企业家A骗了企业家B，惩罚可能不来自企业家B，而是由于企业家A在市场上留下了坏名声，所以惩罚来自其他企业家C、D、E等。同样地，如果企业家A与企业家B合作成功，留下了良好的市场声誉，也许这一单项目没有赚钱，但是企业家C、D、E等也会来和企业家A合作，从而创造利润。因此，在声誉机制的影响下，我们不仅能够获得直接的回报，更能获得间接的回报，哪怕我可能之前都不认识对方。

我们再回到地产大佬的例子。地产大佬与被收购的成都企业的掌门人就是这样的例子。地产大佬曾在亚布力中国企业家论坛上谈及与诸多公司的交易时说，“为什么大家找我合作，因为我不太会算账”。因此，江湖上除了“悔创阿里XXX，一无所有XXX，普通家庭XXX，不知妻美XXX，下周回国XXX”之外，又多了一句“不会算账XXX”。地产大佬与该成都某公司的掌门人此前并不相识，地产大佬说：“他全中国最想合作的人就是我，通过朋友找到我，我们合作特别愉快。”二人据说是“一见钟情”“相见恨晚”。接着地产大佬又说：“我是不会算账，他是不算账，我俩挺像。人一通透就不怎么算账了，多点少点没什么，所以这次合作非常愉快。”“不会算账”的地产大佬，碰上了同样“不算账”的掌门人，二人谈了一个多小时，基本上定了七七八八，后来就去喝酒了。谈100多亿的收购案就像去菜市场买白菜一样，间接互惠的威力可以说体现到了极致。随着互联网、社交媒体的出现，全球都连成了一张网，原来说“好事不出门，坏事传千里”，现在无论好事、坏事，通过社交媒体，都能在极短时间内到达全球的任意一个地点，这种情况无疑加剧了间接互惠的功效。间接互惠通常在小圈子之内发生，如校友会、商会、企业家协会等。这也是为什么许多会员对素不相识或者新加入的会员都热情有加，鼎力相助。因为只有这样，才能在这个小圈子里建立自己的声誉。“君子爱财，取之有道。”我可能不在我帮助的会员身上赚钱，但是声誉一旦建立，其他会员也会创造更多的合作机会。

从该地产大佬的例子中我们可以看出声誉机制在做人、做事中的重要作用。在其他领域中，声誉机制也会发挥出巨大的作用。如娱乐圈中经常用“人设”一词，其实人设就是一种声誉，一种在圈内圈外给予大众的印象。比如，有些明星应对各种刁钻的问题游刃有余，这是情商高的一种人设。有些明星在主持人问及为什么来参加节目时，直接回答道：“缺钱。”这是真性情的一种人设。有些明星宠老婆、爱孩子，这是居家暖男的一种人设。一旦建立起了可信的人设，那么在娱乐圈中自然也就站稳脚跟。

反之，若“人设崩塌”，那么在圈里也就混不下去了。此外，声誉机制也能解释为什么众多公司愿意在品牌形象和品牌推广之上花重金，因为品牌就是声誉。奔驰、宝马、丰田等众多车企一旦发现车辆有质量问题，就会进行全球召回，这都是维护品牌形象的一种做法，通过短期的利益损失来换取长期的利益增长。“哥早已不在江湖，但江湖上仍有哥的传说。”建立起良好的声誉机制，会起到事半功倍的效果。

第五节　使用说明书

一、局中人——认清你的对手

我们每天的工作和生活都需要和不同的人打交道。我们会在街边买个水果；上班和同事协作工作、汇报工作给上司领导；吃饭和餐厅服务员沟通点菜上菜；到家后需要和伴侣、家人唠唠家常。如果说和我们打交道的每一个人都是一个博弈对象，那么不同的博弈对象有着不同的背景、不同的诉求，我们需要随时转换角色和博弈策略，从而达到自己的目的。街边卖水果的商贩，明天可能就不知踪影，所以他们重利，能赚多少是多少，和他们聊水果新不新鲜、卫不卫生，想必也不会得到真实的答案。工作的过程当中，有的同事是想赚钱补贴家用，这是重利，有的是想升职，这是重名。上司也是同样的道理，有的重名，有的重利，在和他们打交道的时候一定要分清楚。在和餐厅服务员沟通的过程中，他们大多背井离乡，所以他们十分注重情感上的诉求。和颜悦色地和他们交流，一个眼神，一句礼貌用语，可能也会让他们备感温馨。美国服务员的收入基本上就是靠小费，多给点小费又比礼貌用语更为重要。而回到家中，这又是一个讲“情”的地方，多给予家人情感上的慰藉，也许比银行卡上的数字更为有用。

认清你的对手，实质上就是学会换位思考。换位思考易说难行，究其原因是我们不知道换位的那个人到底是什么人。这就需要我们在社会实践中不断去摸索，不断地和早点摊的大爷大妈、同事上司、服务员及家人博弈，总结经验教训，不断认清你的局中人。做到你是汤姆，我就是杰瑞；你是舒克，我就是贝塔；你是风儿，我就是沙。

二、竞争与合作——学会合作与示弱

我们的教育更强调竞争，而忽略了合作。你好，我好，大家好，才是真的好。这就是合作的价值和意义。从小学、中学、高中到大学，我们评判一个人的标准基本上是靠排名。排名的依据基本上也是考试的分数，分高者是优秀生，分低者是差生。这样的划分方式固然很简单且有效率，但是却忽略了每个人都具有的特质。上文提及的《超级合作者》一书，反驳了我们生命的进程是完完全全的竞争的过程，其中也蕴含了合作，而这一点常常为人们所忽略。从微观层面来说，基因的某种突变会导向合作，而合作更可能让生命体生存下来。所以，达尔文的进化论并不是“强者生存”而是“适者生存”。某些族群的某些个体，如鹿群、象群，在面对危险的时候，也会牺牲自己的生命来保护整个族群。因此，竞争是我们的天性，合作也是我们的天性。

过去我们常常聊“木桶理论”，即一只木桶它的盛水量取决于他的最短板。所以，我们需要取长补短，发挥自己的优点，弥补自己的缺点。但是，在实际操作中，缺点再弥补也变不成优点的。“本性难移”说的就是这个道理，这也是上文所说的李嘉图的“比较优势理论”。所以，我们要更关注一下“长板理论”。“长板理论”是说尽可能地将自己变成一根长的木板，然后从外部找到和自己一样长的木板，来组成一只木桶，这样将大大增加木桶的盛水量。如何找木板的过程，实质上就是一种合作，这种思维模式将对我们的生活、工作大有裨益。比如碰到一项自己不太擅长的工作，首先要思考的不是自己去做，而是想想身边的人谁会更擅长做这一类的事。这样不仅能在短时间内可以更快更好地解决问题，还可以和朋友之间建立起信任的关系。在同朋友建立信任的过程中，我们也要学会“讨价还价”。“讨价还价”模型我们在父母一章中也有所介绍。哈佛大学教授罗杰·费希尔所著的《谈判力》一书中也曾说到，与他人谈判不是关注谁对谁错，或者谈判事项的是非曲直问题，而是双方寻求最佳的解决方案。其中有三个主要原则：第一，强调把人和事分开。忘掉自己的虚荣心、贪婪心，将重点放在把事情做成上，而不要将关注点放在自己身上。第二，着眼于利益而不是立场。外交领域就有“没有永恒的朋友，只有永恒的利益”的说法。关注利益，可能让大家更能成为朋友，而关注朋友感情，到最后很可能“竹篮打水一场空”（参照电影《中国合伙人》）。第三，当双方利益发生冲突时，让谈判结果基于某些客观的标准。这种标准是不以个人的主观意志而转移的，是普适性的标准。这三个原则在友谊的合作中也很值得我们借鉴。此外，在鹰鸽博弈中也蕴含着“示弱”的交友智慧。我们生活在一个竞争的时代，我们从小到大都在接受“更高、更快、更强”的理念，我们乐于在别人面前展示自己最光鲜的一面，我们更愿意让别人称赞、承认自己的强大，而非弱小。但是（鹰、鸽）、（鸽、鹰）、（鹰、鸽）……的均衡结果告诉我们，该示弱的时候也要学会示弱。蔺相如如果不示弱，和廉颇争斗起来，可能赵国就直接被秦国灭了（之后，正是因为纸上谈兵的赵括的不示弱，最终让赵国在长平之战后亡国）。老子就很崇尚水的智慧：“上善若水，水善利万物而不争，处众人之所恶，故几于道。”地势低的地方才能积水，容器空的时候才能装水。有时候承认自己的弱，才有人来帮助你；承认自己的弱，才能积蓄更大的力量。地低能成海，人低能成王。所谓“夫唯不争，故天下莫能与之争”。

刘备和刘邦可以算作历史上“示弱”领导的典范。先看刘备，有人戏言，刘备是靠“哭”打下的一片天地，说他是爱哭宝宝一点都不为过。第一哭：髀肉复生。刘备当年借住于荆州大表哥刘表的地盘。有一天二人喝酒，喝着喝着刘备却哭起来了，刘表忙问：“老弟你哭啥？”刘备说：“老哥啊，你看我在这里又吃又喝又拿。想当年也是志在四方的好男儿，现如今却连自己的一亩三分地都没有，悲哀啊。”刘表一听，没想到刘备把大实话都说出来了，立马对刘备放下了戒备心，甚至临死时说将荆州给予刘备。第二哭：如苍生何。刘备当年“三顾茅庐”，诸葛亮说：“我在这里安逸得很，不想动弹了。”刘备马上哭着说：“先生不出，如苍生何？”直接将了诸葛亮一军，也显示出自己关心广大群众的大格局。第三哭：为民而泣。刘备逃离新野之时，不忍心抛弃城中百姓，携带着愿意跟随他的百姓一起出走。看到民众艰辛，大哭道：“让这些无辜的百姓跟着我一起逃，活受罪，我有什么脸面活着。”随后大哭欲跳江自杀，被左右护卫拦住。上演了一出爱民如子的大戏。第四哭：抱摔阿斗。赵云身背阿斗在百万大军中左突右杀，好不容易闯了出来。见到刘备后，二人相拥而泣。当赵云把怀抱中的阿斗递给刘备，刘备接过后，说道："为汝这孺子，几损我一员大将。"便嫌弃地将阿斗丢到一边，赵云立马感动地说："云虽然肝脑涂地，不能报也。"有人戏言说，刘阿斗就是在这里被摔傻了。第五哭：白帝城托孤。刘备为报杀弟之仇，率军攻打东吴，却被陆逊火烧连营八百里，在白帝城托孤时，对诸葛亮哭诉道："君才十倍曹丕，必能安国，终定大事。若嗣子可辅，辅之；如其不才，君可自取。"诸葛亮听后，连忙说："臣安敢不竭股肱之力，尽忠贞之节，继之以死乎。"托孤之后诸葛亮至死都在辅助刘禅。

刘备这第一哭，向刘表示弱自己没有本事，没有雄心壮志，让刘表放下戒备心；第二哭，示弱自己没有能力拯救苍生，必须请诸葛亮出马；第三哭，示弱自己的爱民之心；第四哭，示弱自己的爱将之心；第五哭，示弱自己的儿子不成器，让诸葛亮死心塌地地辅佐少主。这都是示弱的力量。第一哭让刘备得到了兵家必争之地，也是自己的革命根据地——荆州。第二哭补足了自己的核心管理团队。第三哭，树立起自己"仁君"的声誉。第四哭，招揽了包括"五虎上将"的众多将士。第五哭将诸葛亮收拾得服服帖帖，保全了自己的蜀汉王朝。这"五哭"也帮助刘备在乱世从一个"织席小儿"蜕变为"一国之君"。在《史记·淮阴侯列传》中，刘邦问韩信："我能带多少兵？"韩信说："不过十万。"刘邦又问："那你能带多少兵？"韩信说："臣多多而益善耳。”若是一般君主，属下这么说话，估计早就推出去斩一万遍了。

但是刘邦却在韩信面前示弱，表明自己带兵打仗确实不如韩信，让韩信为汉朝天下立下汗马之劳。当然了，不示弱的韩信最后下场也十分凄惨。反观“西楚霸王”项羽，要说战斗力的强悍，没人比得过他。有学者评价项羽为“羽之神勇，千古无二”。但是就是这样的强人，身边却少有像萧何、张良、陈平、韩信等谋士，就连仅有的军师范增，也因陈平施离间计而被活活气走，最后撂下一句狠话“竖子不足与谋”。

那么人为什么要示弱呢？因为人的本性都是乐意帮助弱者，而不是强者。帮助弱者会给自己带来极大的成就感，而强者本来就很强了，就很少有人愿意施以援手。“你都那么强了，干吗不自己做”“你都那么强了，还需要我什么”，这些都是一般人面对强者的想法。所以，真正的强者，从表面来看，应该是“弱”的，庄子的《逍遥游》中就说：“至人无己，神人无功，圣人无名。”

《孙子兵法》中也说：“善战者，无智名，无勇功。”如果圣人、帝王都能学会示弱，那我们普通人又何尝不可呢？所以当我们想说：“你不懂，这件事情是这样的……”不妨换成“这件事我没有经验，所以想多听听您的意见……”当我们想说：“这件事我一个人照样能做……”不妨换成：“这件事如果没有兄弟姐妹的支持，我没有办法完成……”当我们想说：“这有什么了不起的，应该很简单……”不妨换成：“这件事应该没那么简单，是不是找专家学者论证论证……”等等。

三、弱关系——运用好社交媒体

我们在社交网络中介绍了弱关系的重要性，那么我们在实际生活中如何去维系自己的弱关系呢？在通信不发达的时代，要维持弱关系是一件很困难的事。人类的沟通交流半径基本上被两条腿所制约。所以，“四君子”只能通过供养门客这种高成本的方式来维系弱关系。幸运的是，在互联网时代，社交媒体为我们维护或者建立弱关系提供了有力的工具。朋友圈、微博，抖音等社交软件，只要通过简单的操作就可以和对方建立联系，点赞、评论都是与对方简单互动的方式。除此之外，我们还需要更有效的方式来挖掘这些弱关系。其中，将朋友分类、强调多样性和线下活动是三个不错的方法。分类的办法可以根据自己的工作习惯进行分类，如可以按行业和地域来划分。只要在微信搜索中输入行业或者点击地域就可以快速地找到这些弱关系好友，或者是当自己发现好的行业文章或者问题时可以分享给他们、咨询他们。强调多样性是说朋友的种类可以适当多一些，不用聚焦于自己所处的行业。娱乐业、传媒业、IT业、制造业的朋友都可以去结交，有时候问题的答案往往在问题之外，从其他行业去审视同一个问题，也许会得到不同的答案，而线下活动包括时不时地聚聚餐、沙龙活动、行业交流等。当自己出差到了新的城市时可以邀请朋友共进晚餐，这些简单的方式都可以帮助我们维护这些弱关系。当然了，如果是土豪，也可以学习四君子，靠“撒钱”和“请吃请喝”留住这些门客，所谓：“穷在闹市无人问，富在深山结远亲。”当然撒钱也要有策略地撒，吃喝也要聪明地吃喝。弱关系的另一个关键在于在朋友圈内建立起自己的良好“人设”，发挥好声誉机制和间接互惠，让别人在某一场景下能立刻想到你，并且能够触达到你。所以，“人品”在这个时候就显得至关重要了，这一点我们会在“声誉机制”中详细说明。

四、贝肯数——结交大人物身边的小人物

什么是“大人物”？大人物就是手握重权、走路带风、霸气侧漏、全场焦点型的人物。什么是“小人物”？小人物就是跟在大人物旁边、毫无声息、毫不起眼、毫无存在感的人物。我们在现实生活中，往往都将精力耗在了大人物身上，而忽略了小人物的价值，如好莱坞演艺圈的贝肯。大人物身边往往都簇拥着一堆人，想要获得大人物的注意是一件难上加难的事，而小人物成天跟着大人物，习惯了被忽略，如果此时有人格外地关注他，会非

常容易建立联系。在古代，太监就是大人物身边的小人物。历史上一些著名的太监可谓“一人之下，万人之上”。比如秦朝“指鹿为马”的赵高，腰斩重臣李斯，诛杀异己，成功地帮助胡亥篡位。又比如，东汉以张让为首的十常侍宦官集团，买官卖官，祸乱朝纲，权倾天下。还有唐朝的高力士，明朝的魏忠贤，清朝的李莲英等。在现代，领导的秘书就是大人物身边的小人物。我们看到党的十八大，提出的“反腐倡廉”，不管是“老虎”还是“苍蝇”都要打，而这些“老虎”和“苍蝇”身边的秘书往往也受贿金额巨大。在职场中，我们通常忽略了一个重要的职位——前台。这也是一个小人物的典型职位。前台不仅知晓各个部门的人员情况，老板的时间行程，还能知道在什么时间有什么客户来拜访过公司。这些都是非常重要的信息。在电影《爱情与灵药》中，由电影明星杰克·吉伦哈尔饰演的医药代表，每每在拜访医院推销药物都受到拒绝时，就从医院的前台开始做工作，买鲜花、说好话，这让他成功地打开了市场。

五、人脉的价值——先掂量自己几斤几两

我们在上文论述了人脉的一个重要前提是：双方在平等的基础上进行资源的互换，从而让资源重新得到组合，发挥其最大的效用。我们在想方设法认识他人的时候，有一个问题应该先问问

自己："我自己有几斤几两？"当自己不能给别人提供价值的时候，别人又凭什么来帮你呢？在金融圈，很多VC、PE在投资项目的时候，都会问创始人两个最基本的问题：你是谁和凭什么是你。"你是谁"的问题需要对自己有清晰且客观的认识，也就是我们开玩笑所说的"撒泡尿照照自己"，照的就是自己的优势和劣势，而客观是能够对自己有一个符合实际的评估。通俗地说，就是越是一知半解的人越有自信，或者说"一瓶子不响，半瓶子晃荡"。这也是很多人"迷之自信"的根本原因。所以，是狼就练好牙，是羊就练好腿，该干吗干吗。没掂量清楚自己几斤几两，就先哪凉快，哪待着。

而"凭什么是你"的问题是一个不断自我证伪的过程。天上从来不会掉馅饼，这世界上也没有免费的午餐。当碰到一个看似完美的人、一件看似完美的好事时，先要提出自己的一系列怀疑，在探索的过程中不断地为这些问题找答案。如果无法找到答案或者无法找到合理的答案时，那么这个人、这件事就一定有蹊跷。"股神"巴菲特在投资时信奉三个十分简单易懂的原则：不做空、不加杠杆、不懂不碰。某互联网巨头在拍下和巴菲特的午餐后，向媒体透露道：巴菲特所说的内容连他姥姥都能听懂。而正是这三项姥姥都能听懂的原则背后，却是对"凭什么是你"问题的最好回答。首先，在市场上通过做空策略做大做强的机构寥寥无几，所以凭什么是你能赚到这做空的钱？其次，加杠杆意味着风险的增加，在市场上看走眼是大概率事件，所以及时止损才是最佳策略。而一旦加了杠杆并且判断失误，那么就有可能永世不得翻身。最后，任何行业的规律大概率都是2分赚、1分平、7分亏，那么凭什么你能在一个不懂的领域赚到钱呢？

六、信号传递——应酬局的潜规则

应酬在中国是非常常见的一项社交活动。无论你是职场小白，还是资本大鳄，都会或多或少地参加不同的应酬局。不同的局有不一样的目的和意义。有的局是初次见面的破冰局，有的局是老友相会局，有的局是公司团建局，有的局是朋友的引荐局等等。针对不同的局，事先就应该想清楚自己的策略，或者说自己想要传递什么样的信号，毕竟一场应酬下来要花费不少精力和财力，而钱要花在刀刃上。所以，花钱之前一定要想好自己的策略。具体来说，一定要弄清楚几个问题：第一，我去的目的是什么。我是去帮朋友引荐人，还是我有求于人，还是别人有求于我。如果是引荐局，那么局的重心就不应该是自己，而应该是那个被引荐的人，不能喧宾夺主。如果是有求于人，就要想清楚如何开口，如何让别人接受。这里就需要使用在例子一中所论述的分清局中人的策略，对方是重名、重利还是重情。针对对方不同的特点来采取策略，重名就多多美言，重利就送礼，重情就多往情感的话题去说。如果是别人有求于我，那就要想清楚能不能帮、怎么帮，什么话该说、什么话不该说。第二，搞清楚局上有哪些人。如果是自己做东，就要明确我要邀请哪些人，这些人不能很陌生，否则场面会非常尴尬。同时，被邀请的人之间不能有太多的隔阂和不愉快。如果是自己被邀请，也要明确局上有哪些人，哪些信息应该传达给对方，哪些信息应该屏蔽对方，都要事先谋划好。下面，我们对应酬局上的烟、酒、茶的“潜规则”做一些简单的介绍。

（一）烟

应酬局的抽烟环节一般是在饭前或者饭后。通常来说，级别低的人或者辈分低的人给级别高或者辈分高的人发烟，发完烟后一定要记着“后续动作”——点烟。当第一轮抽烟环节结束后，一般级别高、辈分高的人会回烟，这时候一定要表示感谢，并且再次跟着“后续动作”——点烟。如果对方表示自己来，也不要勉强。当酒足饭饱后，也要在第一时间发烟，重要的事情说三遍：记住点烟。

（二）酒

酒基本上会全程贯穿应酬局。第一，事先声明自己的酒量。“醉翁之意不在酒，而在于山水之间也。”应酬局上的酒同样也不是喝得越多越好，而是传递一种态度的信号。所以，无论酒量的大小，首先要传递一种良好态度的信号。如对领导来说，是一种忠诚的信号。老板让我喝多少，我就喝多少。老板让我今天喝趴下，我绝对不站起来。对于合作伙伴来说，是一种实力的信号。我不用喝得烂醉来取得这个项目，大家平等合作，小酌怡情。对接待远方的客人来说，是一种热情的信号。一定要让对方感受到自己的真诚和热情。所以，事先声明自己的酒量至关重要，一杯、一壶、一瓶，事先说明大家心里都有个谱，建立一种“锚定效应”，这样也不会互相勉强。如果确实不能喝，沾酒即醉，无论真假，那么更要事先说明，坚持全场不喝。第二，记得给身边的人斟酒。旁边的人，尤其是长辈酒杯空的时候，一定要记住给他的杯子满上。酒壶没了，给酒壶续酒。第三，把控节奏。应酬局上的喝酒节奏非常重要。慢了，没有气氛，场面显得尴尬。快了，酒精上头，菜还没吃两口就不省人事。所以，当察觉节奏稍微有些慢时，可以适当地举杯，说一些“场面话”，如“来来来，×总，我敬您一杯。感谢……”等，加快节奏。这也是通常说的“带节奏”。当发现节奏有些快时，也可以说些“场面话”，如“咱们的感情不需要喝酒来证明”“咱们先缓缓，吃两口菜”，等等。第四，拿捏分寸。应酬局往往在酒兴正浓的时候谈起某些较为严肃的公事，人们也往往会容易“酒后吐真言”。有时候“真言”可以拉近彼此的距离，但有时候“真言”会得罪某些人。这时候就需要有分寸地去说话。当别人问及核心机密的问题时，要学会“打太极”，如“咱们酒桌上不谈公事”。当别人问及对某件事、某个人的看法时，如果不方便说，可以说“这个我还真不知道”。曾仕强教授在《易经的奥秘》中曾解读《论语》中“知之为知之，不知为不知，是知也”这句话。他说，如果简单地翻译成“知道就是知道，不知道就是不知道”，那就太小瞧孔子的智慧了。孔子的意思应该是说，“对不应该知道的人来说，知道也说不知道”。这种思想就很适合在酒桌上使用，因为言多必失。

（三）茶

应酬局在吃饭前通常会有个喝茶的环节，正事、公事基本上也是在这个环节的时候进行沟通交流。通常在正式交流之前，大家都会寒暄几句，而寒暄的内容一般都会聚焦在茶上。所以，知晓一点茶叶的基本知识是非常重要的。比如，绿茶是不发酵茶，如西湖龙井；白茶、黄茶是微发酵茶，如福鼎老白茶；乌龙茶是半发酵茶，如铁观音、凤凰单丛、东方美人；红茶是全发酵茶，如滇红；黑茶是后发酵茶，如普洱。此外，简单的茶艺也是一项必备技能，如茶器的摆放、茶叶的冲泡等。年轻人如果懂一些的“茶艺”，往往会给老一辈人留下良好的印象，也能在关键时刻发挥出作用。

七、声誉机制——建立自己的“人设”

直接互惠一般发生在相互比较熟悉了解的人之间。因为熟悉了解，所以信任成本很低，交易互动可以很快地达成。但是直接互惠很容易受到“邓巴数（150定律）”的限制，所以直接互惠的缺点是频次较低。而间接互惠与直接互惠相比，很容易发挥出虚拟空间的网络效应，我们在“社交网络”一节中有所提及，一个网络的价值等于该网络内的节点数的平方，而任意两点并不一定直接认识。因此，间接互惠的特点是频次较高、报酬较大，很容易形成经济学中所说的规模效应。声誉机制是间接互惠的前提和基础，只有形成了自己的声誉机制，才有可能与网络中的其他节点产生接触互动。声誉机制也是维系“弱关系”的关键所在。只有建立了声誉机制，弱关系才能更好、更快地为自己所用，否则对方很难有强驱动力去产生连接。佛家也有“广结善缘”的说法，“广结善缘”中的“善”就是在建立自己的声誉机制，而“广”就是在维系自己的“弱关系”。例子中的地产大佬若不建立自己的声誉机制，其他合作伙伴与他的弱关系也很难发挥其价值。建立声誉机制的关键就是要打造自己的“人设”。

什么是“人设”？人设不是自己对自己的设定，而是他人对自己的设定。“我不要你觉得，我要我觉得”，这就是一种典型的错误人设思维。就像某地产大佬自己说的：“名声不是说别人怎么骂你，而是别人骂你之后，你的名声还在那里。”这种“名声”就是一种人设。NBA巨星科比就有刻苦训练、执着争胜的人设，虽然他离开了我们，但是“黑曼巴”的精神却鼓舞着篮球迷们。高坛巨星老虎·伍兹虽然遭受了一次又一次的病痛折磨及场外花边新闻，但是一次又一次地回归赛场并夺冠，打造了他专注、铁人的人设。而特朗普凭借打造出来的亲民、替蓝领阶层发声的人设，直接让他当上了美国总统。在互联网的“流量”时代，我们更应该学会建立自己的“人设”。首先，这个人设必须能够提炼出关键词，这样才能有利于传播和推广。比如“性格大气”“出手豪爽”“专业技能强”“做事靠谱”“执行力强”。人设就是标签，只有标签才能让人记住。其次，人设不能多，一到两个即可。在品牌的推广营销领域中，有一个“七品牌定律”，即在某一个品类中，消费者通常只能记住七个品牌的名称。而在一个充满竞争的行业中，前四名企业拥有本行业75%以上的产量。在经济学中，这种产业集中化的现象被称为“四品牌集中率”。而在现实生活中，我们经常看到或者能想起的同一品类的品牌平均在2~3个。如碳酸饮料行业里的可口可乐和百事可乐，飞机制造行业里的空客和波音，汽车制造行业里的BBA（奔驰、宝马、奥迪）。所以，人设过多，大家反而记不住，还不如找一两个能让他人深刻印象的人设。最后，人设一定要真实可靠。如果人设是虚假杜撰出来的，一旦被发现而人设崩塌，反而适得其反。

人设的设立是一把双刃剑。所谓“成也萧何败萧何”，很多企业家、明星也是“成也人设，败也人设”。流量就像水一样，流动速度之快让人瞠目结舌。很多“小鲜肉”可能还没明白自己是怎么红的，就已经过气了。当然，我们不是每个人都能成为大佬、明星。但是我们也需要思考如何建立长期可靠、能经得住时间检验的人设。如抗疫英雄钟南山院士，在2003年“非典”时就敢于和SARS病毒作斗争，深入一线了解情况；2020年又和“新冠病毒”战斗，并在第一时间以85岁的高龄进入武汉了解疫情。这种“大无畏”“科学严谨”“以民族利益为先”的人设才能经得住大众、时间的检验。对我们平常人来说，“乐于助人”“专业知识强”“人品好”等积极乐观的品质，就是我们要去追求的人设。

八、友谊小贴士

无论是认清局中人，学会经营自己的人脉，透过烟、酒、茶去领悟人情世故，还是去建立自己的人设，这都是处理友谊中的具体方法，是“术”，而不是“道”。真正的道，应该是和对待恋人、爱人、父母一样，发自内心地去关心你的朋友。老子在《道德经》中说：“善行无辙迹，善言无瑕谪。”只要是对方发自内心的关心，具体方法有不妥之处，也无伤大雅。而这个“善”字，就体现在三点：真诚、能力和距离。真诚是内核，能力是基础，距离是前提。真诚需要我们做到无论何时、对何人都保持一份从一始终的真实；能力是朋友之间价值交换的基础；距离是人与人相处的前提和原则，太远缺了点人情味，太近让人不适，只有不远不近的距离大家才能和睦相处。这三个要素对应的英文分别是Ability、Interity和Distance，所以又称为“AID（帮助）”原则。

（一）能力（Ability）

能力可以分为三个层面：提升自己能力的能力、了解他人能力的能力和容忍他人与自己不同的能力。提升自己能力的能力是向内求的一种表现，了解他人能力的能力是向外求的一种表现，而容忍他人与己不同的能力是沟通内外的一条纽带。我们在之前论述过人脉的本质是资源的平等互换。从某种角度来说，能力就是资源的一种表现。如果自己毫无资源、毫无价值可言，那么在朋友圈，别人很难与之长久地交往并形成友谊，就像外交中有一句名言“弱国无外交”，也是这个道理（见图5-10）。

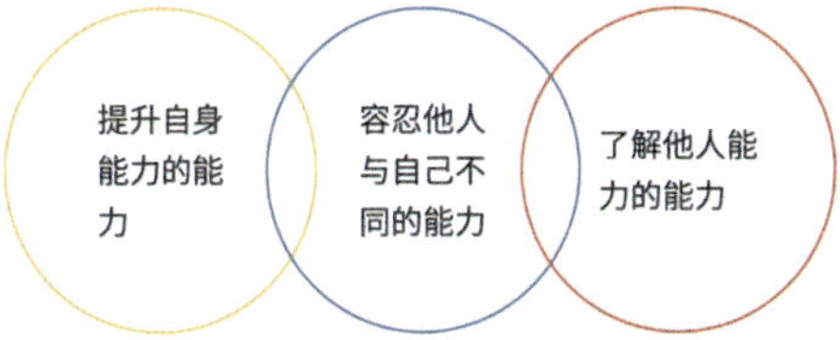

图5-10　能力的三个层面

了解他人能力的能力需要我们有一双发现他人优点和长处的眼睛。这里的优点可能是众人眼中的优点，也可能是“缺点”。比如，我们之前介绍的“鸡鸣狗盗”的故事。看似平平无奇的人，也能在关键时点立下大功。优点、缺点都是相对的，在不同的情景下缺点也会变成优点，优点也会变成缺点。我们要以辩证的眼光去看待周边的人。容忍他人与自己不同的能力是三项能力中最难的一项。斯坦福大学心理学家查尔斯勋爵、李·罗斯和马克·莱伯通过试验说明：大脑为了节省能量，往往倾向于已知或固定的结论，很难去改变，所以在潜意识中我们通常会有“自己永远是对的，别人是错的”的反应，这种现象也称为“自我合理化”，这是我们和他人产生矛盾的根本。其实很多时候我们为了一时的对错而争得面红耳赤，事后才发现其实结果、对错根本没什么用。但是恶语已出，覆水难收，大家的感情被伤害之后，做再多补偿动作也于事无补。我们在人脉部分中曾经说过人与人的圈层不要相差太大。如果相差很大，大家不在同一个世界里，意见相左是必然的，“夏虫不可语冰”。如果相差不大，那么就秉持“原则和非原则”的原则，如果大家志同道合，则多去容忍别人和自己的不同，所谓“君子和而不同，小人同而不和”，或者“见贤思齐，见不贤而内自省”；如果大家志不同、道不合，那就不相为谋，多说无益。这也是我们上文提及的“示弱”的智慧。如阿里巴巴的掌门人和某金融精英，前者是热爱金庸武侠小说的文艺青年，后者是持有耶鲁大学经济学学士学位和法学院法学博士学位的金融精英。二者本是生活在两个世界的人物，却由于阿里巴巴的一次融资结缘，金融精英欣赏掌门人的领袖魅力，放弃了年薪70万美元的工作，领着每月50美金的薪水和掌门人一起创业。二人珠联璧合，打造了阿里巴巴的商业神话。掌门人也曾说过，这辈子他感谢4个人。前三位分别是投资阿里巴巴的软银孙正义、雅虎杨志远和武侠小说作家金庸，而最后一位就是这位金融精英。没有金融精英专门负责和各个投资人的对话沟通，就没有后来阿里巴巴的传奇。如果说掌门人是一部电影的导演，那么金融精英就是电影的制片人。性格、背景迥异的两个人，正是因为有了容忍他人与自己能力不同的能力，才创造了辉煌。

（二）真诚（Integrity）

《人生五大问题》中说：“唯有尊敬才能产生真诚。”中欧商学院也有统计，世界500强的CEO性格各有不同，但是唯一的共同点就是真诚。什么是真诚？真诚就是歌词中所唱的：“简单点，说话的方式简单点。”简单有时候就是一种真诚。真诚应该做到对己真诚和对他人真诚。很多人都知道要对他人真诚，但是忽略了对自己真诚。而且，对他人真诚必须以对己真诚为基础。试想如果一个人对自己都无法做到真诚，不了解自己，那么在和别人相处时一定会表里不一，结果必然是自己疲惫不堪。古罗马政治家、演说家、哲学家西塞罗曾说：“自己先做一个好人，然后找和你相仿的人做你的朋友。如此，友谊才能稳固地成长。”

要做到于己真诚，必须经历自私、自知、自爱这三个过程。因为只有自私、自知和自爱才是在没有考虑他人情况下自身最真实的一种表达。自私是一种人在没有意识到道德标准情况下的一种利己的行为选择，也可以说是人最真实的一种表达。俗话说，人不为己，天诛地灭。“自私”一词常常被当作贬义词而存在。如果自己的“自私”行为伤害到了他人的利益，这是“自私”。否则，就无可厚非。自知是知晓社会习俗、道德标准后而对自己心理和行为有所评判的一种状态，即知道什么是对、什么是错。自爱是在前两者的基础上更关注自身身体、精神状态的一种选择。如在酒店吃自助餐，每次都拿很多这是自私；知道了这样会被别人另眼相看，或者自己拿了之后别人就没得吃了，这是自知；而意识到摄取过多能量会变胖、会不利于健康，这是自爱。自私可以让我们更了解自己关心的利益点所在，自知可以让我们更好地融入这个社会，而自爱可以让我们更享受自己选择的一种幸福感。

要做到对他人真诚，我们需要从语言、行动和时间这三个维度来考量。哲学家维特根斯坦有一句名言：“凡是能够说的，必定能说清楚，凡是不能说的，我只能保持沉默。”这是他将哲学逻辑化的一条中心思想。把它引用到这里，可以作为与人相处时说什么、怎么说的指导标准。但是能够说什么、不能说什么就需要我们自己去判断了。无论什么话题，如果决定说了，那就把它掰开了、揉碎了说清楚；如果不方便说，那一个字都不要说，更不要支支吾吾。季羡林也说过九字真言——不说假话，真话不全说。需要强调的是，对他人真诚有一个小方法就是要做到记住每个人的名字。据说，希拉里·克林顿在总统大选期间，每天需要和2000多人握手，她总能记住每个关键人的名字，虽然与每个人交流的时间不超过30秒，但是真挚的眼神、温暖的握手和合适的寒暄表达了足足的诚意。

行动需要我们更关注我们为对方做了什么，不要只关注对方为我们做了什么。但是有些人天生就是只懂索取，不知付出，如果碰到这样的人，你对他真诚，他也认为理所当然，那就只有走为上计。时间要求我们更关注长期而非短期，路遥知马力，日久见人心。能做到从一至终的真诚才是真的真诚，为一时利益的真诚都是假真诚。在现实生活中，我们也会碰到形形色色的人，是采取“真诚”的策略好呢，还是采取“装X”的策略？下面我们用博弈论模型分析在短期和长期与人打交道时该采取什么策略。

首先，我们假设两人只打一次交道，即单次博弈。博弈人甲和乙有“真诚”和“装”两种策略，如果甲采取“真诚”，乙采取“真诚”，大家坦诚相待，则各获得10的效用值。如果甲采取“真诚”，乙采取“装”，则真诚的一方，甲的利益受损，而乙欺骗成功，甲、乙的效用值为（-10,15）；反之，乙采取“真诚”，甲采取“装”，甲、乙的效用值为（15，-10）。如果双方都采取“装”，则两败俱伤，效用值为（-5，-5），根据以上绘制报酬矩阵如表5-5所示：

表5-5　“真诚”与“装”的策略选择博弈

	乙“真诚”	乙“装”
甲“真诚”	（10,10）	（-10,15）
甲“装”	（15，-10）	（-5，-5）

根据支付矩阵，我们利用划线法可以得出纳什均衡为（-5，-5），即甲“装”，乙也“装”。这个结论告诉我们，当两人初次打交道时，还是“装”一点比较好，没有必要把自己的真实情况和想法完全展现出来，否则一旦别人利用我们的“真”，将会给我们造成“-10”的巨大损失。

但是如果我们从重复博弈的角度来看，若大家一直选择“装”的策略，则双方的效用值为（$-5n$，$-5n$），n表示博弈的次数，双方都会蒙受巨大的损失。从报酬矩阵可以看出，双方都选择“真诚”，是长期的最佳策略，双方的效用值为（$10n$，$10n$），随着时间的累积，双方都可以获得巨大的收益。所以，这个结论告诉我们，如果大家萍水相逢，就虚着点来，没必要“真刀真枪”。如果大家志趣相投，彼此就不要藏着掖着。

（三）距离（Distance）

哲学家叔本华在《附录与补遗》中曾经提及过一个“刺猬困境”的寓言故事。寓言说的是在寒天里，刺猬们想挤在一起取暖，然而挤成一团后它们会被彼此刺伤，所以又得散开，但是散得太开又会觉得寒冷。最后，它们找到了彼此相距的最佳距离，既不会扎到彼此，又可享受到彼此的温暖。后来，社会学家将其引申为人际交往中的“刺猬法则”，并将距离分为物理距离和心理距离。美国人类学家爱德华·霍尔博士又将物理距离划分为四种：公众距离（Public Distance）一般为3.7～7.6m，多用于公共场所的聚会，如演出、歌剧等。社交距离（Social Distance）一般为1.2～3.7cm，多用于团体之间的社交活动，如洽谈公务、聊天等。个人距离（Personal Distance）一般为45～120cm，如朋友、熟人、亲戚之间的往来一般适用于这个距离。亲密距离（Intimate Distance）为0～45cm，如夫妻、情侣。表格如表5-6所示：

表5-6　不同关系的社交距离

关系	距离
公众距离（Public distance）	3.7～7.6m
社交距离（Social distance）	1.2～3.7cm
个人距离（Personal distance）	45～120cm
亲密距离（Intimate distance）	0～45cm

物理距离容易理解并运用，但是心理距离却很难拿捏。这需要我们注意对象是谁和对象的角色这两个问题。如果对方是善于听取意见的人，我们就应该多去和Ta沟通，如果对方是一个固执的人，那么我们就应该“忠告而善道之，不可则止，毋自辱焉”。对象的角色也很重要，如果对方是上级，那么作为员工可以适当提意见但是绝不可越权，所谓“不在其位不谋其政”，如果对方是家人，就应该注意我们沟通的方式方法。这一点，我们在“父母”一章中有所介绍。

此外，距离感可以通过语言来进行柔化处理，一般可采用换位法和缓冲法。换位法是指将自己置于对方的境遇来进行沟通，这样可以放松对方的警惕并且拉近彼此距离，常用的范式有：“如果我是你，我会……”“有时候我也是这样，但是我会……”缓冲法是指预先进行铺垫使对方更容易接受的一种沟通方法。常用的范式有：“我这么说可能不太好听，说了你别生气，但是我会……”“我倒是有个办法，但是不知道适不适合你，你可以听听看，我会……”等。

美国著名企业家、咨询师基思·法拉奇在《别独自用餐》（*Never Eat Along*）一书中阐述了一些他多年来在如何社交、如何获得友谊问题上的一些方法、策略。美国人和中国人在人际交往中由于文化不同存在一定差异，我将对这些小贴士进行适当修改后介绍给大家。

1. 如果彼此欣赏，就要建立关系

“确认过眼神，遇到对的人”，双方如果能被对方的某一个点打动，从而产生出一种惺惺相惜或者相见恨晚的情感，那么一定要在合适的时机取得对方的联系方式。我们如今生活在一个数字时代，微信简单地“扫一扫”就可以建立长久的联系。但是这里一定要注意几点：第一，合适的时机与话题。我们不能在毫无交流或者交流不畅的时候突然寻要对方的联系方式，这样会显得非常“尬”。第二，放下架子。很多人觉得主动去加别人的微信会不好意思或者觉得有失面子，其实，主动一点，成本就是打开手机，伸伸手，而你所获得的可能远远超出自己的想象。第三，合适的开场语及简洁的自我介绍。我们在聚会场合上经常看到某些人还没有说话，就把微信加了个遍，其实这样不仅无效而且让人觉得反感。建立关系的目的是营造自己的社交网络，从而发挥出人脉的网络价值。

2. 巧妙地与接待员相处

接待员可以理解为秘书、办公室主任等在大人物身边负责日常工作的人，也就是我们上文所说的“小人物”。我们往往因为大人物的光环而忽略了他周边的人，其实他周边的这些“小人物”往往是容易被人忽略其存在的人群。他们通常都掌握着大人物的一些有价值的信息，与他们处好关系往往会有事半功倍的效果，这个我们在“贝肯数”一节中有过介绍。

3. 别独自用餐

这是本书的书名，作者对其重视程度可见一斑。吃饭的时候十分适宜与他人沟通交流，建立联系。不同形式的用餐适合不同的场合或者不同的人群。一顿简餐以半小时为宜，适合与同事在劳累的工作后简单的交流放松，而后又投入紧张的工作。一杯咖啡以1小时为宜，适合与朋友进行工作交流或者商业洽谈。喝咖啡与办公室洽谈业务相比，更加轻松。与喝茶相比，又多了几分严肃与认真；晚宴以两个小时最好，头1小时总结工作，后1小时酒意浓酣适宜加深私人感情。作者在书中尤其强调了家宴，最佳的组合为亲密的圈子加上一两个关系没有那么亲密的人。在亲密的圈子中，主人能够更加从容而自信地展示自己，形成很强的个人魅力。对这一两个人的挑选有一个要求：彼此互相欣赏并有意将对方融入自己的圈子。所以，对他们能否融入自己圈子的考量就至关重要。

在中国，尤其是在校园中，我们常常看到一边拿着手机、一边进食而对面坐着同样姿势的人。放下手机，邀请你周围的朋友一起吃顿饭，喝杯咖啡会给你带来意想不到的收获。同样，运动与吃饭也有异曲同工之妙，跑步、骑车、健身都是不错的选择。

因为在越来越提倡健康生活方式的潮流下，“请人吃饭，不如请人出汗”。

4. 健康、财富和孩子

书中说：“世界上有三种东西可以让人们的友谊变得更深厚，他们是健康、财富和孩子。”健康已无须赘述，身体健康是我们最宝贵的东西，没有之一。如果能在改善对方健康方面施以援手，对方必将感激不尽。财富是目前市场经济条件下衡量成功与否的一项重要指标，有了财富，意味着更高的地位、更多的尊重。如果能在对方需要雪中送炭的时候援手，这份情谊也将会让对方铭记终生。有人说，一个人一辈子必须要有两个朋友：一个医生，一个律师。医生是对我们健康的保障，而律师则是对我们财产的保障。子女是我们的希望，是我们生命的延续，许多父母倾其一生也是为了给子女提供一个更美好的未来，如果能够在子女的教育、医疗、职业规划方面提供帮助也是事半功倍的。

5.联系的最重要时机——生日

生日是一年中独属于某个人的最特殊的日子。尽管随着年龄的增大，我们越来越不愿意过生日，但是如果能在生日当天收到朋友真心的祝福或者礼物，我们还是会有些许感动。与其在过年过节的时候群发千篇一律的祝福语，不如稍加用心地记住朋友的生日，并送上一份专属的祝福。

6

第6章 CHAPTER

幸　福

上苍不会让所有幸福集中到某个人身上，得到爱情未必拥有金钱；拥有金钱未必得到快乐；得到快乐未必拥有健康；拥有健康未必一切都会如愿以偿。

——**杨绛**

幸福是人生的意义和目的，是人类存在的全部目标和终点。

——**亚里士多德**

周国平先生说过："把幸福作为研究课题是一件冒险的事。""幸福"一词的意义过于含混，几乎所有人把自己向往而不可得的境界称作"幸福"，但不同的人所向往的境界又是不同的。要给幸福下一个准确而普适的定义是一件非常困难的事，因为每个人对幸福的感受不同、期望不同，"一千个人心中有一千个哈姆雷特"。很多人把幸福的内涵与快乐相混淆。快乐是幸福的充分不必要条件。也就是说，幸福的人在生活中总是充满了快乐，但是快乐的人不一定能感受到幸福。吸毒嗑药，穷奢极欲的生活也许能给我们带来快乐，但是绝对不会带来幸福。生活中不可能总是欢乐与笑声，难免会碰到悲伤、挫折、痛苦与难过。但是幸福的人依然能从这些情绪中找到属于自己的幸福。幸福的境界应该要高于开心。开心是一时的、短暂的，欲望得到满足就会开心。而幸福是长期的，需要长期的经营与维系，不仅仅是欲望得到满足那么简单。

幸福无法脱离个体，幸福也无法脱离时代。我们先来回顾一下在不同时代人类的幸福观。纵观人类社会的发展历程，我们经历了原始社会、奴隶社会、农业社会、工业社会和信息社会。不同学者从不同角度给出了社会进步的原动力，有的认为是技术进步，有的认为是制度进步。而精神分析学家、心理学家、哲学家弗洛姆从更为微观、更为人文的角度，提出了“社会性格”的学说。他认为，要认识社会进程的动力，就必须认识运作于个人内部的心理进程之动力，这些个人的心理动力组成合力，形成整个社会的动力，从而推动社会的发展①。社会性格形成的过程是人与人、人与社会不断发生联系的过程。其中，人与人发生联系的途径是爱，人与社会发生联系的途径是劳动。换句话说，爱与劳动推动着社会的不断进步，而人类的幸福观也会在爱与劳动中产生（见图6-1）。

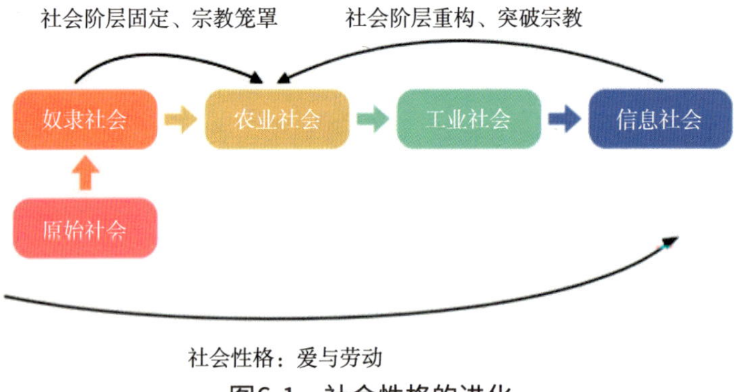

图6-1　社会性格的进化

① 弗洛姆：《逃避自由》。

更进一步说，人与社会发生联系的两条渠道是社会阶层和宗教。在原始社会人们过着采摘式的生活，居无定所。虽然物质匮乏，生活朝不保夕，但是那时候人类的精神却是自由的。《人类简史》的作者赫拉利在书中就发出这样的疑问：在石器时代，平均每人每天吃喝玩乐需要消耗4000卡能量。而今天的美国，人们每天消耗的能耗是22.8万千卡。当然这能耗不仅仅包含了吃喝，还有汽车、电脑、冰箱等其他设施。两个时代相比，能耗差了60倍。但是今天的美国人就比原始社会的人幸福60倍吗？未必。作者就说：“人类就像一辆车，司机一脚把油门踩到底，但变速杆还放在空挡上，油耗很大，却走不了多远。”

从采摘生活进入农耕生活后，也就是在奴隶社会和农业社会，人的“三六九等”早就确定了。人属于什么社会阶层、信仰什么宗教基本在出生时已经设定好，社会结构是固定的纵向垂直结构。“龙生龙，凤生凤，老鼠生来会打洞”描述的就是这样一种情形。比如西方的贵族阶层，东方的氏族阶层。什么阶层应该做什么样的事，已经成了天经地义的事，阶层之间无法流动。在电影《私人订制》中就有一段开玩笑的台词：“贵族只有做爱和打猎是亲力亲为，其他事情都由下人执行。”而下人也认为服务主人是他应该做的事情。在这样的背景下，人的思想处于禁锢的状态，自然也就无所谓焦虑、无所谓孤独、无所谓自由，也就无所谓幸福。

因此，如果你问这个时期的人什么是幸福，他们估计会一脸茫然。一切都被安排好了，一切都被设定好了，人就像机器一样，只需根据自己的阶层身份重复自己的工作即可。目前，印度的种姓制度虽然被法律废除，但是其惯性依旧存在。种姓制度一共分为五个等级。第一等级：婆罗门，主要是僧侣贵族。他们拥有宗教经典的解释权，并享有祭神的特权。第二等级：刹帝利，是军事贵族和行政贵族。他们是婆罗门的“粉丝”，守护着生生世世的婆罗门阶层。第三等级：吠舍，他们是普通的雅利安人，没有特权，供养第一等级和第二等级阶层。第四等级：首陀罗，主要是被征服的土著居民，由伺候用餐、做饭的高级佣人和工匠组成，是人口最多的种姓。而除四大种姓之外，还有大量的“第五种姓”，称之为“不可接触者”阶层，又称“贱民”或“达利特”，他们多从事最低贱的职业。很多去过印度的朋友都说，印度人无论在哪个种姓，都非常的“认命”。高种姓人认命地享受生活，低种姓人认命地服侍高种姓人。在“认命”的时代，宗教就成为了大多数人民的一种精神寄托。在印度这片广袤的次大陆上生活着将近14亿人，而这14亿人有的信奉印度教，有的信奉佛教，还有的信奉伊斯兰教。其中，印度教是印度人民的信仰主流，有将近10亿信众。看过印度电影的朋友可能就会感受到印度的神明也特别多，传说印度有三亿三千三百万个神。而起源于印度的佛教，虽然在印度不是主流，但是在中国、东南亚却信徒众多。同样在欧洲，天主教、基督教、新教也都有自己众多的追随者。无论是哪种宗教，救赎都是他们的核心教义之一。为什么要救赎？因为普通百姓的日子实在是有苦有难，但是无论怎么努力也无法改变现状。所以，民众只能通过宗教来抒发情绪以此来慰藉心灵。此生无望，只有求救于神来实现解脱，指望来生能够享受荣华富贵。

自文艺复兴后，西方开始强调灵魂的解放，随之而来的工业革命冲破了固化的社会阶层，也突破了宗教的影响，人类开始进入一个全新的自由时代，社会结构也由完全固定的纵向垂直结构转变为横向水平结构。一方面，人实现了个人自由；另一方面，没有了社会阶层和宗教的“保护”，人也开始产生焦虑。“我是谁”“我从哪里来”“我要去向何方”成了人们的灵魂三问。而这三个问题并不是一时能解决的，需要我们用一生去探索、发现，但这种不确定感是很多人所无法面对的。心理学家弗洛姆就在《逃避自由》一书中说，面对这种不确定性感产生了两种思想：权威主义和机械主义。这两种思想使得焦虑的人能够重新构建和社会的联系。权威主义是指人们倾向于跟随权威的脚步来进行行为决策，权威主体可以是一个有人格魅力的领导，也可以是一种极具煽动力的意识形态等。如马克思的共产主义理论，希特勒的纳粹主义。而机械主义是指人们倾向于和大众保持一致的思想。

这也是经济学中“羊群效应”的体现。在那个尼采高喊上帝已死的年代，在那个王公贵族的封建势力土崩瓦解的时代，曾经的信仰与归宿也随风而去。看似获得了自由，可是心灵却是一片贫瘠的土地。我到底该信什么？我又到底该信谁？在这种情况下，世界才出现了各种对未来世界探索的思想和带领我们探索的领袖。于是，产生了所谓的权威主义和机械主义。但是无论是权威主义还是机械主义，都不是真正的自由，而是一时不假思索地盲从与趋附，而真正的自由是一种内心自发的、有着自己的人生目标和对人生意义的追求的使命感。这就需要解释清楚一个问题：到底人有自由意志吗？只有搞清楚这个问题，才能谈论幸福。

对于自由意志问题的探讨，是几千年来哲学家所主要探索和讨论的话题。古往今来，有许多哲学家进行过讨论。有以斯宾诺莎和叔本华为代表的“决定论”，即反对有自由意志的存在。如斯宾诺莎说：“心灵的决定若扣掉欲望就不剩什么，会随着各种安排改变，心灵内没有绝对值也没有自由意志，心灵的意愿是由一个因素来决定，而这个因素是由另一因素决定，然后再另一个，再另一个，就这样无限持续。人们会相信他们是自由的，是因为他们了解自己的意志和欲望，忽略了致成因素。”也有以霍布斯、休谟、洛克为代表的“相容论”，即“决定论”可以与“自由意志”相容。

不可否认，任何意志都无法摆脱生物属性、本能、遗传的影响。比如我们饿了就要吃、渴了就要喝、困了就要睡，这些都是意志所无法控制的。甚至有科学实验表明，我们认为完全是后天形成的概念也会受生物属性的影响，如价值观、政治倾向、语言能力等，但是我更愿意选择“相容论”的看法，自由意志可以与我们的基因相融合。遗传学已经有一门分支叫作表观遗传学。其核心观点就认为，我们可能拥有一个设定的基因序列，但是由于后期环境的变化，而导致基因不表达的一种现象。如某个人有大概率的致癌基因，但是由于生活的环境好，生活习惯的规律，从而导致致癌基因的片段不表达而没有患癌，这就是表观遗传学的一种简单的解释。这个理论就很好地证明了“相容论”，同时也说明了自由意志的存在。

为什么要探讨自由意志的问题？因为自由意志是获取幸福的前提所在。赫拉利在《人类简史》中叙述了在原始社会过着采摘生活的人们是开心的、幸福的。的确，他们不用为买房落户而发愁，也不用为工作赚钱而操劳。他们可以过着“吃饱了就睡，醒了再吃”的悠闲生活。这看似自由、看似幸福，但却是一种满足生物本能的幸福，因为我们的行为决策完完全全受生物属性的控制，我们与其他动物并无差别。而现代社会，我们看似被形形色色的身外之物所束缚，但是我们仍然有一颗拥有自由意志的心，我们可以根据自己的意愿去做选择、做决策，追求自己的理想，实现自己的价值。正所谓“发愤忘食，乐以忘忧，不知老之将至云尔”，这才是一种真正的幸福（见图6-2）。

图6-2　幸福的发展历程

回顾人类历史上的幸福观，其目的就是帮助我们搞清楚到底什么是幸福？仅仅满足口舌之欲不是幸福，被禁锢的思想不是幸福，盲从权威也不是幸福。幸福的英语单词为Wellbeing，being表示现在、存在的意思，而Well是好的、满意的意思。所以从这个层面理解，幸福就是对当下满意的一种精神状态。而这种满意的精神状态就包括物质满意与心理满意。物质满意很好理解，而心理满意就没那么简单了。为了搞清楚如何达到心理满意，从而获得幸福这个问题，本章将从幸福的来源，幸福的风险与收益和幸福的人生曲线三个方面来分析幸福。第一个例子讲述了释迦牟尼，乔达摩身为一个“富二代+官二代”，为什么感知不到快乐和开心，为什么要抛弃一切俗世的困扰去寻找人生真谛的故事。从他的身上，我们从经济学“效用”的概念出发，总结出幸福的公式。第二个例子将介绍一些著名哲学家对人生、对幸福的看法。我们试图用金融学中的CAPM模型来模拟不同的人生选择所产生的不同的风险和收益，并分析在这种条件下我们该如何选择自己的人生。最后一个例子讲述了苏格拉底和谭嗣同这一对中外名人生命如何结束的故事。我们只有搞清楚了死，才能更好地生。我们运用统计学中的正态分布曲线去刻画人生，去找寻幸福的真谛。

第一节　幸福的来源

一、举个例子：不开心的乔达摩

公元前2000年，在印度就生活着一群有着复杂文明的民族。在当时，印度已经出现了社会阶层的分化，每一个阶层又存在着若干等级。各个阶层和各个等级之间不能一起吃饭、一起生活，更不能通婚。这种制度也就演化成为我们上文所提及的“种姓制度”。乔达摩·悉达多就生活在这样的社会当中。乔达摩是一名妥妥的“富二代+官二代”，他是喜马拉雅山麓一个小国的王子，锦衣玉食，无忧无虑。19岁时他娶了自己美丽的表妹为妻，成为人生赢家。但是安逸的生活让他越来越不开心，他时不时地会思考这样的问题：疾病和死亡的真谛是什么？幸福的真理又是什么？在苦苦思索之时，当时印度众多的苦行僧进入了乔达摩的生活，试图给予他答案。正当乔达摩考虑剃度出家时，妻子却怀孕了。儿子诞生之日，大家载歌载舞，而乔达摩当天夜里却被一股莫名的力量不断冲击着，于是他下决心要摆脱这种所谓幸福但毫无目标的生活，开始做起了苦行僧，但是不让吃、不让喝、不让睡的生活让他体力不支，他猛然醒悟：用这种方式获取幸福的真谛是荒谬的。他意识到，只有拥有健康的身体和健全的心智才能更好地追求真理。有一天，他坐在一棵菩提树下禅修，恍惚间突然感受到自己脑海中涌现出了一股思绪，参透了人生的真谛。于是，31岁悟道的他开始在贝纳勒斯的皇家鹿园中布道，直到80岁涅槃。他布道的核心就在于解释一个问题：作为一个生活无忧的幸运儿，为什么我感觉不到百分之百的快乐？我如何才能得到解脱？

二、提个问题：为什么不开心呢？

那么，问题来了。“升职加薪，当上总经理，出任CEO，迎娶白富美，走上人生巅峰。”这是很多人所追求的生活。身为王子的乔达摩生下来就拥有了这些无与伦比的物质财富，但他为什么还是感受不到幸福呢？他为什么要放弃锦衣玉食的生活去追求幸福的真谛呢？幸福究竟又是什么呢？

三、模型：幸福方程式（Formula of Wellbeing）

我们在幸福的开篇回顾了人类在不同时期的幸福观。在当下的市场经济环境下，很多人把幸福与金钱画上了等号。钱越多，越幸福，成为了不少人的幸福观。但是在我们的例子中我们发现，乔达摩即使坐拥富可敌国的财富，也没有获得幸福。而在日常生活中我们也会发现，许多富豪其实没有我们想象中的那么开心。他们变成了赚钱的机器，事业反而成了他们的枷锁，每天身心俱疲，压力山大。“幸福之父”南加利福尼亚大学教授伊斯特林在1974年发表的《经济增长会改善人们的生活吗？一些经验主义的证据》中提出了“伊斯特林悖论”，也称之为幸福悖论：收入增加并不一定会导致快乐增加。如果在一个国家纵向比较，富人的幸福感确实高于穷人。但是如果横向比较，穷国的幸福水平甚至比富国还高。如古巴、尼泊尔在幸福排名上位居前列。伊斯特林还发现，在整个生命周期中，认为自己健康状况较差的人也认为自己的幸福水平较低，在20~70岁的人群中，自我描述的健康状况越差，幸福感就越低。

创造财富的目的是获得幸福，幸福也是获得财富，但是这个财富的定义却不仅仅局限于金钱。加拿大教授马克·安尼尔斯基教授指出：“财富不再只是狭隘地被定义为物质财产的货币价值，而且必须包括许多常常是无形的东西。它们影响着我们的生活质量，其中包括我们精神中的康乐、希望、幸福、游玩的乐趣以及人际关系的密切程度。”那么，幸福究竟来源于什么呢？美国经济学家萨缪尔森曾经给出一个幸福的量化方程式：

幸福=效用/欲望

我们观察这个方程式发现，幸福与效用成正比，而与欲望成反比。效用这一概念我们在前几章中已经有过解释。那么效用和欲望是什么关系呢？答案是：由于满足欲望而获得效用。所以，要想获得更多的幸福，我们有两条路可以走：第一，在一定欲望值的基础上，获得更可能多的效用；第二，在一定效用值的基础上，减少更可能多的欲望。下面，我们就来具体分析效用和欲望。

英国早期空想社会主义“三剑客”之一的约翰·格雷在《人类幸福论》中讲述了幸福的来源有两种：一种是作为生命的生物所固有的需要；另一种是作为有理智的生物所特有的需要。前者表现为衣、食、住、行，而后者表现为求知欲。佛家对此也有着相似的阐述。佛家对于世界的认知讲究六识：眼识，见色之识；耳识，闻声之识；鼻识，嗅香之识；舌识，尝味之识，身识，感触之识；意识，知法之识。我们发现，无论是西方的思想家还是佛家，都可以把欲望总结为两类：物质与精神。比如，衣、食、住、行是物质需求，而求知欲为精神需求。眼耳鼻舌身是物质需求，而意是精神需求（见图6-3）。

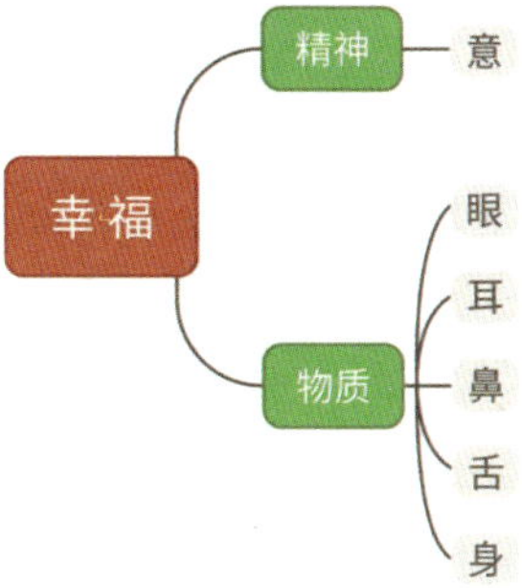

图6-3　幸福的两种来源

物质需求就是由“眼、耳、鼻、舌、身”引起的欲望。眼：山峦起伏、巍峨雄壮的高山，波光粼粼的湖水，一望无际的草原，浩瀚无际的海洋；当然，也可以是貌比潘安的“小鲜肉”，历尽沧桑的大叔，婀娜多姿的少女，成熟干练的御姐。这些人、这些景可以给你美的感受，给你无尽的回味，给你一种时间因其而停滞的幻觉。耳：一场波澜壮阔的交响乐，一场高潮迭起的演唱会。哪怕是海水不断冲刷沙滩的海浪声，沟壑草丛中的蛙叫蟋鸣声，你所心爱之人的一句“我爱你”。耳能感受他们的一音一符，其余音绕梁三日而不绝，如天籁一般冲击着我们的心灵。鼻：八月的桂花香，一种沁人心脾的味道；薰衣草香，一种舒缓放松的味道；大米香、菜香，都能给人一种畅快淋漓的浑身通透感。舌：西北牛羊肉的大快朵颐的肉感，海边蟹、虾、鱼、贝再配以美酒的一种鲜感，一场大汗淋漓的川蜀麻辣火锅，中原地区一碗热气腾腾的烩面。身：早晨随着日出在繁花盛开的阳台上做一次瑜伽，全身经络、肌肉从伸缩到舒展，再从舒展到伸缩；午间在繁忙的工作之后能够有数十分钟的小憩，醒来后仿佛充电一般重新精神抖擞地投入工作；晚饭过后在公园的徜徉小道上，和爱人或爱宠，散散步，遛遛弯，消消食；在白雪皑皑的雪道上辗转腾挪，让自己的身体随风舞动，也可以是在绿草茵茵的高尔夫球场上写意挥杆，让小球划破长空。这些都是能够让人增加效用值的物质享受。而精神上的效用主要集中在一个“意”字，就是达到一种“此中有真意，欲辨已忘言”的状态，主要表现为求知欲和社交欲。求知欲表现为对未知事物的一种探索、一种研究，继而能够掌握和运用的能力。每个人都有一个舒适圈，舒适圈内是已知世界，而舒适圈外是未知世界，人在自己的舒适圈（Comfort Zone）内是安逸的、开心的，在舒适圈外是不安的，恐惧的。求知欲驱使我们能够不断地拓展自己的舒适圈，在拓展的过程中我们会碰到各种各样的问题、麻烦，会经历怀疑、揪心，甚至痛苦，但是舒适圈一旦拓展完成，我们会感到无比的畅快淋漓与从容不迫，就好像武侠小说中的乾坤大挪移，每往上练一层，就像拓展了一次自己的舒适圈，从而加深了一层自己的内力，而社交欲是我们需要与他人产生联系。就像我们前三章所说的，无论是父母、朋友，还是爱人，我们都会以各种形式与之产生联系。在社交过程中，我们会被认可，会体现出自己的价值或被对方承认自己的价值，这也是一种幸福。

古希腊哲学家赫拉克利特认为：仅仅把肉体快乐看成是一种幸福是错误的。德谟克利特认为：给人幸福的不是身体上的好处，也不是财富，而是正直和谨慎。如果说一定要将欲望分出高低，那么精神层次的欲望一定要高于物质层次的欲望。精神层次的幸福是长期的，而物质层次的幸福是短暂的。眼观美景、耳听优乐、鼻嗅香气、舌尝美食、身触佳物，这一切都会随着时间而消逝，美景会消逝，优乐会有停止的那一刻，香气会消散，美食会吃腻，但是精神层次的欲望却是长期的、持久的。对音乐的热爱，会迸发出无尽的创作灵感；对绘画的追求，会让一幅幅充满想象或诗情画意的图景跃然于纸上；对文学的精雕细琢，会让灵动的文字给人以无限的遐想。此外，精神层次的幸福是不依赖于任何人或物，而只属于自己。我们总有眼盲耳背的一天，总有亲人离我们而去的一天，也总有对物质烦腻的一天。如果没有精神层次的寄托，随之而来的将是无尽的空虚与无聊。唯有精神层次的鞭策，才能让我们迸发出巨大的创造力。“盖文王拘而演《周易》；仲尼厄而作《春秋》；屈原放逐，乃赋《离骚》；左丘失明，厥有《国语》；孙子膑脚，《兵法》修列；不韦迁蜀，世传《吕览》；韩非囚秦，《说难》《孤愤》；《诗》三百篇，大底圣贤发愤之所为作也。”

著名的物理学家霍金因为患有渐冻症。到生命的末期，口不能说，腿不能站，身不能动。可是霍金却说："我的手指还能活动，我的大脑还能思维，我有终生追求的理想，有我爱和爱我的亲人和朋友……"我们可能都觉得孔子、屈原、司马迁、霍金时运不济，命运多舛。但是我相信他们都在享受自己的精神境界，他们是幸福的。"苦不苦，想想红军两万五。"红军在长征的时候可以说是历经风霜，饱经磨难。但是就是在精神层面上始终相信"革命终将胜利"的精神一直支撑着他们。所谓"知之者不如好之者，好之者不如乐之者"，"发愤忘食,乐以忘忧,不知老之将至云尔"，或者"朝闻道，夕可死"。因为喜欢，所以专注，因为专注，所以精神富足，因为精神富足，所以幸福。这就回答了我们提出的问题，为什么乔达摩会放弃锦衣玉食的物质生活，而身体力行地去追求幸福的真谛，因为物质欲望的满足所带来的效用值远远不如精神欲望所带来的。

我们再来看物质欲望和精神欲望所能带来的效用值。根据我们上面的分析，物质欲望所能带来的效用值是边际递减的，一阶导数为负值。而精神欲望所能带来的效用值是边际递增的，一阶导数为正值，如图6-4所示：

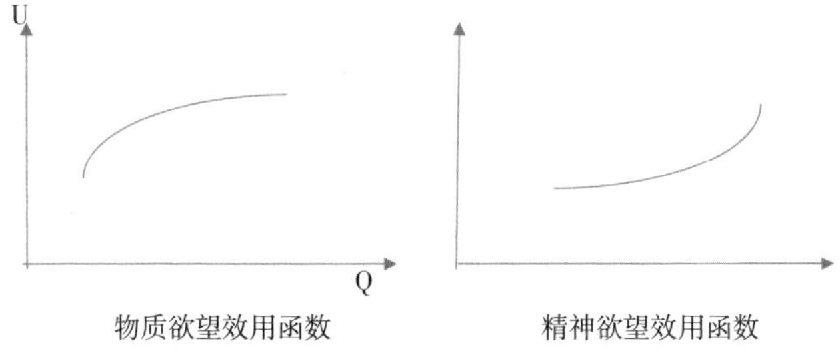

图6-4　物质欲望和精神欲望的效用函数

导数的推导过程：

导数（Derivative），也叫导函数值。又名微商，是微积分中的重要基础概念。当函数$y=f(x)$的自变量x在一点x_0上产生一个增量Δx时，函数输出值的增量Δy与自变量增量Δx的比值在Δx趋于0时的极限a如果存在，a即为在x_0处的导数，记作$f'(x_0)$或$df(x_0)/dx$。一般来说，一阶导数表示函数的变化率。边际效用函数就是效用函数求导数的结果。

一阶导数的经济学含义就是边际效用，说明对幸福来说，物质欲望所带来的效用值会随着数量的增多而逐渐减少；而对精神欲望来说，却是一个逐渐递增的效用值。一辆跑车可以带给你很大的效用值，但是等你买到第三辆、第四辆的时候可能就索然无味了。一套豪宅可以带给你很大的效用值，但是等你买到第三套、第四套的时候可能就黯然无趣了。所以，在开头我们所提到的伊斯特林悖论就是说：收入对幸福也是边际递减的。所以，要提高幸福值，我们就必须增加精神欲望所带来的效用值。同样还是跑车豪宅,如果你喜欢汽车工程或者机械，那么研究不同品牌的跑车类型，空气动力学等，就会在第三辆、第四辆跑车上给你带来更多的效用值（要是真有这个技术，甚至可以去参加F1）。如果你喜欢建筑设计、室内设计或者家装美学，那么建造、装修不同的豪宅，也会给你带来更多的效用值（甚至成为贝聿铭一样的大师）。据说，查理·芒格就是这样的人，他所购买的游艇、飞机、房屋都是自己亲自设计、亲自建造，想必其中的幸福也只能他自己能够体会了。

根据幸福的方程式，要想增加幸福值，要么尽可能多地减少欲望，要么尽可能多地增加欲望所带来的效用值。无论是物质欲望还是精神欲望，都不可能为零（物质欲望为零的话，就是驾鹤西去了）。欲望不能被消除，但是可以被控制。所以增加幸福值的可能路径就是控制欲望并且增加欲望所能带来的效用值。所以我们的幸福公式可以进一步分解为：

$$幸福=\frac{满足物质欲望的效用+满足精神欲望的效用}{物质欲望+精神欲望}$$

分母变成了一个恒定值，那么为了提高幸福感，我们就要增大分子。提高满足物质和精神欲望所带来的效用值可以通过三点做到：情绪管理的能力、知识体系的储备和努力实践。情绪管理能力帮助我们控制自己的欲望在合理区间内。知识体系的储备帮助我们在这有限的欲望内最大化效用，而只有努力实践才能满足欲望并且获得效用。幸福不是苦行僧式的禁欲（当然苦行僧有属于自己的幸福），幸福不是闭门造车，幸福不是无知，幸福也不是挥霍无度。幸福是在有限的物质欲望和无限的精神欲望前提下，获得更多的效用值。

（一）情绪管理能力

《为什么佛学是真的》一书作者罗伯特·莱特是一名进化心理学学者和科学作家。其核心观点就是：人自以为是自己的CEO，可以控制自己的情绪，但是实际上我们都是大脑的“马仔”而已。人的大脑做决策的过程是自然选择的结果，并不是理性计算的结果。当我们眼睛看到美女，大脑就会发送求偶的信号，继而产生流口水、流鼻血等行为；当我们听到爆炸声会不顾一切地逃走，这是大脑的一种自我保护机制；当我们看到油炸食品、巧克力、冰激凌等就迈不开腿，这是大脑寻求热量存活下来的一种机制。所以，如果我们被自己的情绪、欲望牵着鼻子走，那么很难找到幸福。情绪的管理能力，实质上就是让自己从欲望中抽离出来，站在第三方的角度观察自己、审视自己，从而得到解脱。

人类有两种最为根本的情绪：愉悦和悲伤。说其是根本，原因在于：无论我们怎么做都无法摆脱这两种情绪，而且任何其他情绪都可以归结为这两种情绪。比如说，爽是极度的愉悦，兴奋是比较高的愉悦，开心是一般的愉悦，而舒适是最基本的愉悦；孤独是一种离群、无人关心的悲伤，焦虑是对未来没有确定感的悲伤等等。愉悦不一定能带来幸福，悲伤也不一定不能产生幸福。

真正的幸福是在接受自己的愉悦和悲伤的情绪基础上，所达到的一种平和的心理状态。上海大学教授陈秋玲就曾给幸福下过这样的定义：幸福是人类个体认识到自己需要得到满足以及理想得到实现时产生的一种情绪状态，是由需要（包括动机、欲望、兴趣）、认知、情感等心理因素与外部诱因的交互作用形成的一种复杂的、多层次的心理状态。范仲淹所说的“宠辱不惊”“不以物喜，不以己悲”，大概也是这个状态。

但是人无时无刻不在受情绪的影响，情绪也会呈现出一定的波动性。我们在初中政治中就曾学过马克思的价值论，即价格围绕价值波动。当供不应求时，价格上涨，高于价值；当供过于求时，价格下跌，低于价值。无论价格上涨还是下跌，只要市场是有效的，其期望值永远都是符合价值的。但是当市场失灵时，价格飞速上涨，远远高于价值，就会形成通货膨胀，进而造成资产泡沫，或者价格迅速下跌，远远低于价值，形成通货紧缩（见图6-5）。

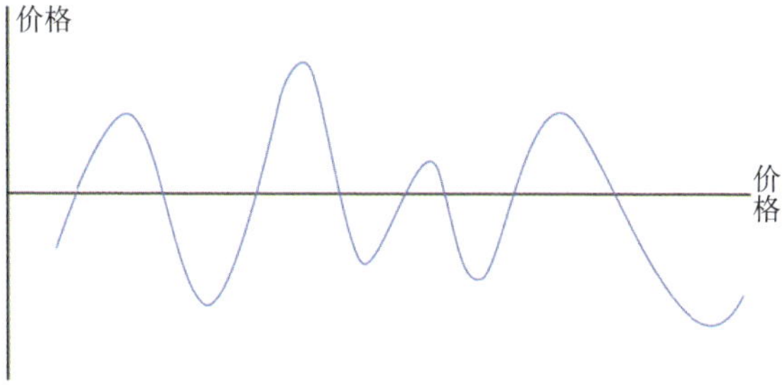

图6-5　价格围绕价值波动

幸福也是如此。幸福就像是价值的平均线，当我们愉悦时，会高于幸福值；当我们失望、难过、焦虑、痛苦时，就会低于幸福值。在生理学上，神经中枢调节着我们的情绪状态，当我们过度兴奋或者失望时，我们会慢慢回到正常的期望值（见图6-6）。

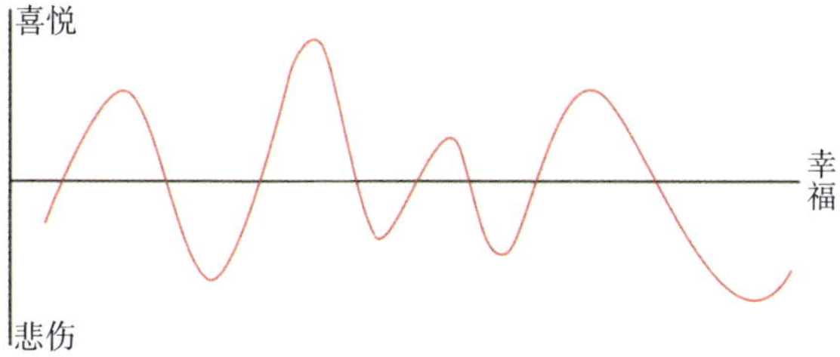

图6-6　愉悦和悲伤围绕幸福波动

神经中枢活动的基本过程就是兴奋过程（有机体某些活动的发动或加强）和抑制过程（有机体某些活动的停止或减弱）。兴奋和抑制作用完全相反，但是又像一对好基友一样，相互依存、互相转化。他们通过相互诱导而起作用，即当我们过度兴奋时，抑制过程开始起作用；当我们过度难过时，兴奋过程又开始起作用，这就像跷跷板一样，一头起来，另一头就下去。抑制过程分为非条件性抑制和条件性抑制，非条件性抑制又可以分为外抑制和超限抑制。用通俗的话讲，外抑制就是当我们兴奋较强时，有额外刺激物的出现，对兴奋中心而产生抑制。而超限抑制是说当刺激过强、过多、过久时神经细胞不但不能引起兴奋，反而产生抑制。条件性抑制主要分为消退抑制和分化抑制。消退抑制是说当条件反射没有受到强化时自然会消退，而分化抑制稍微复杂一些，我们可以将外界的刺激物分为条件刺激物和与之相似的近似刺激物。我们只对条件刺激物引起反射性反应，而近似刺激物引起的反应受到抑制。所以，靠药物、毒品来维持的开心并不能长久，因为此时的神经细胞不但不能引起兴奋，反而产生了抑制作用（见图6-7）。

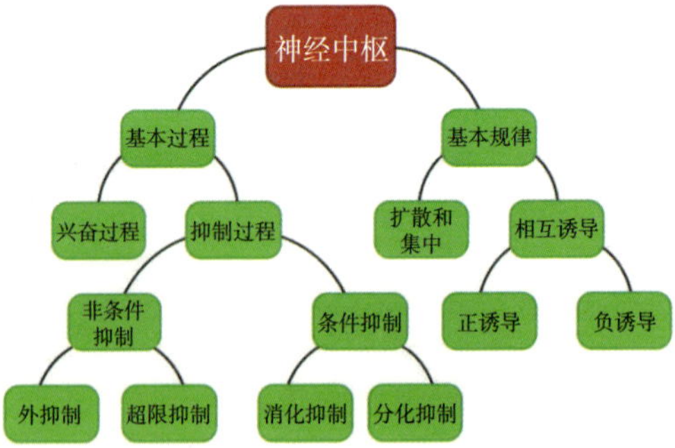

图6-7　神经中枢的作用

非条件性抑制是我们的本能，无法控制，而条件性抑制中的分化抑制是非本能，它可以让我们对外界环境作出精细的分析，从而做出完善的反应。换句话说，我们可以通过训练或者练习去掌握我们对什么能够起反应。举个例子，在血雨腥风的战场上，任何新兵面对死亡、伤残、鲜血都会本能地出现害怕、畏惧等反应，但是经过训练、心理建设后，他们可以对这些血腥的场面不再产生很强的反应，这就是我们的生物基础。

因此，在追求幸福的过程中，我们要学会调整自己。调整自己的过程就是让幸福波动曲线不断靠近平均值（幸福）的过程。当过度兴奋时，我们往回拉一拉；当过度难过时，我们往上提一提。那么，我们要怎么拉，怎么提呢？根据我们的公式，幸福来源于欲望的满足所带来的效用值。欲望满足了我们就会获得很高的效用值，波动就会达到高峰；欲望得不到满足我们就会损失效用值，波动就会达到低谷。而满足欲望时有两个问题需要我们注意：第一，欲望是没有止境的。如果不加控制，那么欲望永远都无法满足。第二，很有可能出现这样一种情况：也许我们奋斗了一生，也无法满足自己的某个欲望。所以，首先我们要学会控制自己的欲望在一个合理的区间，在波动图上反应的结果就是我们要避免我们的情绪要么一直在上升，要么一直在下降。其次，享受满足欲望的这个过程，而不是结果。也就是在满足欲望的过程中就获取效用值，而不是在结果中获取效用值。在波动图上的反应就是关注波动的过程，关注整条波动线，而去忽略线上的某个单点（见图6-8）。

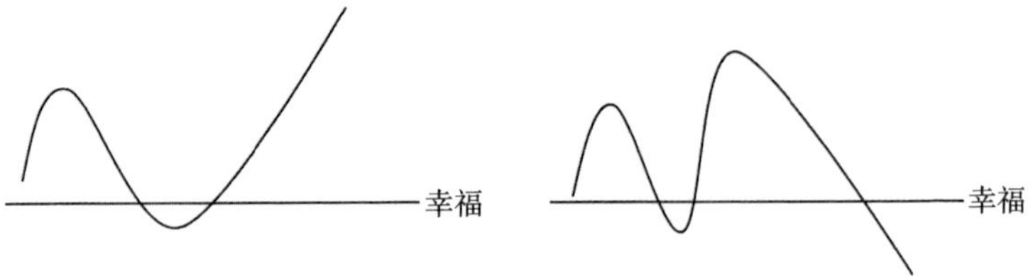

图6-8　幸福的波动图

此外，我们还需要注意一点，欲望往往是比较出来的。成语“石崇斗富”就说了这样一则故事：晋朝时，石崇与晋武帝的舅父王恺斗富。王恺饭后用糖水洗锅，石崇便用蜡烛当柴烧；王恺做了四十里的紫丝布步障，石崇便做五十里的锦步障；王恺用赤石脂涂墙壁，石崇便用花椒。晋武帝作为皇帝，不但不加以制止，反而还暗中帮助王恺，赐了他一棵二尺来高的珊瑚树，枝条繁茂，树干四处延伸……攀比和虚荣是欲望最大的帮手。《论语》中说，人不患寡患不均，说的也是这个道理。

（二）知识体系储备

如果说情绪的管理能力是帮助我们将欲望控制在合理的范围内，那么知识体系的储备就是将我们的效用最大化。知识体系是指每个人认知世界的一种方法论。未来对于我们来说总是未知的，我们面对众多未知的事物时又会感到焦虑。如果我们用完备的知识体系或者方法论来面对工作、生活中的未知时，会得到一种安定感和平静感，而不会产生焦虑和恐惧的心理。“袋中有粮，心里不慌”。这个“粮”就是我们的知识体系。

有关行为经济学的著作《错误的行为》一书中就做了一个实验：实验准备了两种红酒：一种是普通的红酒，另外一种是价格昂贵的红酒。盲测的人群对两种红酒味道喜好的结果是一半一半。但是如果给这两种红酒打上价格标签，只有少部分的人觉得普通的红酒好喝，而大部分的人都觉得普通的红酒难以下咽，而价格昂贵的红酒却十分好喝。这就是“预期”所带来的不同，而预期又来自于人们对所谓价格、品牌、标签的心理定位。而这种心理定位又往往来自于盲从。就像我们前文所说的豪车和豪宅。如果只是喜欢品牌、标签和炫耀所带来的情绪价值，这并不能增加我们的效用值。但是如果去学习汽车工程、内燃机、电池、自动驾驶、建筑设计、美学等知识，就可以给我们带来很多的效用值。同样地，如果去学习品酒，能够分辨出不同产地、不同年份的红酒，相信你从普通的红酒中也能领略到非凡的滋味。很多人现在都在指责知识付费类的公司在贩卖焦虑，其实，焦虑的不是贩卖焦虑的人，而是自己。而焦虑的原因正是因为没有属于自己的知识体系和理论框架，这人说得也对，那人说得也有道理。可是理论运用到自己身上就失灵了，这才是焦虑的根源所在。

（三）努力实践

除了情绪管理和知识体系外，我们更应该像乔达摩一样，以一种开放的心态去不断地身体力行地实践。歌德曾说：“抓住当下，能做什么，想做什么，赶快动手。因为鲁莽之中也蕴藏着能量与魔力。”要获得幸福，我们就必须去实践，乔达摩若不放弃原有的生活出走家门，就不会悟出幸福的真谛。乔达摩若不去感受苦行僧的生活，就不知道这条路行不通。所以，我们需要用自己的身体和心灵感知能够让自己活得幸福的点。

无论是身体上还是精神上感知幸福的能力，最重要的是需要我们拥有一种开放和勇于尝试的心态。开放指的是我们做好心理准备，勇于尝试指的是我们要付诸行动，就像电影《阿甘正传》中所说，“Life was like a box of chocolate, you never know what you're gonna get”（人生就像一盒巧克力，你永远不知道会尝到哪种滋味）。所以我们首先应该去“想”要巧克力，然后再去“拿”巧克力。或者如叔本华所说：“世上的每一朵玫瑰花都是有刺，如果因为怕扎手，怕疼，那么你永远也不能得到玫瑰芬芳。”

第二节　幸福的风险与收益

一、举个例子：哲学家的幸福观

哲学家是对人生进行系统性思考的群体。我们在婚姻一章中介绍过众多哲学家对婚姻问题的思考。那么，他们又是怎么看待人生，怎么看待幸福的呢？

（1）叔本华——痛苦与无聊。叔本华认为因为人有意志，所以意志带来了欲望，而欲望只能带来痛苦。因为如果欲望得不到满足，显然这会让人痛苦。在实现欲望的过程中，会遇到各种困难和险阻，这也是让人痛苦的。一旦欲望得到了满足，随之而来的又会是无聊和空虚。所以，无论是这三种情况中的哪一种，最终的结果都是痛苦。正如他所说：“生命是一团欲望，欲望不能满足便痛苦，满足便无聊，人生就在痛苦和无聊之间摇摆。”或者说，“人的生存就是一场痛苦的斗争，生命的每一秒钟都在为抵抗死亡而斗争，而这是一场注定要失败的斗争。”所以他最后认为摆脱这种痛苦的方式是绝欲、禁欲，甚至自杀。

（2）尼采——超人理论。德国哲学家尼采对叔本华的这种理论给予了充分的肯定。据说，当尼采看到叔本华的《作为意志和表象世界》这本书时，废寝忘食，欲罢不能。但是他虽然认为人生终究是悲剧，但是我们也要主动地赋予其意义。“日神精神”[①]和“酒神精神”[②]构成了其艺术化的人生观。此外，尼采的“超人理论”，虽然现在看有些种族主义的色彩，但还是具有很强的积极意义。他认为，超人是超越自身、超越弱者的人，他能充分表现自己、主宰平庸之辈；超人是真理与道德的准绳，是规范与价值的创造者；超人是自由的、自私的、自足的；超人是面对人类最大的痛苦和最大的希望；超人是在不利的环境中成长起来的，憎恨、忌妒、顽固、怀疑、严酷、贪婪和暴力只能使超人更坚强（毕竟超人是内裤外穿的硬核男人）。

（3）萨特——存在主义。萨特是法国20世纪最重要的哲学家之一，其著作《存在与虚无》影响了一代又一代的人。萨特在爱情和事业上实现了双丰收。他娶了女哲学家波伏娃（在婚姻中介绍过她所著的《第二性》）作为妻子，二人的爱情也为人所津津乐道。他一生著作等身，并在1964年获得了诺贝尔文学奖（虽然他拒绝一切官方机构所授予的名誉）。面对这样辉煌的一生，萨特在他晚年的时候却说：“生活给了我想要的东西，同时它又让我认识到这没多大意思。不过你有什么办法。”

① 日神精神即“阿波罗精神”，德国尼采用语，首先在《悲剧的诞生》（1871）中提出，是指把世界当作美丽梦幻来欣赏的日神精神。尼采认为艺术的连续发展与日神和酒神的二元性分不开。日神阿波罗是希腊艺术的两位守护神之一。

② 狄奥尼索斯精神，即“酒神精神”，德国尼采用语，首先在《悲剧的诞生》中提出，是指在狂醉中忘却生命痛苦、人与自然相交融的精神境界。

二、提个问题：如何选择自己的人生？

那么，问题来了。不同的人有不同的活法，而不同的活法造就了不同的幸福观。叔本华认为，对抗生命的意志就是幸福的，就算极度消极也无所谓；尼采认为“做个超人”就是幸福的，就算疯了也无所谓，而萨特面对一切荣誉又觉得没什么意思。这些活法和幸福观中，有的悲观，有的乐观，有的消极，有的积极。我们该如何选择呢？

三、模型 1：CAPM 模型（Capital Asset Pricing Model）

鲁迅先生说：“世上本没有路，走的人多了变成了路。”路，就是人生。不同的路就是不同的人生、不同的活法。我们也可以说：“人生本没有活法，活的人多了也就有了活法。”人，从动物属性来说，无非是吃、喝、睡、性。其本身并没有什么更多的意义。但正因为人类主动赋予了生命的意义，我们才有了贯穿南北的高铁动车，才有了鳞次栉比的高楼大厦，才有了上天的飞机、下海的潜艇。所以，如何“不走寻常路”，或者“走自己的路，让别人说去吧”，这对于我们获取什么样的幸福起了决定性的因素。

每个人自呱呱坠地之日起，就踏上了生命的征程，就选择了不同的活法。我们在人生的十字路口做出的每个选择，叠加起来就是我们的整个人生。我们在日常生活中的一言一行，也是一种对人生的态度。当你的朋友遭遇打击、失恋的时候，我们可能会说“命里有时终须有，命里无时莫强求”，或者说“别想了，这是命”，这是宿命论和决定论的活法。当你的朋友富甲一方、腰缠万贯却舍不得吃、舍不得穿时，我们可能会说“钱要那么多干吗，人生不就是吃喝玩乐的吗”，人生就是要追求“高端大气上档次，低调奢华有内涵”，这是享乐主义的活法。当你的朋友功成名就，却又天天扼腕叹息，觉得名利双收其实也没有什么意思，他可能在想“钱那么多、权力那么大，最终又有什么用呢”，这是虚无主义的活法；当电视上某些人生导师开始说“追随你的内心，Be yourself，Follow your heart”，这是存在主义的活法。现实中的大部分人一生都在随波逐流。金融行业火爆我就去学管理、学经济、学金融。互联网行业兴起我就去学编程。别人考研我也考研，别人出国我也出国，别人跳槽我也跳槽。“逝者如斯夫，不舍昼夜。”这就是时间的价值，我们在随波逐流的同时，不经意间就选择了一种人生的活法，但是时间却在悄悄地流逝，当我们意识到的时候，为时已晚。就像电影《无问西东》中所说，我们应该追求真实，而非追求踏实。所以，我们应该尽早地想明白怎么过这一生，想明白怎么活。无论是哪种活法，重要的是我们首先应该去了解各种意义背后的收益与风险，然后对其作出理性的评估，最后再做出选择。

在金融学中有一个概念叫作“收益-风险定律”：收益与风险共存，要获取收益必须首先承担风险，且收益与风险成正比，收益越大，风险越大；风险越大，收益越大。人生也是如此，不同的人生有着不一样的收益与风险。从人生的角度来说，收益就是能给人带来正效用值的东西，如财富、地位、权力等。风险就是负效用值的东西，如牢狱之灾、穷困潦倒、孤独寂寞等。

所以，我们首先要了解不同活法背后所代表的收益与风险。一旦选择了一种人生活法，就去享受它的收益，承担它的风险。如果为了一点收益，就去承担巨大的风险（黄、赌、毒），或者承担极小的风险，却要求巨额的回报（骗子），都只能是“No作no die”。叔本华说：“人这一生要做的两件事就是防患于未然和豁达大度。”前者是为了避免遭受痛苦和损失，其实质就是在收益给定的时候将风险最小化；后者是为了避免纷争和享受生活，其实质就是在风险给定的时候将受益最大化。

这里我们将引入资产定价模型（Capital Asset Pricing Model，简称CAPM模型）来进一步说明。资本资产定价模型（Capital Asset Pricing Model，简称CAPM）是由美国学者夏普（William Sharpe）、林特尔（John Lintner）、特里诺（Jack Treynor）和莫辛（Jan Mossin）等人于1964年在资产组合理论和

资本市场理论的基础上发展起来的，主要研究证券市场中资产的预期收益率与风险资产之间的关系。其重点在于，为了补偿某一特定程度的风险，投资者应该获取多少的报酬率。这和我们想要论述人生收益风险的概念十分相像。其公式如下：

$$E(ri)=r_f+\beta[E(rm)-r_f]$$

式中：

$E(ri)$：资产i的预期回报率。

$E(rm)$：预期市场回报率。

r_f：无风险利率。

β：资产i的系统性风险。系统性风险是指国家因多种外部或内部的不利因素经过长时间积累没有被发现或重视，在某段时间共振导致无法控制使金融系统参与者恐慌性出逃（抛售），造成全市场投资风险加大。系统性风险对市场上所有参与者都有影响，无法通过分散投资来加以消除。

具体来说，就是某一项资产的回报率等于无风险回报率rf，加上我承担某一程度的风险$\beta[E(rm)-r_f]$所带来的回报。与此类比，人生的收益就是，我先存活下来的无风险回报率r_f，加上我选择某一种人生$\beta[E(rm)-r_f]$所带来的回报率。也就是说，我们首先要解决我们上一节所说的物质欲望的问题，再去追求美好人生。管子有言："仓廪实而知礼节，衣食足而知荣辱。"当一个人温饱问题都无法解决的时候，自然对自己的人生没有办法去选择，更何谈幸福。所以，我们人生的收益风险公式修改如下：

$$E(ri)=r_f+\beta[E(rm)-r_f]$$

式中：

$E(ri)$：某一个人选择某种人生i的预期回报率。

$E(rm)$：某种具体人生的预期回报率。

r_f：正常生活的回报率。

β：不同人生的系统性风险。

$E(ri)$指的是某人选择了某一种人生的预期回报率。$E(rm)$指的是预期某种具体人生的回报率，如享乐主义的回报率，宿命论、决定论的回报率，存在主义的回报率等。r_f指的是正常生活，也就是解决生存温饱问题的回报率。β指的是不同活法的系统性风险。无论我们做什么都不能分散此风险，比如战争、政权迭代、自然灾害等。不同的活法也会面临系统性风险。比如经商总会面临国家政策调整的风险，或者经营不善、行业周期的风险。而从政又会面临派系斗争、领导换位的风险等。这一点我们会在后面详细展开。

从该模型中，我们首先可以看出收益与风险成正比，即$E(ri)$与$\beta[E(rm)-r_f]$成正比。这就是我们经常说的："风险越大，收益越大。"上文所说的宿命主义和决定论的人生，就是低风险、低收益的活法。这种人生已经假定上帝设定好了一切，我们不需要去做任何事，只需要按照既定的路线活着就行。享乐主义是一种中风险、中收益的人生。一方面，我们需要有实力去赢取物质；另一方面，我们需要去承担纵欲、享乐给身体或者其他方面所带来的风险。虚无主义则是一种零风险、零收益的人生。看破了一切，看淡了一切，一切都是空的，一切都是虚的。不去做什么，也不去承担什么，过着一种归隐山林的生活。这自然不需要承担什么风险，也无须获得什么收益。存在主义是一种高风险、高收益的人生。之所以说存在主义是一种高风险、高收益的活法，是因为它承认了人的主观能动性，承认了我们上文所提及的自由意志，本质上承认了人的创造性。萨特在《存在与虚无》和海德格尔在《存在与时间》中都有论述：存在先于本质，而非本质先于存在。本质是一种理念、观念、理性，而存在是指实体的一种客观状态。承认存在先于本质，也就表明了人生命的一种自主性。不同于工具、动物的属性，他们的存在已经被设定好了。比如，凳子是用来坐的，房子是用来住的。而人的选择造就了你是什么样的人，人完全可以按照自己的自由行动和自由意志来创造自己的本质，并决定自己到底要成为一个什么样的人。因此，“创造”便成为一项“上不封顶，下不设限”的活动。这可以用公式中的$\beta[E(rm)-r_f]$来表示，$\beta[E(rm)-r_f]$的值与β、r_f和$E(rm)$相关［$E(rm)$的不同人生的预期回报率，我们会在本章“使用说明书”中详细解释］。

r_f是指正常生活的回报率。只有先正常生活，解决生存最基本的温饱问题，我们才有选择的权利。要正常生活，就先必须认清自己，知道自己的优势和劣势，是能上天揽月，还是能下海捉鳖，在这样的基础上，我们才有可能去选择不同的人生。在认清了自己后，我们继而再去追求“更好的自己”，也就是公式中的$\beta[E(rm)-r_f]$。大胆地去选择适合自己的人生道路。这里我们来详细关注系数β。在CAPM模型中，β系数是用以度量一项资产系统风险的指针，是用来衡量一种证券或一个投资组合相对总体市场的波动性（Volatility）的一种风险评估工具。也就是说，如果一只股票的价格和市场的价格波动性是一致的，那么这个股票的β值就是1。如果一个股票的β是1.5，就意味着当市场上升10%时，该股票价格则上升15%；若市场下降10%时，股票的价格亦会下降15%。β系数就是人生中的杠杆，运用得好的话，可以放大人生的收益。当然，运用得不好，也会放大人生的损失。这里的系数β和我们上一个例子所说的精神所产生欲望和效用有异曲同工之妙。提高系数β的值，能够帮助我们成为一个“更好的自己”。

在“更好的自己”这个问题上，中外大家也都有相似的理论，他们最终的落脚点都是强调一种形而上的精神境界，也可以说是对人生意义的一种更高层次的探索和发现。这和我们在幸福来源中所说，精神层次的幸福比物质层次的幸福更为高级的论点一致。弗洛伊德在人格理论中将“我”分为本我、自我、超我。本我就是本来的我，即动物属性，以追求快乐为目的，力比多（libido）驱使着我们，没有理性、没有道德，原始而自然；“自我”就是自我控制的我，强调理性，让我们追求高于本能的一种快乐。超我就是超越自我，是一种道德化、理想化的自我。冯友兰先生在《中国哲学简史》中所说的人生四大境界：自然境界、功利境界、道德境界和天地境界。自然境界即人顺从自己的本能习惯做事，他所做的事，是一种无意识状态，没有意义可言。功利境界是一种利己的行为选择。道德境界会更关注到他人、社会的存在。人意识到自己是社会整体的一部分，利他可以更好地利己。天地境界是人的意识超乎于社会整体之上，还有一个更大的整体——宇宙。他不仅是社会的一员，同时还是宇宙的一员。他是社会组织的公民，同时还是孟子所说的“天民”。有这种觉悟，他就成为一个漫威式的超级英雄。

有异曲同工之妙的还有王国维先生在《人间词话》中所提到的三种境界。第一境界为“昨夜西风凋碧树。独上高楼，望尽天涯路”，出自北宋晏殊《蝶恋花・槛菊愁烟兰泣露》，这是对人生的一种思索、一种迷茫、一种孤独。不知道自己未来的出路到底在哪里。第二境界为“衣带渐宽终不悔，为伊消得人憔悴”，出自北宋柳永《蝶恋花・伫倚危楼风细细》。在经历了第一境界的迷茫后，人在第二境界上有了明确的人生目标，为了追求梦想付出巨大努力，就算身体消瘦也在所不惜。第三境界为“众里寻他千百度。蓦然回首，那人却在灯火阑珊处”，出自南宋辛弃疾《青玉案・元夕》。有了第二境界中辛苦的付出，在足够的积累之后，量变引起质变。我们在不经意间发现，我们当初所确立的目标已经在不知不觉中完成了。

无论是王国维的三种境界，还是冯友兰的四大境界，不同的境界可以理解成不同的格局。我们在现实生活中也经常听到人们在谈论“格局”。格局就可以理解成β系数。大的格局可以显著提升回报率（别人没发现的机会，你发现了）；反之，小的格局自然就会缩小自己的回报率（眼前的机会却悄悄溜走了）。那么，格局到底是什么？格局是一种把关注点放在长期而非短期的能力。博弈论中的经典模型“囚徒困境”也说明了这一点。只要是短期内的单次博弈，往往不能达成合作，从而损害双方的利益。人的本能都是看短期，人都想过饿了就吃、困了就睡的逍遥日子。但是有时候将满足感推迟，往往会获得更大的成功。人们常说，“十年磨一剑”。如果一年就可以磨出一把剑，可能每把剑只值一万块，但是十年磨出的一把剑可能是无价之宝。但是大部分的人都会选择前者。而这种看长期而非短期的能力，主要取决于对事物的理解程度和一以贯之的执行力。

我们在友谊一章中举过“空城计”的例子。我们以此为例来解释对事物的理解能力。第一层理解：诸葛亮真是棋高一着，艺高人胆大，敢于在城内无兵的情况下大开城门，相较于司马懿的胆小多疑来说，技高一筹。第二层理解：《三国演义》与陈寿所著的《三国志》不一样，前者是一部小说，后者才是史实。据史学家考证，“空城计”的故事在历史上可能并不存在，诸葛亮在严肃的史书中的记载也没有那么神乎其神。第三层理解：故事如果是真的，那么技高一筹的不是诸葛亮，却是司马懿。因为他深知“飞鸟尽，良弓藏，狡兔死，走狗烹”的道理，如果把蜀军赶尽杀绝，那么自己在朝中的地位恐怕就岌岌可危了。所以，一定要留存蜀军的实力，从而才能确保自己的权力。第四层理解：我们知道最后三国的结局是三国归晋，司马氏取代了曹氏建立了西晋政权。那么当时司马懿会不会故意保存自己的精锐部队，养精蓄锐，找准时机，让自己的后裔获取更好的政治机会，进而取而代之。先不论真假，从空城计的故事中，理解的程度一步步递进、一步步加深。“硅谷钢铁侠”马斯克在社交媒体上经常宣传他的“第一性原理”。这种第一性原理就是对事物的理解程度能够深入到最底层。而这深入最底层的理解力又需要孜孜不倦地刻苦学习，不断扩展自己的认知圈和构建自己的知识体系。如果不是这种惊人的理解力，马斯克也不能左手造车（Tesla），右手造火箭（SpaceX），左脚挖洞（Boring Company），右脚脑机结合（Neurolink）。

再说一以贯之的执行力。一以贯之就是维持同一个目标不轻易变动，咬定青山不放松。所谓执行力，就是没毛病，干就完了。“空谈误国，实干兴邦”，国外也有“Actions speak louder than words”的说法。可见比起“说”来，“做”显得更不容易。电视剧《士兵突击》里的许三多的形象深入人心。他是一个堪比超人的硬核男人。在执行力方面，他数第二，没人敢称第一，他不聪明，甚至有点愚笨；他低情商，甚至和人打交道都困难。但就是这样的人，一步步地从一个一无所知的农村傻小子，通过修路进入了赫赫有名的钢七连，通过艰苦卓绝的选拔进入了人人向往的A大队，成为一代兵王。这靠的是什么？靠的就是一以贯之的执行力。他每天持续地训练，风雨无阻，就算在渺无人烟的草原也要出早操，整理内务，就算钢七连解散就剩他一人的时候也要去跑十公里越野。

很多人活着活着，因为路途上美丽的风景就忘了初心，忘了自己本来的理想与追求。或者在目标受挫时，便转换自己的人生态度。刚开始的时候我们相信“追随你的内心，Be yourself”的存在主义，当面临重重困难时我们又变成了“别想了，这是命”的宿命论和决定论。如果说“一以贯之的执行力”是一剂药，那我们要坚持三个原则：药不能换，药量不能减，药不能停。一旦给自己选择了一种人生活法，就应该一以贯之地坚持下去。美团总裁王兴曾说：“成功的路上并不拥挤，因为坚持下来的人不多。”的确，把复杂的事情简单化，简单的事情重复做，把人生的意义具体化，具体的事情重复做，这就是坚持的意义。就如同《钢铁是怎样炼成》中的保尔·柯察金所说：“当他回首往事的时候，他不会因为虚度年华而悔恨，也不会因为碌碌无为而羞愧。”这就是在人生道路的践行中所体现出的幸福感。

四、模型2：前景理论（Prospect Theory）

俗话说，“人生不如意十之八九”。这种观点认为，幸福只占人生的一小部分，而不幸却是常事。从生物学的角度来说，我们的基因总是趋利避害。我们要忘掉那些让我们开心的幸事，否则我们就会满足于此而止步不前。我们要记住那些让我们痛苦的不幸，才能避免未来更大的不幸。我们可以用CAPM模型中的β值来解释这种现象。当我们碰到“天上掉馅饼”的好事时，β值是1.5，我们的收益会被放大1.5倍。但是如果碰到“走路踩到狗屎”的坏事时，β值却变成了-3，我们的收益会损失3倍。这种不对称性可以用行为经济学中的“前景理论”来解释。

前景理论也被叫作“展望理论”“预期理论”。该理论是由2002年诺贝尔经济学奖获得者，美国普林斯顿大学教授丹尼尔·卡尼曼提出，他也是畅销书《快与慢》的作者。“前景理论”主要有四个方面的内容：第一，大多数人在面对收益时都是风险规避的。“十鸟在林，不如一鸟在手”，人们面对确定的收益和不确定的“赌一把”，多数人都会选择确定的收益。见好就收，落袋为安，总比输得一穷二白的好。第二，大多数人在面对损失时都是风险偏爱的。在面对确定的损失和不确定“赌一把”时，选择却与面对收益时截然相反，这时候多数人都会选择“赌一把”。这很符合赌徒的心理。输得越多，越愿意继续投入，结果输得越来越多。第三，人们在做决策时往往都会设定一个“锚定值”，然后衡量每个结果是高于还是低于这个“锚定值”。高于锚定值，就是收益，而低于锚定值，就是损失。如公司年底分红，你的预期值是10万元，公司给你15万元你就会很开心，而给你5万元自然就很难过。可是如果你的预期值是20万元，那么无论15万元还是5万元，你都不会开心。第四，人们对风险的损失会比收益更敏感。对于绝对量相同的“得到”与“失去”，其效用对人来说是不同的，“失去”的效用要大于“得到”的效用。举例来说，失去100元所带来的痛苦感要大于得到100元所获得的快乐感。换句话说，相比“赢得”“赚得”，人们对“失去”“损失”要反应更大或者更敏感。

根据前景理论的这些内容，我们可以更为深刻地理解幸福的风险与收益。在人生的十字路口，我们可以更加游刃有余地进行选择。面对平凡而又安逸的生活，面对自己已经完全能够掌握的工作时，问一问自己，到底还想不想承担更多的风险，去大城市搏一搏，做一做更有挑战的工作。“一鸟”已经在手，可是“二鸟”经过努力奋斗，说不定也能收入囊中。当一份工作或者项目已经明显步入下坡期，无力挽回时，问一问自己，是不是应该及时止损，撤手放弃，而不是为了面子、为了虚荣、为了翻身而又押上自己的身家性命。痛苦是比较出来的，幸福是感知出来的。

朋友有了豪车，你就要买豪宅；朋友有了豪宅，你就要买游艇；这家富太太买了路易威登，你就要买爱马仕；这家公子上了本市名校，你就要子女上国际贵族学校……锚定值的不断上升，只能让自己收益越来越少，而损失越来越多。问一问自己，这些攀比有必要吗？降低自己的预期值，与自己比较，才是最重要的。我们总是对“不如意”的事情反应过度，会夸大其实际所产生的效果，而对“如意”的事情却注意力不足，从而产生了“人生不如意十之八九”这样的结论。对于开心快乐的事情总是漫不经心，而对难过痛苦的事情总是记忆犹新。问一问自己，我真的快乐吗？我真的有必要这么痛苦吗？

第三节　幸福的人生曲线

一、举个例子：苏格拉底与谭嗣同

（1）苏格拉底是古希腊著名的思想家、哲学家和教育家。他和他的学生柏拉图以及他的徒孙（柏拉图的学生）亚里士多德并称为“古希腊三贤”，也被后人认为是西方精神及哲学的奠基人。在苏格拉底年近七旬之时，以美莱特斯为首的三位雅典公民以“不敬神”的理由起诉苏格拉底。在第一轮的审判中，500名陪审团以280票有罪、220票无罪的结果判定苏格拉底有罪。之后，双方进行了庭前辩论，苏格拉底大谈明显有悖于当时民众认知的思想。结果第二轮投票中，苏格拉底因360票有罪、120票无罪，被直接判处死刑。在狱中，他的学生们去看望他，并且已经为他安排好了逃跑的计划。但是苏格拉底认为，他的死刑是被国家判处的，如果他逃跑了，将会破坏雅典法律的权威。而如果法律失去了权威，正义也就将不复存在。只有法律树立的权威，国家才会有秩序和正义的存在。于是，他选择服毒自尽。

（2）谭嗣同是中国近代著名的政治家、思想家、维新派人士。其所著的《仁学》是维新派的第一部哲学著作，与林旭、杨深秀、刘光第、康广仁、杨锐合称为“戊戌六君子”。1898年，慈禧太后发动“戊戌政变”，六人被捕，并被押往菜市口斩首示众。在刑场上，林旭说：“我一死，中国的变法就失败了！”谭嗣同却说道：“不，你太悲观了，我们死了，我们的鲜血和尸体必将引起人们的深思，使国民觉醒，中国的富强就有希望了。”在斩首之前，谭嗣同高喊“有心杀贼，无力回天，死得其所，快哉快哉”英勇就义，年仅33岁。

二、提个问题：死亡可怕吗？

那么，问题来了。俗话说，“好死不如赖活着”。每个人在面对死亡时都会产生恐惧的心理，这是人性使然。但是苏格拉底，谭嗣同，还有“人生自古谁无死，留取丹心照汗青”的文天祥，还有甲午战争中对士兵说“人谁无死？但愿我们死得其所，死得值！”后随战舰“致远号”一起沉入海底壮烈牺牲的邓世昌，以及为革命事业而牺牲的董存瑞、黄继光等。他们每个人都将生死置之度外，面对死亡时，他们都透露出一种坦然与从容，这是为什么呢？

三、模型：正态分布曲线（Normal Distribution Curve）

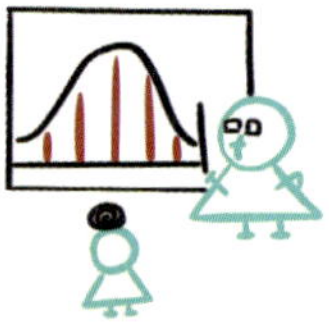

人终有一死，承认并接受这一点，是获取幸福的一个先决条件。这么说或许有些悲观，但却是我们不得不承认的现实。生死看淡，才会活得坦然从容。无论生前如何富贵，如何大权在握，总归要面临死亡。莎士比亚有句名言：“To be, or not to be, that's a question。”“生存，还是死亡，这是一个问题。”可见，生存和死亡是一对相辅相成、互相依存的课题。既然每个人都要死，我们才需要搞清楚活着的目的到底是什么。或者说像上两个例子我们所探讨的，正因为要面对死亡，面对有限的时间，我们才应该选择一种人生（永生的话，就不必选择了）。生与死构成了人生的经纬线。只有搞清楚了这个终极问题，我们才能更好地去探求幸福的真谛。

幸福观说到底也是一种人生观，是一个我们在“有限时间内怎么活的”态度和观点问题。“向死而生”的概念是由德国哲学家马丁·海德格尔在其著作《存在与时间》中所提出的，他用理性的推理过程详细地说明了“死亡”的概念。死是一个过程，我们的每一年、每一天、每小时，甚至每一秒，都是走向死的过程，人的存在过程就是向死的过程。而亡是一个节点的意义，即走向死的过程的终结，人在生理意义上真正的消亡。从对死亡的分析中，海德格尔给出了人面对死亡的一个终极答案：人只要还没有“亡”，就是在向“死”的方向活着，我们的人生都是面向死亡的倒计时。海德格尔“向死而生”的概念，看似悲观，其实是一种强有力的积极观点。他用“死”来激发我们求生的欲望，用“死”来激发我们生命的活力和张力。《孙子兵法》中说：“置之死地而后生。”既然人生是一场倒计时，那么就没必要太过在意功名利禄这些生不带来、死不带走的物质财富，而是应该珍惜生命中的每一分、每一秒去焕发积极进取的意识和内在活力。我们只有通过提高我们生命中每一分、每一秒的质量和长度，提高整个生命的效用，才能在有限的生命中发挥无限的可能性。毛主席为雷锋同志题词时所说的："人的生命是有限的，可是，为人民服务是无限的，我要把有限的生命，投入到无限的为人民服务中去。"

与海德格尔"向死而生"理念不谋而合的是中国的孟子。《孟子·告子上》说："生，我所欲也，义，亦我所欲也。二者不可得兼，舍生而取义者也。"只有找到人生所要追求的"义"，我们才能将死置之度外。义是一种信仰，义也是一种目的，更是一种"朝闻道，夕可死"的精神。苏格拉底认为希腊社会的民主、法制是"义"，哪怕付出自己的生命也不能践踏其权威；谭嗣同认为变法是"义"，为了中华民族的强盛流血牺牲也无所畏惧。

在统计学中有一个广泛应用的概率分布图叫作正态分布曲线。正态分布曲线反映了随机变量的分布规律。这个模型可以体现出海德格尔所说的提高人生中每一年、每一天、每小时，甚至每一秒的广度和深度的思想。正态分布曲线呈钟形，两头低，中间高，左右对称。一般记为$N(\mu, \sigma^2)$，期望值为μ，方差为σ^2，如下图所示。如果我们把纵轴$f(x)$看作幸福的效用函数，把横轴x看作时间t，那么我们可以构建出人生的正态分布曲线。

图6-9正态曲线分布图我们知道概率是在0到1之间波动（包含0和1）。如果人生的圆满状态是1，刚出生的时候是0，那么人的一生就是在幸福函数$f(x)$曲线下不断做积分的过程（积分是指对

于一个给定的正实值函数，由曲线、直线以及轴围成的曲边梯形的面积值）。正态曲线下一定区间内的面积代表变量值落在该区间的概率。整个曲线下的面积为1,代表总概率为1。不同的人生就会得到不同的积分值，有的0.2，有的0.5，有的0.8，值越大，自然人生就会越幸福。而什么时候是积累最多的阶段，什么时候又是自己的巅峰状态，这些都可以用正态分布的相关参数来解释。**第一，μ是正态分布的位置参数，描述正态分布的集中趋势位置。**概率规律为：越靠近μ邻近的值的概率大，而越远离μ的值的概率越小。正态分布以$X=\mu$为对称轴，左右完全对称。这个μ值可以类比为人生巅峰的时间点，也是感觉“人生已经达到了高潮”的高潮点。有的人年少成名，如以六岁年纪就写出“鹅，鹅，鹅，去颈向天歌”的骆宾王（μ_1）；有的人大器晚成，如72岁才开始写《西游记》的吴承恩，55岁才开始画《富春山居图》的黄公望（μ_2）。如图6-9所示：

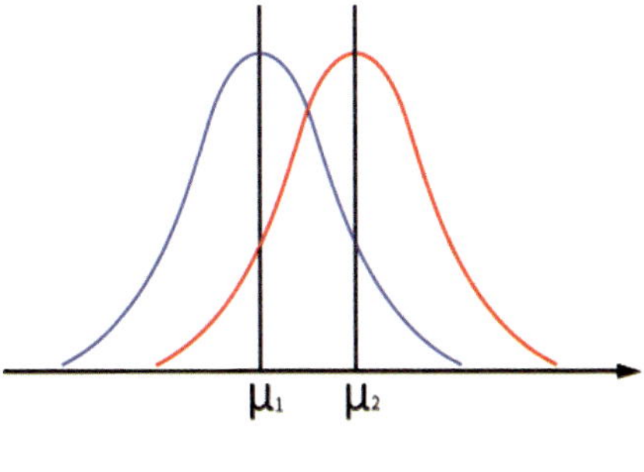

图6-9　不同μ值对曲线形态的影响

第二，σ描述正态分布的离散程度。σ越大，曲线分布越分散；σ越小，曲线分布越集中。σ也称为是正态分布的形状参数。σ越大，曲线越扁平。反之，σ越小，曲线越瘦高。而σ值代表了我们人生的集聚或者离散的程度。有的人人生积累的时段较为集中（大起大落，起得快，落得也快），如美国“女版乔布斯”用“一滴血”骗过了全美国，但是一经发现后，等待她的将是牢狱之灾。而有的人可能较为分散，如写出《孙子兵法》的孙武，本人没有在历史上经历过惊天地、泣鬼神的战役，他的著作却流传甚广。

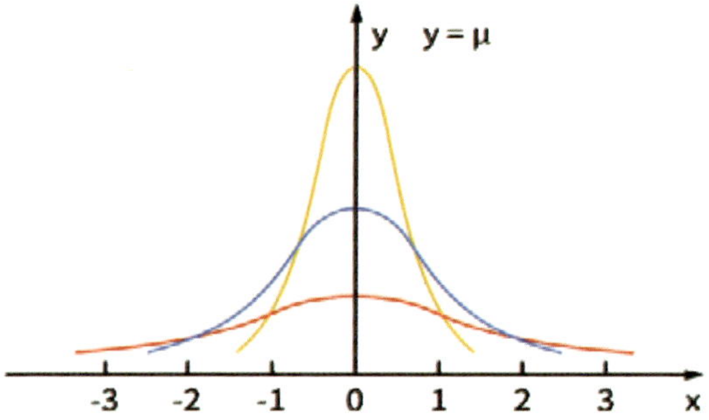

图6-10　不同σ值及积分对曲线形态的影响

当然，正态分布曲线是一种假设条件下的完美状态。我们的人生还会面临偏态分布的情况。偏态分布是左右并不对称的数据分布曲线。我们可以通过峰度和偏度的计算，衡量偏态的程度，并将偏态分布分为正偏态和负偏态。前者曲线右侧偏长，左侧偏短；后者曲线左侧偏长，右侧偏短，如图所示。不同的偏态特点将影响积分值。如正偏态的分布，会让人在人生的前半段积分得出较大的面积（年少成名，高开低走）；而负偏态的分布，会在人生的后半段积分得出较大的面积（大器晚成，低开高走）（见图6-11）。

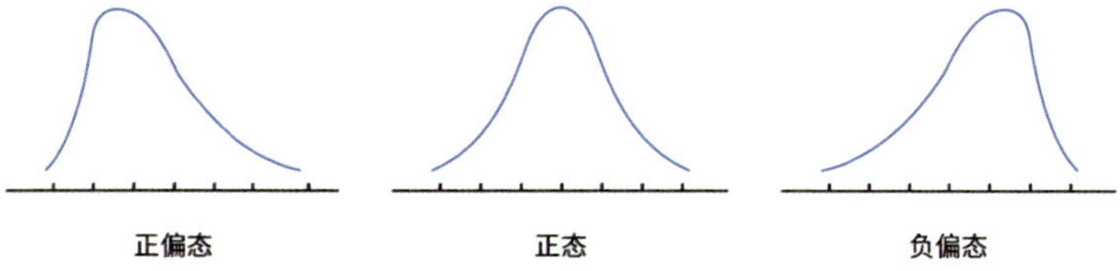

图6-11　偏态分布曲线

每个人都应该有自己的人生幸福正态分布曲线，而每个人的正态分布曲线图的均值、方差等都应该有所不同。毛泽东的人生幸福曲线图是救中华民族于水火之中，让中国人民从此在世界民族之林中站起来。苏格拉底的人生幸福曲线图是做个“好奇宝宝”。怀疑人生、怀疑世界、怀疑一切。谭嗣同的人生幸福曲线图是通过变法让中国实现富强。不同的人生，不同的幸福曲线图。正是因为千千万万个不同的个体、有不同的曲线图，我们才塑造了这个五光十色的世界和社会。

所以，千千万万个个体都应该有属于自己的那一份“定制化”“个性化”的幸福曲线图。他们可能是标准正态的，也可能是正偏态或者负偏态的。孟子曾经说过："人之患，在好为人师。"我们总觉得自己是对的，并且希望别人能够听自己的，希望通过指导别人而获得一份成就感和满足感。我们在"父母"一章中有所论述。父母认为不谈恋爱就是不幸福、不结婚就是不幸福、不生小孩就是不幸福、没有一份稳定的工作就是不幸福、没车没房就是不幸福……这些都是父母将自己的人生目标强加给子女而忽略了子女的感受。但是时代变了，子女的生长环境变了，这也就导致了每一代人的幸福曲线图不一样。

曾经看过某位名人对年轻人说："在你实现财务自由之前，什么都不要想，想也没用。"这就是将多样的正态分布变成了标准正态分布（标准正态分布的均值为1，方差为0）。如果说金钱是衡量幸福与否的唯一标准，那么这个世界未免也太寡淡无味了。除了金钱，还有其他很多有意义且富有价值的事情等待我们去感受。"采菊东篱下，悠然见南山"是一种归隐田园的幸福；"死生挈阔，与子成说。执子之手，与子偕老"是一种恒久爱情的幸福；"衣带渐宽终不悔，为伊消得人憔悴"是一种彼此挂念的幸福；"人生自古谁无死，留取丹心照汗青"是一种为国捐躯的幸福；"醉里挑灯看剑，梦回吹角连营"是一种家国情怀的幸福；"天生我材必有用，千金散去还复来"是一种自信豁达的幸福。所以说，目的是多样的，人生是多彩的。没有统一的标准去衡量什么是幸福的，什么是不幸的。

每个人对幸福的理解不同，获得幸福的方式也不同。就算是同一个人，随着成长经历的变迁，对幸福的定义也会不同。苏格拉底认为为真理而死是一种幸福，谭嗣同认为为国家的变法而死是一种幸福。具体来说，幸福观会受三个因素的影响：时代、文化和教育。而这三个因素，都会对人生的幸福曲线产生影响。时代是一种硬约束。无论个人如何挣扎、努力，都无法摆脱时代所赋予你的思维模式及影响。幸福也是如此。我们在开篇就曾回顾过历史上不同时代的幸福观。在古代社会，最大的幸福可能是金榜题名。而在现代，最大的幸福莫过于当上CEO，迎娶白富美，走向人生巅峰。在我们父辈那一代，物质资料极大短缺。对他们来说，能够吃饱穿暖就是一种莫大的幸福。作家阎连科在《我与父辈》中说："终于就在某一瞬间里，明白了父辈们在他们的一生里，所有的辛苦和努力，所有的不幸和温暖，原来都是为了活着和活着中的柴米和油盐、生老和病死[①]。"而对于"90后"，甚至"00后"，温饱问题已不再是一个问题，他们不用去体会食不果腹的日子。所以，对于他们来说，能够按照自己的意愿去做自己喜欢的事，实现自己的理想，这就是最大的幸福。

文化是一种软约束。文化是基于政治、经济、人文、历史等因素而综合形成的一种意识形态。他会对生活在其中的人产生潜移默化的影响。作家余秋雨老师在《何谓文化》一书中曾对文化

① 阎连科：《我与父辈》。

这样下过定义：文化是一种成为习惯的精神价值和生活方式，它的最终成果是集体人格。而集体人格是指一群人在生命格调和行为规范上的共同默契。这种共同默契不必订立，而是深入到潜意识当中成为一种本能。在小农经济社会，中国形成了“士、农、工、商”的等级体系，“为官一任，造福一方”的集体人格就远远要胜于“腰缠万贯”的集体人格。所以，孔子才会说：“君子喻于义，小人喻于利。”在这样的文化背景下，声誉、气节所带来的幸福感是远远大于财富所带来的幸福感的。西方也是如此，在斯巴达城邦重武的文化下，为国家效劳、战死沙场是一种巨大的幸福。而在希腊城邦重商的文化下，能够通过交易获得商业成功成为一种幸福。

教育培养的是我们的感知力。“十年树木，百年树人”，教育是一件任重而道远的长期工程。教育的最终目的是什么？它不应该是填鸭式的知识灌输，更不是教会我们所谓功成名就的手段与工具，而是让我们的思想像一块海绵一样，能够不断吸收精神的养分，并对世界永远地保持一颗好奇心，去发现世界、探索世界，并在发现和探索的过程中去感知幸福，获得幸福。一个和谐的社会不应该是急功近利的社会，不应该是以财富为衡量标准的社会，而应该是一个充满人文关怀的社会，这种人文关怀就体现在对美的感知，对幸福的感知。上文曾提及作家阎连科所写的《我与父辈》一书总结道，自己与父辈最大的区别就在于他接受过良好的高等教育。所以，和父亲相比，他们对幸福的感知可谓有天壤之别。他就在书中对“日子”和“生活”所表达出的不同意境有过表述。“日子”显得单调乏味，每天起床、上班、吃饭、下班、睡觉，每天只是机械式地重复、叠加，毫无生机，毫无乐趣，却又无力改变。而“生活”显得生机勃勃、多姿多彩、丰饶而又富有韵味。

朝阳洒向大地，路上的行人熙熙攘攘，大快朵颐地吃饭……对生活而言，日子是一种贫瘠和贫乏，是一种面对人生的无力感；而生活是一种美好的向往和希望，是一种积极向上的态度。幸福只有在生活中可以觅得踪迹，永远不可能在日子中发现其踪影。海德格尔的存在主义关注生命的过程，而非生命的结果。关注幸福曲线积分的过程，而非积分的结果，也是寻觅幸福的必经之路。弗洛姆在《占有还是存在》（To Have or To Be）一书中阐述了两种人生态度：占有（To Have）和存在（To Be）。“占有”是以结果取向为核心，比如，金钱、权力、荣誉。具体表现为我要将某一个人、某一样东西、某一个名号据为己有。占有通常会带来冲突。因为你占有了某样东西，当其他人也想占有的时候，必然会造成你争我夺的情况。在现实生活中，对公司股权争夺的故事屡见不鲜，为争夺家族遗产不惜反目成仇的例子多如牛毛，这些都是一种占有的心态。占有还会带来一种患得患失的心态。世界上的物质是无穷无尽的，人所能占有的却非常有限，而人的欲望又是无限大的。所以，人得到了怕失去，失去了又痛苦、失望。

而“存在”是以过程为导向，创造性地发挥人的力量的过程。“功成不必在我，功成一定有我。”比如春秋战国时期帮助越王勾践打败吴王夫差的范蠡，在功成名就后果断地放弃了功名利禄和荣华富贵，与西施泛舟西湖，开始了自己的经商生涯。他三次经商成为巨富，又三次散尽家财，被后人称为“商圣”。后来他定居于宋国陶丘，世人称“陶朱公”（是的，就是我们在父母一章中那个让大儿子去解救二儿子的陶朱公）。范蠡三次散尽家财的故事，就完美体现了他追求存在而非占有的人生哲学。第一次散财：在帮助越王勾践成功复仇后，他深知勾践是一个可以共患难但不能共享福的君主，主动请辞。勾践三番五次地挽留，甚至威胁，范蠡主动将自己的家产全部充公，这才做到功成身退。第二次散财：离开越国的范蠡来到齐国，依靠齐国海边的资源，一边开垦荒地生产粮食，一边发展渔业和盐业资源，只用了不到几年的时间，就积累了万贯家财。齐王听说了范蠡的才干，直接封他做了宰相。但是范蠡却归还了齐王的相印，把自己的万贯家财分给了朋友乡人，连夜走小道离开了齐国。第三次散财：从齐国出逃后，范蠡就来到了宋国陶丘开始了第三次创业。凭借超群的经商头脑，范蠡又一次积累了富可敌国的财产，史书记载：“天下言富者，皆称陶朱公。”但是陶朱公并没有去购田买地，而是每次碰到自然灾害的时候都散尽家财去帮助父老乡亲。这样的捐助不止一次，而是多次出现。从范蠡的例子中我们不难看出，范蠡就是典型的追求存在而非占有的人，在仕途生涯实现了自己的政治抱负后就急流勇退。在经商的生涯中，他又将财富看作身外之物，享受积累财富的过程，而不是当个守财奴。这才是参透了人生的真谛。

弗洛姆说："在重占有的生存方式中，对于一个人来说，幸福就在于他能胜过别人，在于他的强力意识以及他能够侵占，掠夺和杀害他人。"这类人的幸福感就来源于占有而带来的满足感。所以这类人害怕死亡，因为死亡意味着丧失侵占、掠夺和杀害所带来的所有权。而重存在的人，既不占有也不渴望占有任何东西，它是一种充满喜悦的生存方式，让人更富有创造力，达到与世界同一的境界。这种生存方式会让我们活得更从容、更洒脱。"有的人活着，他却死了；而有的人死了，他却活着。"

所以，回答我们的问题"死亡可怕吗"？答案是：可怕，又不可怕。对于忽略在幸福曲线上积分，没有找到属于自己生命的"义"，总想着占有的人来说，可怕。但是对于那些不断积分，创造并实现自己的人生价值，注重存在的人来说，所获得的幸福感能够抵御对死亡的恐惧，对于他们来说，死亡并不可怕。

第四节　使用说明书

一、幸福效用函数——控制欲望，增加效用

我们再来回顾一下第一节的幸福方程式：

幸福=效用/欲望

欲望来自于物质欲望（眼、耳、口、鼻、舌、身）和精神欲望（意）。物质欲望所带来的效用值是边际递减的，而精神欲望所带来的效用值是边际递增的。所以，我们需要培养一种能力，将物质欲望产生的效用值转化到精神层面，这才能增加我们的幸福感。比如，我们培养自己有一双发现美的眼睛，一对聆听美妙声音的耳朵，一只能嗅到万物香气的鼻子，一个能品出全球美食的舌头和一副感知世界的身体。“生活中不缺少美，缺少的是发现美的眼睛”，从普通的风景中，我们也能看出蕴藏其中的美；一段平平无奇的谱曲，我们也能演奏出壮丽的篇章；一朵路边的野花，我们也能嗅出沁人心脾的味道；一顿简单朴素的农家饭，我们也能尝出米其林大师的手艺。培养是个慢工出细活的过程，“不积跬步无以至千里，不积小流无以成江海”，找到自己真正感兴趣的点，然后发挥钉子精神，去研究，去学习，直到自己从内心真正地感受到了开心、快乐、舒服，而不是随波逐流。

增加精神欲望所带来的效用值的办法就是旅行与读书。“读万卷书，不如行万里路。”余秋雨在《文化苦旅》中就说：“书就是路，路就是书。”所以，我们一方面应该多出去走走，了解不同的地理、文化、历史；另一方面应该多读书，多跟比自己格局、境界高的人请教学习。尤其是读书，读书不是为了拿文凭或者发财，而是为了成为一个有温度、识情趣、会思考的人。书虽然不能帮你解决所有的问题，却能给你一个更好的视角去观察世界、观察他人、观察自己。读书的影响是潜在的，它会在不知不觉中影响你的思考、逻辑、谈吐、与人共事等各个方面。杨绛先生说：“我觉得读书好比串门儿——‘隐身’的串门儿。要参见钦佩的老师或拜谒有名的学者，不必事前打招呼求见，也不怕搅扰主人。翻开书面就闯进大门，翻过几页就升堂入室；而且可以经常去，时刻去，如果不得要领，还可以不辞而别，或者干脆另找高明，和他对质。”

二、CAPM模型——躬身入局与英雄无悔

我们在CAPM模型中介绍了人生就像金融资产一样，收益与风险并存，且收益与风险成正比。除此之外，我们还介绍了不同的活法会导致不同的收益与风险。所以只有提前预知这些人生的收益与风险，才能便于我们更好地做出选择。不要出现“我费尽千

辛万苦爬上梯子的顶端，却发现梯子搭错了墙头”这种尴尬的情况。在这一节中，我们将详细地介绍在现实生活中的那些活法，并尝试去分析和评估他们，也就是公式$E(ri)=r_f+\beta[E(rm)-r_f]$中的$E(rm)$，帮助大家做出更好的选择。

人生没有对错，只有选择。无论是“零风险，零收益”的人生、“中风险、中收益”的人生，还是“高风险、高收益”的人生，都只是一种选择，没有高低贵贱之分。我们没必要，也不能站在道德的高地上随便对别人的人生指手画脚。“零风险，零收益”的虚无主义并不比“中风险、中收益”的享乐主义差，选择而已。“高风险、高收益”的存在主义也没有比“零风险，零收益”的虚无主义好，“有钱难买爷乐意”，选择而已，开心就好。不同的人生往往与自己所选择的职业方向有关。一般来说，我们将职业分为“政、商、学”三大类。政，就是仕途，如政府、国企等；商，就是商业，个体工商户、中小企业、上市公司等；学，就是学术，如学校老师、作家、画家等。政，是“高风险、高收益”的一种人生。我们在之前也介绍过，“政”是一种零和博弈，一个萝卜一个坑儿，有你没我，有我没你，所以竞争十分激烈。政治斗争通常来说也是十分惨烈的，往往败方身陷囹圄、身败名裂。商业可以东山再起，但是政治就很难做到了。当然，若能成功上位，大权在握，治理一方百姓，这种成就感又是任何事所无可比拟的。美国学者杜兰特所写《历史的教训》中总结过：“历史大体上是由求新的少数人之间的冲突造成的，大多数人只是为胜利者欢呼，并充当社会实验的人类原材料。”这少数人就是政治家，是能改变人类历史、塑造人类文明的一小撮人。在春秋战国时期，“商鞅变法”使得秦国从一个小国一跃而成为雄霸一方的强国。商鞅所留下的法律法令和规章制度也为秦朝日后统一六国打下了坚实的基础。但是秦孝公死后，商鞅的靠山没有了，秦惠文王下令逮捕商鞅，商鞅最终落得个五马分尸和诛灭九族的下场。此外，古今中外的政治家，如张居正、丘吉尔等，结局都不是很好。

商，是“中风险，中收益”的一种人生。“商”是正和博弈，只要双方合作得当，都能分得一杯羹，无非是羹多羹少的问题。但是“商场如战场”，错综复杂的经济形势与行业发展情形，瞬息万变，稍有不慎也会落得破产的结局。当然，若经商顺利，物质生活自然无须烦忧。相比“政”，“商”还有再来一次的机会，束缚也相对较少，生活也更自由一些。因此，“商”是中风险、中收益的职业。而“学”就是一种“低风险，低收益”的活法。在象牙塔里安心地做学问，在学术研究的海洋里畅游，就不会有大的风险。比如，“抗疫英雄”钟南山院士，“两弹一星”钱学森、经济学家李稻葵等。

大学教授布里丹曾经提出过一个有意思的现象——布里丹毛驴效应。布里丹养了一头小毛驴，他每天要向附近的农民买一堆草料来喂。有一天，送草料的农民出于对哲学家的敬仰，额外多送了一堆草料放在旁边。这下子，毛驴站在两堆数量、质量和与它的距离完全相等的干草之间，开始左右为难。它虽然享有充分的自由选择，但由于两堆干草价值相等，客观上无法分辨优劣，于是它左看看，右瞅瞅，始终无法分清究竟选择哪一堆好。于是，这头可怜的毛驴就这样站在原地，一会儿考虑数量，一会儿考虑质量，一会儿分析颜色，一会儿分析新鲜度，犹犹豫豫，来来回回，在无所适从中活活地饿死了。

“鱼和熊掌不可兼得”，就这样一个简单的道理却让大部分人深陷其中，充当了“小毛驴”。根本原因就是诱惑太多，选择太多，权衡利弊下无从下手。“吃着碗里的，想着锅里的”，或者“这山望着那山高”。学术的羡慕经商的奢华生活，经商的羡慕从政的权力，从政的又羡慕学术的自由。所以，要解决布里丹毛驴效应这一问题，我们需要做的是躬身入局和英雄无悔。无论是“政”“商”“学”三条路中的哪一条路，权衡利弊后就“Just Do it”。

躬身入局是曾国藩所提出的概念。故事是这样的：两个农人挑着沉重的担子，在农田间狭窄的田埂上相遇。他们谁也不愿意相让，因为如果相让，他们中的一个人就要一脚踩到泥泞的水田里，沾一脚泥。他们就这样“杠”上了，谁也不让谁！如果让我们来解决这个问题，我们可能会想到几个解决方案：要么我退让一步，海阔天空。要不然谁都过不了，白白浪费时间。要么我就这么继续“杠”着，反正我不走，你也别走。曾国藩对这个问题，从另外的一个角度给出了解决方案：做一个躬身入局的人。虽然这件事和我没有任何关系，但是我作为旁观者，我想解决这个问题。那么我就自己跳入水田，把脚弄脏，接过两个人的担子，让他们先过。这样问题就解决了。所以，躬身入局的思想要求我们要先“入局”，英文中说“Get Your hands Dirty”，每个人都应该尽早确定自己要走哪一条人生道路，并一以贯之地坚持下去。另外，我们也应该尽可能地摆脱“趋利避害”的本能，不能只想着享受利益，而不去承担风险。很多企业家享受利益的时候呼风唤雨，但承担风险的时候又怨天、怨地、怨政府。很多官员既想当官，又想发财。路是自己选的，既然选择了，就去享受他的收益，承担他的风险。此外，人生最怕“后悔”二字，选择了一条人生道路就不要后悔。“路漫漫其修远兮,吾将上下而求索。”修远的是人生，上下的是坚持，求索的是幸福。

三、前景理论——反其道而行之

我们回顾一下前景理论的四个内容：第一，大多数人在面对收益时都是风险规避的。第二，大多数人在面对损失时都是风险偏爱的。第三，我们决策时都有一个“锚定值”，结果高于锚定值就收益，低于就损失。第四，人们对风险的损失相比收益来说更敏感。这四个特征是“信则有，不信也有”的人生铁律，所以我们在实际操作的过程当中，应该针对这四个特点“反其道而行之”。

第一，要想富，敢下注，下重注。我们在投资理财的时候，经常听到一种说法——鸡蛋不要放在一个篮子里。在面对不确定性时，这是一种有效应对风险、防范风险的策略。这也是我们大多数人在面对收益时一种风险规避的心理。但是如果我们看好了一件极其确定的事，就应该“毕其功于一役”，学会敢下注，下重注。不要在大概率、较为确定的收益面前犹犹豫豫，机会可能稍纵即逝。比如，在风险投资中，如果我们找到了一个风险可控、高确定性、利润前景丰厚的项目，在充分尽调了解信息后，我们就要重仓参与，一只基金的收益率高低取决于位于头部的几个“明星项目”。市场上的明星投资人也很少因为广撒网策略而成功，基本上都是靠着手里那屈指可数，回报过百倍的项目而一战成名。在生活中也是如此，如果你找到了一位和你同享福、共患难的爱人时，也要敢于下重注，穷追不舍，抱得美人归。人生最怕忙忙碌碌之后，回头一看，却一无所得。这就是在做“丢了西瓜捡芝麻”的无用功。第二，及时止损，适可而止。当我们面对损失的时候，要竭力避免本能的冲动。俗话说，“福无双至，祸不单行”，祸为什么不单行，就是因为第一次祸来的时候，我们乱了分寸，结果越忙越乱，越乱越忙，而第二次祸、第三次祸也就接踵而至。这就像打拳击一样，当挨了一记重拳后，人的本能反应就是打回去，但是一旦产生应激反应就会脑袋发热，失去理性。此时会露出更多的破绽让对手得逞，不仅没打回去，反而被“KO”了。第三，调整“锚定值”，降低预期。欲望永远得不到满足，攀比永远没有尽头。和他人比较，不如和自己比较。只要自己一天比一天好，一天比一天充实，这就是收益。第四，放大收益，缩小损失。我们在例子中介绍了“人生不如意十之八九”的理论解释。在《为什么佛学是真的》（Why Buddhism is Ture）一书中，作家罗伯特・莱特从佛学的角度解释了为什么会有“人生不如意，十之八九”的心理。他认为，人都是被情绪、情感驱动的动物，我们的大脑也是自然选择、不断演化的结果。所以，对人类来说，多产（More Productive）是我们行动的驱动力。大脑让我们出去打猎、种地、工作等。但是快乐、兴奋、幸福却是转瞬即逝的，因为如果快乐、兴奋、幸福可以持久，那么我们还有什么必要去多产呢？在要啥没啥的年代，大脑的工作机制是为了满足在食物短缺的条件下依然能够活下来。但是现在，我们基本不会再为生存问题而担忧，追求精神的归宿成为一个重要的课题。所以，我们需要多减少“不如意”的事，缩小β值，多放大“如意”、快乐的事，放大β值。这样才能增加$E(ri)$值。

我们先来看“缩小”。当我们碰到不如意的事情时，与其把关注点放在阐述问题，不如放在解决问题，与其强调“为什么（Why）”，不如放在“如何（How）”解决。想好了解决方案，就去执行，不要将自己一直置于问题之中，从而产生焦虑、恐惧、绝望的情绪。最重要的是转移自己的注意力，去做做别的事，如运动、听音乐或者抬头看看星空、看看蓝天，想想人生的漫长和宇宙的宏大，想想自己只不过是微不足道的一粒尘埃、一颗小小草，这样再大的事情也会瞬间缩小，正所谓“寄蜉蝣于天地,渺沧海之一粟”。

我们再来看“放大”。有经济学家就指出幸福有较强的正外部性。“外部性”是一个经济学的概念，最早是由经济学家马歇尔和庇古提出。外部性是指：一个经济主体（生产者或者消费者）在自己的活动中对旁观者的福利产生了一种有利或不利的影响。有利的影响就是正外部性，不利的影响就是负外部性。比如你住在三楼，但是一楼的邻居有一个美轮美奂的大花园，你虽然没有种一花一草一木，但是却享受了花园带来的美感，这就是正外部性。而外部性往往会引发溢出效应。溢出效应是指：一个组织在进行某项活动时，不仅会产生活动所预期的效果，还会对组织之外的人或社会产生影响。那么幸福如何体现出正外部性和溢出效应呢？答案是分享。把自己的幸福和快乐分享给每一个人，会出现乘数效应，让自己的幸福感加倍。所以，从这个角度来说，范蠡虽然三次散尽家财，但是他却是一个幸福的人。他将自己钱财散给父老乡亲，散给亟待帮助的灾民，这也是一个分享自己创业成功喜悦心情的过程。同样地，接受过帮助的那些人，从心底感激范蠡，自然也会将自己的幸福喜悦分享给他。双向分享，幸福自然就来敲门了。

四、正态分布曲线——找到人生的均值、方差与积分

我们在例子三中介绍了正态分布曲线。如果将纵轴看作幸福效用函数，将横轴看作时间（年龄）。那么，千千万万个个体都应该有属于自己的那一份“定制化”“个性化”的曲线图。世界上只有一个自己，没必要做别人的插曲。如果想要定制自己的曲线图，那么我们就必须要深入了解决定曲线形态的三个数值：均值、方差与积分。

（一）均值

正态分布的均值可以理解为人生在何时能达到自己的一个巅峰水平；不同的职业规划，不同的人生也会有不同的均值。我们在前面例子中所说的“政”“商”“学”也是这样。一般来说，“政”和“学”的均值都比较大，因为仕途与学术之路都必须有足够的时间积累，才有可能迎来爆发的那一天。所以不管是从政还是做学，都应该耐得住寂寞，守得住内心的那条底线。我

们看到很多年轻干部或者学者由于频繁地展示自己、曝光自己，从而导致了一些不好的结果发生。而“商”相对来说，均值就比较小。如果到了四五十岁还在为生计发愁，说明自己真的不是从商的这块料。现如今行业的变化越来越快，周期越来越短，尤其在互联网、电商、直播等新兴行业，没有过硬的身体是拼不出来的。美团的掌门人1979年出生，40岁出头；字节跳动（抖音、今日头条）的掌门人1983年出生。目前甚至一些“90后”“00后”的企业家都开始崭露头角。所以，在商界需要像张爱玲所说的：“出名要趁早呀，来得太晚，快乐也不那么痛快。”从具体的职业来说，还有像运动员、金融交易员、主播、网红这样的职业，也是均值较小，毕竟竞技体育拼的是身体，交易员拼的是旺盛的精力，主播网红拼的是对时尚前沿的理解。而像医生、设计师、画家、作家等就是均值较大的行业，行业经验越长就越有价值。

（二）方差

正态分布的方差可以理解为人生的聚集程度。方差越大，曲线越扁平。反之，方差越小，曲线越瘦高。我们需要选择“细水长流”的人生，还是“快速爆发”的人生，这就是一个问题。“快速爆发”的人生可能在短时间内会获得极大的关注量，甚至“一夜爆红”，但随之而来的可能是侮辱、谩骂、怀疑等一些负面的声音，所谓“人红是非多”。这就需要我们有强大的心理去抵御一些不怀好意的攻击，如直播界的很多主播。直播行业在近两年内呈爆发式增长，带红了一些网红主播。但是他们需要面对的是“007”（0点到0点，一周七天）的工作节奏，甚至还要承担很快过气的风险。与此相似的，还有娱乐行业的明星。“快速爆发”往往伴随着“快速灭亡”，如果没有核心能力的支撑，也只能是昙花一现，而“细水长流”的人生则相对平缓一些。只要专注地做自己的事情，心无旁骛，每天进步一点，也会取得巨大的成功。近些年所提倡的“匠人精神”就是这样的一种人生。如日本“寿司之神”小野二郎，八十六岁的高龄仍然在坚持做寿司，是全世界年龄最大的三星主厨。从食材到制作工艺，再到入口体验，每一个环节他都有过缜密的评估和计算。他的寿司店“数寄屋桥次郎”也连续两年荣获米其林三星评价。他的儿子也子承父业，继续传承这种绝不妥协的匠人精神。

（三）积分

如果说正态分布曲线图中，幸福效用函数的某个具体数值意味着你取得了什么，获得了什么，那么对其积分就意味着你积累到了什么，沉淀到了什么。聪明和智慧不同，聪明经过洗涤沉淀，才会留下智慧。幸福效用函数可以理解为这一生自己所体会到的幸福值，但是对幸福效用函数的积分才是最大限度地体现出人生的价值所在。有的人可能声色犬马，南征北战一生，战功卓著，在自己有限的一生将效用值发挥到最大。但是他并没有为后人、为社会留下什么。有的人可能名不见经传，看似平平无奇，却给后人、社会留下了巨大的财富。前者如项羽，一生纵横四海，乌骓相陪，虞姬相伴，最后也只留下个乌江自刎的下场。后者如老子，一辈子只是周朝的一个图书馆管理员，却写下了《道德经》。“无为而治”的辩证法思想影响了一代又一代的中国人。又比如孙子，他的一生中没有打过任何一场气势恢宏的战争，却留下了《孙子兵法》，为国内外的军事家所推崇。

由于正态分布曲线是概率的分布，因此从负无穷到正无穷对其积分，其结果都是1,也就是100%。无论你的均值是多少，无论你的方差是多少，无论你的职业选择是什么，每个人都是平等的，终其一生的极限值就是1，而且有一点需要我们注意，我们需要抓住重点部分对人生进行积分。人一生的贡献也同样符合“二八法则”：20%的有效时间产生80%的贡献。如牛顿一生的主要贡献就是在躲避伦敦大瘟疫的自我隔离期间内做出的。在这段时间里，牛顿不串门、不逛街、不参加聚会，创立了二项式定理、光的分解，确立了牛顿第一定律、牛顿第二定律和万有引力定律的基本思想。所以，对我们来说，我们要进行科学的判断：究竟在人生的哪一个阶段重点进行积分。而这要根据自己所选择的人生方向进行判断。有的行业适合早积分，有的适合晚积分。

积分积得早，不代表后半程不掉队；积分积得晚，也不能说明年轻的时候碌碌无为。人生是一场马拉松，不要看一时的高峰，而要看一生的积分值。

所以，再次回答例子中提出的问题：死亡可怕吗？可怕，又不可怕。可怕的是死亡来临时，你的积分还是0。这是最恐怖的地方，你悄悄地来到了这个世界，没有留下点什么，又悄悄地走了。趁着还有时间，去做点什么吧，或大或小，或多或少，去在自己的人生幸福曲线上完成自己的幸福“积分”。

结束语

哲学家康德说过："什么是人的终极目的与义务呢？就是个人的至善与他人的幸福。"幸福，一直是古往今来学者所想要研究的一个重要课题。18世纪，英国的法理学家、功利主义哲学家、经济学家和社会改革者边沁就创造性地将"幸福测量"这个问题提升到了学术科研的高度，同时提出"最大多数人的最大幸福"的口号。

19世纪，英国哲学家、经济学家约翰·斯图加特·穆勒提出的"功利主义"也把追求快乐和幸福作为人们行为的动机。1972年，一个喜马拉雅山脉下的小国——不丹，是世界上第一个舍弃GDP，而确定以"国民幸福"为国家发展目标的国家。

在此基础上，学术界已经建立起了以人的幸福和社会可持续发展为经济发展的动力、标准和目的的学科——幸福经济学。不可否认的是，与爱人、父母和朋友建立起良好的互动关系，会对我们感知心理满意有莫大的帮助。有研究就发现：个体只有在得到各种社会支持的时候才能获得比较高的幸福感。良好的社会关系，包括家庭关系、朋友关系、恋爱关系等，有利于我们获得较多的社会支持，进而拥有更高的幸福感。法国古典作家拉罗什富科说："爱的欢乐寓于爱之中，享受爱情比唤起爱更加令人幸福。"这是爱情给我们带来的幸福感。奥地利作家里尔克说："性欲是一种官能的体验，它为我们带来一个大而无限的经验，是一种世界性的知识，也是所有知识充实的光辉。"这是性给我们带来的幸福感。苏联作家高尔基说："婚姻是两个人精神的结合,目的就是要共同克服人世的一切艰难困苦。"这是婚姻给我们带来的幸福感。孟子说："父母俱存，兄弟无故，一乐也。"这是家庭给我们带来的幸福感。希腊先哲伊壁鸠鲁说："友谊与快乐是分不开的，因为这种缘故所以就必须培养友谊，因为没有友谊我们就不能安然无惧地生活，也不能快乐地生活。"这是友谊给我们带来的幸福感。

这也正是此书的写作主旨所在：通过与爱人、父母和朋友理性科学地处理日常生活中的具体事务，来增强我们的幸福感。此书也希望能给各位读者就这四个主题有一个全新的角度去审视、去观察，从而获取属于自己的幸福。博弈论、经济学的模型只是给我们提供了一个思考的框架和新的角度去看这些问题。人是非理性的，同时也是理性的。随着行为经济学的发展，有限理性成为学术的主流。无论如何，在处理感性问题时加入一些理性的思考大有裨益。如果我们太感性，会被情绪所控制，成为一个自怨自艾的人。如果我们太理性，又会成为一个不近人情的机器人。只有将二者很好地结合，才能在处理这四大问题上游刃有余，找到幸福的真谛。最后，我仍然想用博弈的概念来结束全篇。幸福不是等来的，幸福也不是天上掉下来的。幸福是通过理性思考，感性评估，通过与不同的人不断博弈而得来的。博弈的原意本指下棋，双方进行游戏，你来我往，不断揣摩、猜测对方的意图，并根据对方的策略做出相应的行动。人生走这一遭，能在爱情、婚姻、父母、友谊的关系中，与不同的玩家过过招、论论道，在其中找到属于自己的幸福，这不是很享受的一件事吗?

行文至此，全书即将完结。在清华求学的三年时间，不少课程不仅仅是在学术理论前沿启迪了我，更是在做人做事方面让我有了许多思考。这些课程，这些思考，不断在日常生活工作中得到验证，才汇聚成这本书。王勇老师的《经济学思维》课程让我从市场经济供需的角度来看待“婚恋”这一主题；《博弈论》课程让我从匹配协调的全新角度审视爱情与婚姻；《统计学》课程让我学会了用贝叶斯概率和统计学的相关知识去全面分析合作伙伴的诉求；《网络科学与策略机制》又从网络科学的角度让我学会了分析人脉的作用……

这些走出课堂的理论，让我在实践中不断运用、不断实践，逐渐形成为我面对工作生活和学习中各种“疑难杂症”的利器。

借助这个利器，也让我在自己的金融领域中取得了不错的成绩。当我与不同年龄段，不同职业的长辈、前辈、朋友、合作伙伴等交流这些思想的时候，他们也会受到启发。无论是面对自己的恋人、爱人、孩子、父母、朋友，他们都觉得这些在象牙塔中的理论可操作性强，而且效果还不错。在他们的启发下，我以上学期间的笔记为基础，不断积累素材而写成了这本书。我年纪尚轻，资历尚浅，无论是学术的专业程度，还是工作的经验都有待提高。这本书中的有些理论、想法和行文稍显幼稚，不成熟的地方还望读者多多见谅，不当之处还请大家多多指正。我要感谢我的挚友，我的合伙人，是他们在我事业的道路上披星戴月、风雨兼程地陪伴着我。我还要感谢我的插画师赵诗慧老师，是她有趣可爱的插画风格点亮了这本书。我也要感谢云南科技出版社的王韬老师，是王老师不断地修订和修改，才让这本书能够尽快和大家见面。我要再次感谢我的导师王勇老师，他的谆谆教导不仅仅给予了我知识，更是赋予了我他的智慧。有一次他开玩笑说："那么多学生学习博弈论，也只有寥寥几个学到了精髓，你是其中之一。"我备感荣幸。在日后的工作学习中，我也会将博弈论的思想与更多的人交流学习。最后，我要感谢我的父母。是他们赋予了我生命，是他们在我成长的路上一直给予我鼓励和支持，是他们给了我机会与他们进行"鹰鸽博弈""讨价还价"……才让我成为一个能够独立思考、精神富足并且能感知幸福的人。